W0281091

ESOTERISCHES
WISSEN

Herausgeber dieser Reihe Michael Görden

Stephen Arroyo

Astrologie und Partnerschaft

Karmische Verbindungen und ihre Bedeutung

WILHELM HEYNE VERLAG
MÜNCHEN

HEYNE ESOTERISCHES WISSEN
08/9573

Aus dem Amerikanischen übertragen
von Uller Gscheidel

3. Auflage

Titel der Originalausgabe:
RELATIONSHIPS AND LIFECYCLES
bei CRCS Publications, Reno/Nevada

Genehmigte Taschenbuchausgabe
Printed in Germany 1993
Umschlaggestaltung: Atelier Adolf Bachmann, Reischach
Umschlagzeichnung: Bettina Buresch, München
Satz: Kort Satz GmbH, München
Druck und Bindung: Presse-Druck Augsburg

ISBN 3-453-04527-0

Inhalt

Prolog

Wissenschaft ist die Kunst, passende Illusionen zu erzeugen, die Narren entweder glauben oder dagegen argumentieren. Ein weiser Mensch erfreut sich dagegen an ihrer Schönheit oder ihrem Scharfsinn, ohne jedoch die Augen gegenüber der Tatsache zu verschließen, daß all diese Erklärungen menschliche Schleier und Vorhänge sind, die die abgründige Dunkelheit des Unergründlichen verdecken sollen.

Carl Gustav Jung

Das obige Zitat von Jung drückt aus, wie ich mich oft fühle, wenn ich an all die Versuche denke, Astrologie zu erklären oder die vielen Faktoren zu interpretieren, die in der Astrologie gebraucht werden.

Die astrologische Praxis ist eine dermaßen individuelle Kunst, daß notwendigerweise jede Person einen ihr eigenen Weg beschreitet, um sich ihr zu nähern und sie wieder auszudrücken. Dies führt deshalb zu einer enormen Vielfalt an Ideen, Theorien und Philosophien, die alle mit dem Etikett ›Astrologie‹ an die Öffentlichkeit gebracht werden.

Ich habe oft das Gefühl, daß viel von dem Gerede, viele Bücher und die meisten Theorien, die sich mit Astrologie beschäftigen, einen veranlassen, sich im Kreis zu drehen, anstatt sich dem Zentrum zu nähern. Ich glaube, daß sich die Essenz der Astrologie nicht in Worte fassen läßt; ›himmlische Musik‹ ist wohl besser geeignet, sich dieser Essenz anzunähern. Mit einem Buch erscheint es mir allerhöchstens möglich, dem Leser eine Richtung zu weisen, so daß er beginnt, Gefühlen zu vertrauen, sich auf persönliche Wahrnehmung und Erfahrung zu verlassen, um so spontan zu weiteren Einblicken zu kommen und gelegentlich einen flüchtigen Schimmer dieser transzendenten Essenz zu erhaschen.

Wie ich aus Reaktionen von Lesern meiner beiden früheren Bücher* schließen kann, ist mir dies zumindest teilweise gelungen. Dieses Buch beinhaltet zum Teil ähnliches wie die beiden früheren, doch habe ich eine völlig andere Form gewählt. Im Gegensatz zu den anderen ist dieses Buch eigentlich kein geschriebenes (mit Ausnahme zweier kurzer Abschnitte, die als Artikel verfaßt wurden). Es gibt ein annähernd wortgetreues Tonbandprotokoll von drei meiner Workshops wieder und ist daher im Stil eher spontan als systematisch und straff gegliedert. Die Idee, die dieser Veröffentlichung zugrunde liegt, ist, daß Astrologie auch Spaß machen soll, so wie es bei formlosen Workshops möglich ist.

Nicht alle Wahrheiten sind mit logischen und statistischen Analysen zu entdecken. Manchmal muß man sich darauf konzentrieren, einen mehr stimmungsmäßigen Zugang zu der lebendigen Natur von Ideen zu gewinnen, indem man mit ihnen spielt und sie nicht so tierisch ernst nimmt. Dies kann oft für Menschen, die Astrologie lernen, von großer Bedeutung und einfacher sein, als mancher trokkene systematische Versuch, der tief und bedeutungsschwanger sein soll.

Meine früheren Bücher gehen mehr ins Detail und in die Tiefe, andererseits eröffnet dieses Buch eine zusätzliche Perspektive, die viele Leser des Manuskripts genossen haben.

Von meinem Temperament her bevorzuge ich eigentlich einen systematischeren Stil, wenn ich über solche Dinge schreibe. Doch einige Leute, deren Urteil ich vertraue,

---

* ›Astrologie, Psychologie und die vier Elemente‹ und ›Astrologie, Karma und Transformation‹ (Hugendubel, München 1982 und 1980)

haben mich dazu gedrängt, dieses Material zu veröffentlichen, insbesondere seitdem ich nicht mehr viele Workshops halte.

Ich fühle mich einfach nicht in der Lage, der Vielzahl von Anforderungen, die mein persönliches Erscheinen notwendig machen, nachzukommen. Dieses Buch ist daher die beste Möglichkeit, »einen Workshop zu besuchen«. Zudem ist sie sehr viel preiswerter als meine persönliche Anwesenheit. Zumindest einen Eindruck von diesen formlosen Gesprächen bei einem Workshop kann man als Leser sicherlich gewinnen. Hoffentlich sind die Leser meiner anderen Bücher nicht zu sehr überrascht über den notwendigerweise weniger formellen und lockeren Stil dieses Buches.

Einige Dinge über dieses Buch und die Workshops, aus denen heraus das Material entstand, möchte ich gerne erklären. Die meisten, die an den Workshops teilgenommen haben, haben eine Zeitlang meine Kurse besucht, und deshalb war auch eine freie formlose und oft humorvolle Atmosphäre möglich.

Da wir einander kannten und uns mochten, konnten wir flexibler und spontaner im Ausdruck sein, als dies je in einem förmlichen Vortrag vor völlig Fremden möglich gewesen wäre. Fragen und Kommentare der Zuhörer brachten uns oft etwas vom Thema ab, aber viele Schüler haben mir gesagt, daß gerade dieses Abschweifen und Beispiele aus persönlicher Erfahrung Verständnis und Einsichten vermitteln können, das nur schwer in Büchern zu finden ist. Manchmal kann etwas sehr Signifikantes durch einen Laut oder eine Geste spontan sehr viel besser ausgedrückt werden, als dies auf einem Stück Papier möglich ist. Ich habe versucht, solche Nuancen beim Überarbeiten der Tonbandprotokolle zu berücksichtigen, aber einige Untertöne werden immer verlorengehen. Die Regeln der Interpunktion und Grammatik tun ihr übriges. Die Workshops sind formlos, und deshalb ist es auch dieses Buch. Trotz einiger Überarbeitung wurde kein Versuch unternommen, den Charakter der Protokolle radikal zu verändern.

Da es in einem Workshop notwendig ist, viele Ideen in kurzer Zeit zu besprechen, sollte der Leser Verständnis dafür haben, daß ich weniger qualifiziert spreche als schreibe. Deshalb mögen einige Aussagen manchmal etwas roh, abrupt oder einseitig erscheinen. Doch wenn ich etwas über einen bestimmten astrologischen Faktor sage, ist dies kein Urteil über Menschen, die diesen Faktor in ihren Konstellationen haben. Es sollte weder als ›gut‹, noch als ›schlecht‹ angesehen werden. Ich versuche einfach, einige Qualitäten, die wiederholt bei Menschen beobachtet worden sind, zu beschreiben, und wenn ich dabei die Dinge beim Namen nenne, wird der Zuhöhrer erfassen, worum es geht. Diese vereinfachende Art des Ausdrucks hat ihre Nachteile, doch ist sie immer noch schneller, besser und interessanter für den Zuhörer als die endlosen Rationalisierungen, wiederholten Wertungen und übermäßig abstrakten Theorien, die für die meisten Schüler nicht nachvollziehbar sind.

Mehr als die Hälfte des Buches handelt von persönlichen Beziehungen und Verträglichkeiten. Ich möchte dem Leser nahelegen, beim Lesen der ersten drei Teile dieses Buches sich öfters die systematische Darstellung der Synastrie (Partner-Horoskop-Vergleich) anzusehen. Die Formulare mit dieser Art der Darstellung wurden bei den Workshops verteilt und können vielleicht Aufschluß über die Anordnung und Struktur des Workshops geben, die sonst nicht so offensichtlich wäre.

Die Fähigkeiten des Individuums zur Partnerschaft

Dies ist der erste Teil einer Reihe zweiteiliger Workshops, die sich mit Partnerschaft und Beziehungen beschäftigen. In diesem ersten Teil werden wir uns haupsächlich mit den individuellen Geburtsbildern auseinandersetzen und nicht so stark mit den Techniken des Partnervergleichs. Wir werden viel Zeit für die Deutung von Mond, Mars und Venus im individuellen Geburtsbild verwenden. Nebenbei werden wir noch andere Dinge behandeln, die für das Verständnis von Partnerschaft von Bedeutung sind, wie beispielsweise das siebente Haus usw.

Zu einem solchen Workshop gehören so viele Dinge. Ich habe mich dazu entschlossen, bei diesem folgende zu strukturieren: Der erste Teil beschäftigt sich vorrangig mit der Analyse der individuellen Geburtsbilder, doch werden wir auch Dinge streifen, die direkt mit dem Partnervergleich zu tun haben. Im zweiten Teil wird es in erster Linie um die aktuellen Techniken des Partnervergleichs gehen, was auf eine Art ziemlich komplex ist, da zwei vollständige Geburtsbilder gleichzeitig eine Rolle spielen und deren Verbindungen beachtet werden müssen.

Ich habe versucht, mit diesem Arbeitsbogen alles in wenigen Punkten zusammenzufassen (Arbeitsbogen siehe Seite 15). Er wurde den Teilnehmern des Workshops ausgehändigt, und es wird immer wieder darauf Bezug genommen. Dort wirst du alle grundlegenden Faktoren finden, die für die individuelle Analyse von Bedeutung sind und auch beachtet werden sollten. Dabei dreht es sich vorrangig um die individuellen Möglichkeiten von Beziehungsfähigkeit und um bestimmte Arten von Verträglichkeiten, die durch den Partnervergleich deutlich werden, womit wir uns dann im zweiten Teil beschäftigen werden.

Die Verträglichkeiten sind also nicht das einzige. Es kommt genauso darauf an, ob sich jemand bei der Begegnung mit einem anderen auf eine Verträglichkeit, auf einen harmonischen Energiefluß einzustellen vermag. Bist du in der Lage, eine Beziehung herzustellen, eine Beziehung mit jemandem zu leben, der zu dir paßt.

Systematische Kurzübersicht der Synastrie

Arbeitspapier Teil I

Die Fähigkeit des Individuums zur Partnerschaft

a) Allgemeines Studium des individuellen Geburtsbildes; dabei sollte auf die primären Bedürfnisse, Wünsche und Orientierungen des Individuums geachtet werden; Verträglichkeiten und Unverträglichkeiten; die allgemeine energetische Einstimmung der einzelnen Person; welche Schwingungen und Qualitäten ›färben‹ oder ›tönen‹ die persönlichen Planeten durch ihre jeweilige Zeichen- oder Hausstellung und durch die engen Aspekte.

b) Die Fähigkeit zu engen persönlichen Beziehungen, wie sie durch das jeweilige Geburtsbild aufgezeigt werden: das siebente Haus, Aspekte zur Sonne (besonders bei Frauen) und zum Mond (besonders bei Männern); Zeichen und Aspekte zur Venus – was jeder in engen persönlichen Beziehungen, Freundschaften, Ehe, Liebe usw. sucht.

c) Emotionale und sexuelle Bedürfnisse und Orientierungen: Achte auf Mars, Venus und Mond in ihren jeweiligen Zeichen und Aspekten; überprüfe die allgemeine Verteilung der Elemente im Geburtsbild, um zu erkennen, ›wo der Betreffende herkommt‹.

d) Beachte alle wichtigen Häuser, besonders das siebente, fünfte, elfte, achte und das erste Haus und das Haus, das mit dem jeweiligen Sonnenzeichen korrespondiert.

e) Überprüfe alle engen Transite und Direktionen, die möglicherweise in Beziehung zu wichtigen Entwicklungen, neuen Bewußtseinsstufen und persönlichen Bedürfnissen stehen oder mit einer neuen Form des Selbstausdrucks zu tun haben.

f) Schreibe alle Hinweise heraus, die eine gemeinsame Erfahrungsebene (shared experience) andeuten. Das sind alle engen Interaspekte (Horoskop A zu Horoskop B) unter 2° Orbis die deshalb durch einen Transit gleichzeitig aktiviert werden.

Arbeitspapier Teil II

Techniken des Partnervergleichs

a) Welche Wechselwirkung besteht zwischen den Energiefeldern der beiden Personen?

Beachte zuerst alle engen Interaspekte (das heißt alle Aspekte innerhalb ca. 4° Orbis, die zwischen den beiden Geburtsbildern bestehen).

Auf welche Weise ›nähren‹ sich die beiden Personen gegenseitig?

b) Suche dann die allgemeineren Interaspekte heraus, was auf bestimmte Harmonien oder Mißklänge zwischen den Planeten der zwei Menschen hinweist, besonders was die Elemente anbelangt (dies zeigt die allgemeine Vermischung von Energie in der Beziehung). Achte besonders auf vorhandene oder mangelnde Harmonie zwischen den beiden Sonnen, Monden und Merkurstellungen, aber auch zwischen Venus und Venus, Mars und Mars, Venus und Mars, Venus und Mond und Sonne und Mars.

c) Beachte, daß jeder enge Interaspekt, der zumindest einen persönlichen Planeten, den Aszendent oder Deszendent betrifft, von größter Bedeutung ist!

d) Jede Konjunktion mit dem Aszendent oder Deszendent, der einen Person, oder eine Konjunktion mit dem Herrscher des ersten oder siebenten Hauses ist von Bedeutung, da sie auf eine allgemeine längerfristige Einstimmung der Beziehung hinweist (sei dir jedoch darüber bewußt, daß sich dies mit der Zeit entwickeln und auf die verschiedensten Arten in einer einzigen Beziehung zum Ausdruck kommen kann).

e) Als nächstes werden alle Planeten der einen Person an dieselbe Stelle im Tierkreis des anderen Geburtsbildes plaziert. Beachte, welche Häuser im jeweiligen Geburtsbild dadurch belebt oder aktiviert werden. Dabei sind besonders die Häuser von Bedeutung, in die Sonne, Mond oder Aszendent (oder dessen Herrscher) des jeweils anderen fallen. Die Häuser, in die die drei äußeren Planeten fallen, sind gewöhnlich nicht so von Bedeutung, außer es kommt dadurch zu einer engen Konjunktion oder einem anderen engen Aspekt mit einem Planeten des anderen, oder falls die beiden Personen sehr unterschiedlich alt sind.

f) Jeder Interaspekt, der sich wiederholt, weist immer auf eine herausragende Art des Energieaustauschs zwischen den beiden Menschen hin. Dies wird von einigen alten Füchsen ›double Whammy‹ (Doppelbetonung) genannt. (Beispiel: Mond von A steht in Konjunktion mit Jupiter von B und Mond von B steht im Trigon zu Jupiter von A.)

g) Ähnlich ist es bei einer Dominanz von bestimmten Aspekten zu einem speziellen Planeten (z. B. viele harmonische Aspekte zu Jupiter der einen Person; diese Art des Energieaustauschs färbt die gesamte Beziehung.)

h) Welcher Eindruck ist jetzt, nachdem alle wichtigen Faktoren überprüft sind, vorherrschend? Ein guter Ausgleich in den meisten Punkten? Eine zu große Betonung auf Aufregung und Stimulation? Eine zu große Betonung von Sicherheit? Wird jeder vom anderen mit genau dem versorgt, an was es ihm mangelt? Falls das zutrifft, sind die beiden dann zu verschieden, oder können sie mit der Unterschiedlichkeit umgehen und sie beim anderen sogar begrüßen? Was ist das gemeinsame Ziel oder Ideal der beiden Menschen?

Der Mond

Ich glaube, ich will zuerst über den Mond reden und dann über Venus und Mars, da wir für Venus und Mars viel Zeit brauchen werden.

Natürlich muß man auf alles achten, aber ich will versuchen, die spezifischen Hauptpunkte herauszuarbeiten.

Gleichgültig, in welchem Zeichen dein Mond steht, er kennzeichnet immer eine bestimmte Stimmung, eine bestimmte Tönung oder Schwingung, auf die du eingestimmt bist. Deshalb hat er natürlich viel zu tun mit ›häuslichen‹ Bedürfnissen. Man kann auch sagen: »Welche Art von Personen sind dir zu Hause angenehm, oder welchen Verhaltensmodus willst du immer ganz frei ausdrücken können.«

Wenn beispielsweise dein Mond in einem sehr unabhängigen Zeichen steht wie Widder, Wassermann, Schütze oder Zwilling wirst du viel Wert darauf legen, daß du dich zu Hause frei und unabhängig fühlen kannst und in keinster Weise unterdrückt wirst. Ein Partner, der dich immer runterzieht und will, daß du zu Hause bleibst, ist dir äußerst unangenehm.

Und selbstverständlich hat das Zeichen des Mondes für den Mann noch eine spezifische Bedeutung in bezug auf den Typ von Frauen, die für ihn in seiner Umgebung angenehm sind.

Der Mond hat viel mit Annehmlichkeiten, mit innerem Wohlbefinden zu tun, das für dich auf ganz natürliche Art angenehm ist.

Ich kenne einen etwa 60jährigen Mann mit Mond im Steinbock. Er zog sich früh zurück und fühlte sich seit zehn

Jahren mit dieser Art Steinbockverhalten immer sehr wohl. Es ist ihm angenehm, alt zu sein. Er kultiviert seinen Altersprozeß geradezu, obwohl er eigentlich nicht sehr alt ist. Er ist sehr gesund und mäßig in seinen Bedürfnissen. Er raucht zweimal am Tag und trinkt zwei Bier, das ist alles. Er lebt überhaupt keine Maßlosigkeiten und wird wahrscheinlich hundert Jahre alt.

Da sein Mond im Steinbock steht, fühlt er sich sehr wohl in seiner Steinbockrolle, und zwar unabhängig von seinem Sonnenzeichen.

Natürlich muß man die Mondaspekte mit einbeziehen, um zu sehen, ob diese Rolle leicht zum Ausdruck gebracht werden kann oder nicht.

Einer meiner bevorzugten astrologischen Gesetzmäßigkeiten besagt, daß die Planeten in ihren Zeichen einen inneren Drang und Bedürfnisse beschreiben. Welche Art von Drang nach Selbstausdruck und welche Art von Bedürfnissen nach Erfüllung hast du? Jeder, der beispielsweise Mond im Steinbock hat, hat archetypisch grundlegend ähnliche Bedürfnisse.

FRAGE: Wie ging dieser Mann denn damit um, daß er nicht mehr arbeitet?

ANTWORT: Er fühlte sich wohl in der Rolle des alten, zurückgezogenen Menschen.

Hat man einmal die Planeten in den jeweiligen Zeichen begriffen, kann man aus einem Geburtsbild mit nur diesen Informationen sofort die vorrangigen Bedürfnisse dieses Menschen erkennen. Die Aspekte sind dabei die entscheidenden Faktoren, denn sie lassen erkennen, wie bereitwillig, leicht oder auf welchem Weg die Person versucht, diese Bedürfnisse auszudrücken und wie sie mit dem inneren Drang nach Umsetzung umgeht. Wenn dein Mond beispielsweise im Steinbock steht, wirst du bestimmte Steinbockrollen spielen wollen, gleichgültig, ob es dir bewußt ist oder nicht. Du wirst in eine Steinbockform oder einen Steinbock-Lebensstil hineinpassen, und du wirst eine ziemlich konservative bzw. sichere, häusliche Situation anstreben. Der Mond im Steinbock hat immer einen sehr starken Einfluß insbesondere auf das Sicherheitsbedürfnis, das wie auch bei Mond im Krebs oder im Skorpion sehr stark ausgeprägt ist.

FRAGE: Ist es dann mehr oder weniger richtig, wenn man sagt, daß Steinbocktypen in der Jugend alt sind und jung im Alter?

ANTWORT: Ich glaube, daß dies in den meisten Fällen zutrifft. Ich habe nur wenige Ausnahmen bei Menschen mit Sonne, Mond oder Aszendent im Steinbock kennengelernt. Aber es gibt natürlich auch Ausnahmen, wenn z. B. noch sechs Planeten im Zwilling stehen, was eine ja extrem jugendliche Konstellation ist. Dann ist der Steinbockanteil möglicherweise nicht so offensichtlich, obwohl er vorhanden ist.

Auf jeden Fall sind es die Aspekte, die die Handlungen des großen Lebensdramas verdeutlichen. Sie zeigen die Verwicklung der Handlungen, die Art und Weise der Bedürfnisbefriedigung und die Darstellung der inneren Antriebe. So wird ein Mond im Steinbock oder jeder andere Mond mit einem Spannungsaspekt (Konjunktion, Quadrat oder Opposition) zu Saturn immer einen Saturncharakter, eine saturnale Färbung haben, insbesondere, wenn zu einem Steinbockmond noch Saturnaspekte hinzukommen.

Deshalb wird in solchen Fällen das Bedürfnis nach innerer Sicherheit und Ruhe immer sehr stark mit Saturnschwingungen verbunden sein, z. B. in Begriffen wie: Sicherheit, Autorität oder weltlicher Anerkennung.

Jeder, der seinen Mond in einem engen Aspekt zu Saturn hat, nimmt alle Dinge, besonders bei den Spannungsaspekten, sehr ernst, sich selbst genauso wie Partnerschaft und Heirat.

Jeder Mann mit einem Steinbock-Mond, Mond-Saturnaspekt oder gegebenenfalls sogar beiden, nimmt alles, was mit Frauen zusammenhängt, sehr ernst und ist extrem überempfindlich.

Wenn Sonne und Mond Aspekte zu Saturn bilden, sind die Betreffenden gegenüber allem überempfindlich.

Sie nehmen alles persönlich und bekommen es gewöhnlich in den falschen Hals. Es besteht bei Steinbock und Saturn offensichtlich eine Tendenz zur Ablehnung und zu ablehnenden Reaktionen, besonders wenn der Mond davon betroffen ist.

Der Mond zeigt deine Bedürfnisse nach Sicherheit und liebevollem Umsorgtwerden. Bei einem Schütze-Mond wirst du dich umsorgt fühlen, wenn jemand zu dir sagt: »Los, auf, wir machen einen Ausflug in den Yosemite Nationalpark«, er mit dir ins Auto springt und dorthin fährt. Wenn du aber deinen Mond im Krebs, Skorpion oder in den Fischen hast, wirst du dich sicher liebevoll umsorgt fühlen, wenn jemand zu dir sagt: »Hättest du gern eine kleine Rückenmassage oder eine schöne heiße Tasse Kräutertee?«, eben irgend etwas, was auf der emotionalen Ebene abläuft.

Jeder braucht irgendeine Art dieses liebevollen Umsorgtwerdens.

Man kann sogar eine Art Lebenszyklus feststellen, den jeder durchläuft und der eben auch Zeiten des Rückschritts enthält. Wie ihr wißt, gibt es bei jedem Menschen Perioden von Entwicklungsschüben, ruhigen Phasen und kurzen Zeiten des Rückzugs, besonders in Zeiten intensiver Entwicklung. Dieser Rückzug ist wie ein Zurückgehen zu etwas Sicherem, Bekanntem, weil alles andere um einen herum in Bewegung ist.

Dies ist besonders dann der Fall, wenn durch Transite oder in der Altersprogression Uranus, Neptun oder Pluto angesprochen sind und damit große Veränderungen anstehen.

Das macht einen unsicher und man bekommt nur schwer ein Bein auf den Boden. In solchen Zeiten hängt man immer etwas in der Luft und schwebt in anderen Regionen, da die äußeren Planeten den ganzen Körper in Schwingungen versetzen. In dieser Unsicherheit tritt häufig auch die Tendenz auf, sich auf alte, bekannte Verhaltensweisen zurückzuziehen, da sie einem vertraut sind. Ebenso herrscht die Tendenz, sich durch jemand anderen ein bestimmtes Maß an Sicherheit, liebevollen Umsorgtwerdens oder Realitätsbezug zu verschaffen.

Erst letzte Woche habe ich damit eine ganz anschauliche Erfahrung gemacht; denn Pluto steht gerade in Opposition zum Radixmond meines Kindes.

Die frühe Kindheit, Sicherheit und all das hat ja mit dem Mond zu tun, und Pluto bringt dies im Moment an die Oberfläche. Wenn Pluto über irgendeinen Radixplaneten transitiert oder in eine Winkelbeziehung tritt, bringt er alle alten Geschichten, die mit diesem Planeten verbunden sind, an die Oberfläche, um sie zu verändern oder zu eliminieren.

Doch oft muß man sich wieder mit den alten Geschichten befassen, um sie zu verarbeiten und damit zu eliminieren. Und manchmal ist es bei einem Plutoeinfluß wie ein Hinabsteigen in die Tiefe.

So konnte ich bei meinem Sohn in letzter Zeit einige interessante Arten von Rückentwicklungen feststellen. Bis vor kurzem hat er sich sehr beständig entwickelt, er war sehr vertrauensvoll und machte nicht den Eindruck, daß er sich stark an uns Eltern klammern würde. Aber vor kurzem hat sich dies geändert, und er wurde auch etwas krank. Für Eltern kann es recht nützlich sein zu wissen, daß der Mond im Geburtsbild eines Kindes sehr viel mit Gesundheit zu tun hat und daß bei Spannungsaspekten mit dem laufenden Mars, Saturn und den Transsaturniern immer eine Krankheitsdisposition besteht. Jeder Transit ist natürlich anders. Eine Verbindung zwischen Mars und Radixmond bringt immer eine Tendenz zu Fieber und Pluto zu Ausbruchsversuchen. So bekam er zum ersten Mal einen Hautausschlag, obwohl er in den ersten drei Jahren seines Lebens nie irgendwelche Probleme mit der Haut gehabt hat. Zudem hat er als eine Form von Rückentwicklung auch ein paarmal wieder in die Hose gemacht.

Letzte Nacht hat er eine Zahnbürste in den Abfluß geworfen. Er zog den Stöpsel heraus und ließ sie hineinfallen. Wie ihr wißt sind Abflüsse ein Bereich, der, wie alle eliminierenden Kanäle, Pluto zugeordnet wird. (Und wenn ihr es nicht glaubt, ich habe erst diesen Sommer auf die Frage: Was passierte, als du etwa zwei Jahre alt warst und Pluto deinen MC überschritten hat? nach langem Nachdenken die Antwort erhalten: Ah, ja, ich bin in die Sickergrube gefallen.) Ihr könnt euch die Reaktion meines Sohnes auf das Verschwinden seiner Zahnbürste nicht vorstellen. Er weinte und sein Herz war gebrochen. Für ihn hatte seine Zahnbürste sehr viel mit Sicherheit zu tun! Als es mir dann glücklicherweise gelang, sie mit einer Zange wieder aus dem Abfluß herauszuziehen, war er wie neu geboren, er lachte und weinte gleichzeitig wie in Ekstase, weil ihm seine Zahnbürste aus der Tiefe wieder zurückgebracht wurde.

Ich weiß, daß dies eine etwas lächerliche Analogie ist, aber für mich war sie doch sehr symbolisch für etwas, durch das er in diesem Plutoaspekt hindurch muß. Er hat sich auch viel stärker bei seiner Mutter festgeklammert, obwohl er normalerweise sehr selbständig ist (Jupiter im Wassermann im ersten Haus, Zwillingsbetonung und Mond im Widder). Doch mit der momentanen Mond-Pluto-Opposition macht er eine Rückentwicklung, er geht mehr in seinen Mond und mehr in die Rolle der Abhängigkeit hinein.

Auf jeden Fall ist die Zeichenstellung des Mondes außerordentlich wichtig. Alle astrologischen Bücher betonen das Sonnenzeichen zu sehr und sagen zu wenig über die Mondstellung.

Für mich bedeutet die Zeichenstellung des Mondes neben all den anderen Bedeutungen:

Welche Art des Selbstausdrucks, welcher Lebensstil und welche Art zu leben ist mir angenehm und natürlich? Man kann dies beschreiben durch Ausdrücke wie: so bin ich, so fühle ich mich zu Hause, das ist so, wie ich leben und sein sollte.

Also, wenn dein Mond Spannungsaspekte aufweist, wirst du es möglicherweise nicht so einfach finden, so zu leben, wie dein Mond es eigentlich anzeigt. Oder du fühlst dich gezwungen, daran zu arbeiten, dir den Raum gefühlsmäßigen Wohlbefindens zu gestalten. Möglicherweise wirst du das Zeichen deines Mondes sogar überbetonen, wenn dein Mond spannungsreich aspektiert ist, da du das Gefühl hast, hier etwas in Ordnung bringen zu müssen.

Dieses ›in Ordnung bringen‹ ist eigentlich das beste Wort, das ich zur Beschreibung von Quadrataspekten kenne. Dies sind keine ›schlechten‹ Aspekte, sondern sie zeigen dir, wo etwas in Ordnung zu bringen ist, eine neue Ausrichtung gefunden werden soll, und zwar in dir selbst und in deinem Leben.

Der Astrologe Richard Ideman sagt, daß für die meisten Menschen der Mond sehr stark mit der Liebe verknüpft sei. Wie ihr wißt, gibt es sehr viel verschiedene Arten von Liebe, die Venus-Liebe, die Neptun-Liebe und auch die Mond-Liebe. Mit Sicherheit gibt es die Sonnen-Liebe wie z. B. im Löwen in Form von Unterstützung und Belebung.

Für viele Menschen, insbesondere für Männer, hat der Mond mit dem Gefühl durch eine Frau ›bemuttert zu werden‹ und dem Gefühl des liebevollen Umsorgtwerdens zu tun.

Dies stimmt mit Sicherheit für die Mondstellung bei Männern. Was haben denn die anwesenden Frauen für Assoziationen zu ihrer Mondstellung? Zeigt er dort auch die Art und Weise, wie sie gern geliebt werden möchten?

ZUHÖRER: Mein Mond steht im Steinbock, und für mich spielen die ›Papasachen‹ eine große Rolle, alles Dinge, die mit Saturn zu tun haben, und auch Kritik, die mit einer Unterstützung verbunden ist.

ANTWORT: Ich erinnere mich an eine Frau mit Mond im Steinbock sowie einer Sonne-Uranus-Konjunktion im Krebs. Dadurch war die Achse Steinbock-Krebs äußerst stark aktiviert. Beide Zeichen sind sehr stark sicherheitsorientiert, es sind die Elternzeichen Vater-Mutter. Beide Zeichen beschäftigen sich stark mit der Vergangenheit und der Sicherheit, die aus der Vergangenheit kommt. Aber auch ihr Uranus steht dort, und so mag sie Freunde und Lebensgefährten, die auf irgendeine Art väterlich sind und auf sie aufpassen. Aber dies kann ihr Uranus nicht ausstehen. Deshalb wird sie sich immer wieder herausschleichen, mit anderen Leuten ein Wochenende verbringen oder etwas anderes in dieser Richtung unternehmen, um ihr Uranus-Bedürfnis nach Aufregung und Wechsel zu befriedigen.

FRAGE: Was für Auswirkungen haben Mond-Neptun-Aspekte?

ANTWORT: Im Prinzip zeigen diese Aspekte gewisse Fluchttendenzen an, aber auch eine unglaubliche psychische Sensibilität, eine sehr große schöpferische Einbildungskraft und eine stark romantische Natur, denn der Mond ist genauso wie Neptun auf irgendeine Art sehr romantisch. Es könnte eine künstlerische und schöpferische Persönlichkeit sein.

In den zwischenmenschlichen Beziehungen kann dauernd ein Gefühl existieren, daß irgend etwas in der Luft liegt. Insbesondere bei Männern zeigt sich, daß mit ihrer Mutterbeziehung oder einer anderen wichtigen Frau etwas ungeklärt ist.

Irgend etwas gibt ihm immer ein unangenehmes oder peinliches Gefühl, das er gerne vermeiden oder ihm entfliehen möchte. Immer, wenn Neptun in Konjunktion, Opposition oder Quadrat zum Radixmond im Geburtsbild eines Mannes steht, gibt es eine Periode von etwa eineinhalb Jahren, in denen eine bestehende Ehe für ihn z. B. sehr vage wird, als wenn ein Drang bestünde, aus ihr herauszugehen, ihr zu entkommen...

ZUHÖRER: Irgendwie verschwommen?

Ja, er wird nicht in der Lage sein zu einer realistischen Beziehung zu seiner Frau, da er alles mögliche auf sie projiziert. Neptun, das sind immer deine Träume, sowohl positiv als auch negativ. Aber selbstverständlich sind Spannungsaspekte von Neptun zu irgendeinem anderen Planeten bestens für eine spirituelle Entwicklung geeignet, denn es besteht dann ein sehr starker Drang, die weltlichen Dinge des Lebens zu transzendieren. Irgendwie mußt du versuchen, ihnen zu entkommen. Man kann ihnen natürlich entkommen durch Saufen, Drogen und zerstreuende Dinge. Dies ist aber auch möglich durch Meditation, spirituelle Interessen, humanitäre Dienste und alles mögliche andere...

FRAGE: Welche Auswirkungen hätte ein transistierender Neptun im Geburtsbild eines Mannes, wenn er sich dem Mond nähert, gleichzeitig sowohl ein Quadrat zum Radix-Neptun wirft und auch in Opposition zum Radix-Merkur steht, der im ersten Haus steht?

ANTWORT: Das ist zuviel, um es zu beantworten. Es würde zu lange dauern, alles zu besprechen. Aber je länger ich mich mit Astrologie beschäftige, desto weniger trenne ich die Dinge, so wie ich es früher gewohnt war.

Wenn Neptun zu irgendeinem Radixplaneten in Konjunktion oder einer anderen Winkelbeziehung steht, wird immer eine Neptunschwingung im Leben dieses Menschen starken Ausdruck finden.

Sie wird besonders in den Bereichen des Lebens auftreten, die durch die von dem Transit betroffenen Planeten symbolisiert werden und bis zu einem gewissen Grad auch durch das Haus. Auf eine Art ist Astrologie wirklich einfach, es gibt zwölf grundlegende Prinzipien, und wenn du die einmal verstanden hast, kannst du vereinfachen und Verbindungen herstellen.

Bei einem Neptuntransit über irgendeinen Planeten eines Geburtsbildes weißt du sofort, daß die Neptunschwingungen einen starken Einfluß im Leben und im Bewußtsein dieser Person zur Zeit haben, sogar dann, wenn es dieser Person nicht voll bewußt ist oder sie diese Schwingung nicht identifizieren kann. Ein Gefühl der Unzufriedenheit wird jedenfalls immer anzutreffen sein. Neptun ist der Planet göttlicher Unzufriedenheit.

Aber ich will zu den persönlichen Beziehungen zurückkommen, zu Aspekten von Mond zu Neptun. Angenommen der Neptun im Geburtsbild eines Mannes hat einen Aspekt zu seinem Mond, dann kann der Wunsch bestehen, eine Frau mit starker Fischebetonung zu heiraten oder jemanden, der dieser Welt etwas entrückt ist, oder eine Frau, die sich in der Beziehung zu ihm völlig hingibt. Er fühlt sich wohl mit jemandem, der nicht mit beiden Füßen fest auf dem Boden steht, mit jemandem, der verträumt ist. All dies paßt zu den Bedürfnissen, die durch seinen Mond repräsentiert werden. Ich kenne einen Mann mit Mond im Stier, was normalerweise bei einem Mann bedeutet, daß er eine Frau mit irgendwelchen Stierqualitäten wie sicherheitsorientiert, langsam, einer Vorliebe für Kochen usw. sehr angenehm findet. Doch bei diesem Mann stand Uranus in Konjunktion mit seinem Mond, und er war in seinem Verhalten und seinen Beziehungen vielmehr so, wie man es von einem Wassermann-Mond erwarten würde. Er konnte den Typ langsamer, stierbetonter Frauen nicht ausstehen. Er fühlte sich wohl in der Umgebung von sehr spritzigen, lebendigen und exzentrischen Wassermann-Frauen.

Verwandtschaften, Verträglichkeiten und Unverträglichkeiten

An erster Stelle steht natürlich eine Betrachtung des ganzen Geburtsbildes, denn alles kann mit persönlichen Beziehungen zu tun haben, auch wenn es nicht Venus, Mars oder das siebente Haus betrifft. Alles könnte. Wenn du beispielsweise in deinem Geburtsbild sechs verschiedene Aspekte hast, die alle auf eine sehr starke, dominierende Persönlichkeit mit einem enormen Willen hinweisen, weißt du bereits jetzt, daß nur ein sehr anpassungsfähiger Mensch in der Lage sein wird, mit dir langfristig zusammenzuleben. Beim Geburtsbild eines Mannes, das viele Aspekte von Passivität und Introversion aufweist, dem es nur schwer gelingen wird, sich in irgendeiner gesellschaftlichen Männerrolle zu behaupten, wird man sagen können, daß ihn nur wenige Frauen mögen und respektieren werden. Dieses Wissen ist bereits ein Schlüssel für die Art von Beziehungen, die für diesen Mann passend wären.

Die Begriffe ›Verwandtschaften, Verträglichkeiten‹ und ›Unverträglichkeiten‹, die ich bei 1a der systematischen Übersicht gebraucht habe, sollte ich noch näher erklären. Diese Begriffe wurden von Kenneth und Joan Negus gebraucht, als ich mit ihnen bei einem Astrologentreffen in Las Vegas sprach.

In den meisten astrologischen Büchern über Partnerschaften tauchen diese Begriffe eigentlich kaum auf. In den meisten Büchern geht es um den Mond von A, der im Trigon zur Sonne von B steht usw.

Verwandtschaften und Verträglichkeiten kannst du nur über eine tiefere Betrachtung der Geburtsbilder erkennen. Sagen wir mal Mars steht in Konjunktion mit deinem Uranus, und du sprühst vor Energie, willst dauernd irgendwelche Wechsel, hast ein Gespür für Sexualität in jeder Situation, und du bist sehr unabhängig.

Eigentlich willst du mit überhaupt niemandem zusammenarbeiten. Dann hast du möglicherweise eine Verwandtschaft oder Verträglichkeit mit jemandem, dessen Geburtsbild ähnliches aufweist.

Dies könnte z. B. ein Mars-Uranus-Quadrat oder sogar ein Trigon sein. Auf jeden Fall jemand, der eine innere Beziehung zu dieser Mars-Uranus-Energieentfaltung hat und dies deshalb bei dir versteht.

Eine solche charakterliche Verwandschaft kann eine sehr gute Sache sein, auch wenn die Aspekte nicht unbedingt harmonisch sind. Oftmals kannst du diese Art von Verwandschaft zwischen Menschen nicht erkennen, wenn du nur die Aspekte zwischen den beiden Geburtsbildern betrachtest.

Wenn du beispielsweise einen Partnerschaftsvergleich machst und sagst: Eigentlich sehen die Aspekte zwischen euch gar nicht danach aus, es gibt da alle Arten von Streßaspekten, und ihr zwei seid seit zwanzig Jahren verheiratet und mögt euch immer noch! Dann achte auf solche inneren Verwandtschaften.

Die Geburtsbilder können völlig verschieden sein, außer in ein oder zwei entscheidenden Punkten, wie beispielsweise in einem bestimmten Aspekt oder in einer enormen Betonung von Uranus, Neptun oder Pluto im einzelnen Geburtsbild. Jedoch ist dies auf völlig verschiedene Arten möglich.

So kann eine Person eine Sonne-Mond-Konjunktion im Skorpion und die andere Person eine Mars-Pluto-Konjunktion am Aszendent haben. Beide sind sehr stark plutonisch geprägte Menschen. Sie können miteinander klarkommen, da zwei Skorpione, wie ihr wißt, sehr vorsichtig miteinander umgehen. Sie wissen, wie sie sich verteidigen müssen.

Ehen zwischen zwei Skorpionen sind unglaublich häufig, wahrscheinlich sind es überhaupt die häufigsten zwischen denselben Sonnenzeichen.

In einem anderen Fall steht dein Mars in Konjunktion mit Saturn, und du bist immer etwas frustriert und auf irgendeine Art und Weise mußt du immer wieder Dampf ablassen. Wenn du nun mit jemanden zusammenlebst, der eher passiv ist und anders empfindet, der wird möglicherweise deine Explosionen immer persönlich nehmen oder vielleicht denken, es sei irgend etwas mit dir los. Wenn aber die andere Person ein Mars-Saturn-Quadrat oder eine Art dauernder innerer Frustration hat, kann sie sich wesentlich besser mit diesem Teil deines Charakters identifizieren; und wenn du dann anfängst, mit Schuhen auf den Spiegel zu werfen, kann sie vielleicht einfach mitmachen und darüber lachen.

Die Kanalisierung von Frustrationen und Aggressionen ist in persönlichen Beziehungen sehr wichtig, insbesondere für Menschen mit einer starken Mars-, Skorpion- oder Widder-Schwingung.

Eine ›Unverträglichkeit‹ ist genau das Gegenteil. Sagen wir einmal, daß dein Geburtsbild ein Hauptthema von Stärke, starkem Willen, Unabhängigkeit, Selbstbehauptung und Initiative aufweist. Im Geburtsbild deines Partners sind jedoch die gegensätzlichen Themen von Passivität, Anhänglichkeit, Besitzdenken und all diese Dinge angesprochen. Man kann nun nachvollziehen, was diese Menschen aneinander fasziniert, denn Gegensätze ziehen sich ja bekanntlich an; jedoch rebellieren sie auch gegeneinander. Wenn die Gegensätze nun wirkliche Gegensätze sind, wenn sie zu gegensätzlich sind, können sich die beiden wirklich überdrüssig werden, da es nichts gibt, was sie wirklich gemeinsam haben. Das kann man als Unverträglichkeit bezeichnen.

Man kann dies an vielen spezifischen Konstellationen und bestimmten Aspekten erkennen.

Wenn der eine z. B. eine Jupiter-Venus-Kojunktion im Löwen hat, ist er im allgemeinen sehr großzügig mit allen Dingen, seinem Geld, seinen Gefühlen und seiner Energie. Er ist sehr dramatisch und demonstrativ in seinem Auftreten. Die Planeten des Partners stehen jedoch im Stier und im Skorpion. Dadurch kommt ein sehr verschlossener, versteckter, geheimnisvoller, zurückhaltender und ›geiziger‹ Charakter zum Ausdruck. Dies wird zwischen den beiden mit Sicherheit zu Konflikten führen, auch wenn sehr viele harmonische Winkelbeziehungen zwischen ihren Planeten bestehen. Zu diesen Konflikten wird es wegen bestimmter grundsätzlicher Verschiedenheiten und Unverträglichkeiten ihrer Persönlichkeitsstrukturen kommen. Damit ist nicht gesagt, daß dies nicht zu bewältigen ist, daß sie nicht in der

Lage sind, voneinander zu lernen. Ein Bewußtsein über diese Unterschiede ist dabei jedoch unbedingt notwendig, damit eine positive Entwicklung in dieser Partnerschaft möglich ist, falls irgendein toter Punkt erreicht wird.

FRAGE: Was ist, wenn diese Konflikte sich nun in nur einer Person in einem Geburtsbild befinden?

ANTWORT: Das ist bei den meisten Menschen der Fall.

FRAGE: Eine wirklich starke Betonung dieser Art von...

ANTWORT: Das einzige, was ich dazu in bezug auf Partnerschaft sagen kann, ist, daß solche Menschen sich entweder jemanden suchen für eine Beziehung, der genauso kompliziert ist wie sie selbst, oder nicht ihre gesamte Persönlichkeit in die Beziehung hineingeben. Es gibt nur ganz wenige Menschen, die wirklich alles mit einem anderen, besonders in einer Ehe, teilen können.

Dies ist auch im allgemeinen ein völlig absurder Anspruch an eine Ehe, insbesondere, wenn man eine außergewöhnlich komplizierte und komplexe Persönlichkeit ist. Um auf die Frage von eben zurückzukommen... Wenn sie z. B. eine stark extrovertierte Betonung wie z. B. Löwe hat und gleichzeitig eine ganze Menge introvertierter Anteile im Krebs, so wird sie sich als eine wirklich widersprüchliche Persönlichkeit oftmals an eine einfachere Natur binden wollen, da dies im täglichen Leben einfacher und weniger herausfordernd ist.

FRAGE: Aber ist es nicht langweilig?

ANTWORT: Das kann sein, möglich. Das beste Beispiel, das es dafür gibt, sind oft Künstler und Schriftsteller. James Joyce war beispielsweise ein sehr arroganter und egoistischer und dabei sehr komplexer Schriftsteller. Seine Frau war beinahe eine Analphabetin und eine sehr einfache Persönlichkeit. Vielleicht war einfach auch nur sein Ego zu groß, als daß er mit jemandem zusammenleben hätte können, der ebenfalls ein starkes Ego gehabt hätte. So etwas findet man oft. Alles, was ich dazu sagen kann, ist, daß ich glaube, daß es ideal wäre, mit jemandem umzugehen, der etwa genauso kompliziert ist wie man selbst, denn sonst wird es mit Sicherheit langweilig. Ich will es noch einmal sagen, daß die Betrachtung der einzelnen Geburtsbilder von größter Wichtigkeit ist. Die Frage: »Was willst du?« ist hier von Bedeutung, denn für einige Menschen sind persönliche Beziehungen nicht so sehr von Belang, sie wissen nicht, was Partnerschaft bedeuten kann, wie man damit umgeht, und es ist ihnen auch völlig gleichgültig.

Andere Menschen haben ganz viele Planeten im siebenten Haus, und ihr ganzes Leben dreht sich darum, wie und wem sie nahe sein können. Und das ist dann die entscheidende Sache. Wenn du so beziehungsorientiert bist, z. B. eine große Betonung der Luftzeichen hast oder Venus im siebenten Haus oder am Aszendenten, dann spielen, wie auch bei einer Venus-Sonne-Konjunktion, Beziehungen einfach eine ganz große Rolle in deinem Leben. In diesem Fall ist es wirklich wichtig, daß du jemanden findest, zu dem du paßt und der zu dir paßt. Solche Menschen können nicht im Schneckenhaus leben, sie können sich nicht auf eine bestimmte soziale Rolle beschränken, wie dies anderen Menschen möglich ist.

Durch das Beobachten meiner Eltern, die nach 35 Jahren immer noch verheiratet sind, habe ich einiges in dieser Richtung gelernt. Im Partnervergleich meiner Eltern gibt es unheimlich viel, was zueinander paßt, und ich habe selten etwas Vergleichbares gesehen. Einer ist ein Widder, und der andere ist ein Löwe. Der Mond meines Vaters ist im Widder in Konjunktion zur Sonne meiner Mutter und ihre Aszendenten sind in genauer Opposition, so daß er jeweils mit der Feldspitze des siebenten Hauses des anderen in Konjunktion steht. Die beiden haben alle möglichen solcher Geschichten. Aber beide sagen ganz offen, daß sie nur noch zusammenleben können, weil sie sehr unabhängige und feurige

Menschen sind und damit auch beim anderen umgehen können. So sehen sie sich oft wochenlang kaum.

Mein Vater ist oft auf Geschäftsreisen, oder er ist beim Jagen oder Fischen. Meine Mutter fährt öfters in die Gegend von San Francisco zu Einkäufen und besucht dann für ein oder zwei Wochen all ihre Kinder. Da sie sich eben dann oft längere Zeit nicht sehen, kommen sie auch miteinander klar.

Feuer braucht, wie ihr wißt, Raum für seine Aktionen und um sich selbst auszudrücken, und es ist kaum möglich, dies alles mit nur einer Person zu machen. Die Feuerzeichen sind ja auch viel mehr für ihren dynamischen Selbstausdruck bekannt als für ihre Beziehungsfähigkeit, die nicht allzu groß ausgeprägt ist. Selbstverständlich ist dies bei einer starken Venusstellung oder Venuszeichenbetonung wieder völlig anders, dann sind die persönlichen Beziehungen viel stärker betont.

FRAGE: Um zu den Verwandtschaften zurückzukommen, wollte ich fragen, ob eine Mond-Saturn-Konjunktion im Geburtsbild des einen und eine Venus-Saturn-Konjunktion beim anderen eine ähnliche Qualität, eine Verwandtschaft, wäre?

ANTWORT: Ja, natürlich, als eine Grundstimmung ist hier eine bestimmte emotionale Vorsicht und Sicherheitsorientierung vorhanden. Oftmals ist mit diesen beiden Aspekten auch sehr viel Loyalität verbunden.

FRAGE: Und das nennt man Affinität oder Verwandtschaft?

ANTWORT: Dies ist mit Sicherheit eine Affinität. Dieselbe Affinität kann auch auftreten bei einer Steinbock-Venus einerseits und einem starken Venus-Saturn-Aspekt beim Partner.

Dadurch passen die Venusbereiche besser zueinander, auch wenn sie eigentlich in Zeichen stehen, die normalerweise als nicht so verträglich gelten.

Löwe, das fünfte Haus und das Feuerelement

Löwe-betonte Frauen sind in der Regel besser zu gleichberechtigten persönlichen Beziehungen in der Lage als löwebetonte Männer. Für diese Männer ist es oft viel schwieriger, von ihrem königlichen Thron herabzusteigen und gleichberechtigt eine Beziehung mit dem anderen zu gestalten. Natürlich gibt es auch Löwe-Männer, die bescheidener und beziehungsfähiger sind. Doch Löwe-Männer und Löwe-Frauen haben völlig verschiedene Vorstellungen, wenn es zu einer Beziehung kommt.

FRAGE: Ja, Löwe-Männer sind oft sehr chauvinistisch.

ANTWORT: Richtig.

FRAGE: Würdest du nicht auch sagen, daß Löwen oft auf irgendeine Art dramatisch sind, insbesondere dann, wenn es um eine Romanze und Liebe geht?

ANTWORT: Das ist es, was ich meinte. Es dreht sich um das Drama und um zu spielen, um Liebesaffären, Liebeswerbung und all diese Dinge. Es ist alles dramatisch und gleichzeitig ein Spiel. Und alle Löwen lieben das Spiel und die Spekulation. Du kannst keine Liebesaffäre haben, ohne gleichzeitig etwas zu riskieren. Du riskierst dabei immer etwas in dir selbst. Und genau das, das Risiko ist die Verbindung zum Löwen dabei: etwas loslassen und damit auch etwas zu riskieren...

Es ist auch immer unterhaltend. Der Wunsch nach Unterhaltung spielt für die meisten Menschen bei Liebesaffären eine große Rolle.

FRAGE: Die Eroberung?

ANTWORT: Ja, aber ich dachte eigentlich mehr an den Charakter des Spielerischen, der für den Löwen die Bedeutung einer Unterhaltung hat.

Sprichst du über Männer oder Frauen oder über beide?

FRAGE: Nur über einen spezifischen Typ von Löwe-Männern und Löwe-Frauen. Einige können sich einfach nie längerfristig auf eine bestimmte Person einlassen.

ANTWORT: Ich denke, daß die Feuerzeichen sich mit dem Begriff der Eroberung wesentlich besser identifizieren können als die Wasser- oder Luftzeichen. Insbesondere Widder und Löwe haben eine Vorliebe für das Erobern. Der Löwe hat auch immer eine Sehnsucht nach Beachtung und Bestätigung seiner ›wundervollen‹ Persönlichkeit. Und ich glaube, wenn man wirklich analysiert, was die eigentlichen Motivationen für Liebesaffären sind, dann kommt man dahinter, daß es oft nur um Selbstbestätigung geht.

Damit meine ich keine längerdauernden Beziehungen, sondern wirklich ›loveaffair‹ als eine Löweangelegenheit, ein kurzes Spiel.

Sie spielen das Spiel der Liebe, und darin gibt es diese Schwingung, die bewirkt, daß sie sich verliebt fühlen. Es ist wie ›falling in love‹ (besondere Betonung auf falling). Du wirst irgendwie weniger vorsichtig und entwickelst eine unbewußte Bereitschaft... Wie kannst du überhaupt romantisch sein, wenn du bei vollem Bewußtsein bist? Du mußt dein Unbewußtes etwas mitspielen lassen, damit überhaupt noch etwas Geheimnisvolles möglich ist.

Auf jeden Fall widmet der andere dir in einer Liebesaffäre eine ganze Menge Aufmerksamkeit. Er macht dir Komplimente und will etwas für dich tun. Auf diese Weise bekommt dein Ego eine kleine nette Verstärkung. Und genau das ist es, was der Löwe als Egozeichen will. Dies ist eine sehr wichtige Motivation bei allen Angelegenheiten des fünften Hauses – Egobestätigung. Ob dies nun durch Kinder, Liebesgeschichten oder durch die eigene Kreativität geschieht. Das siebente Haus bezieht sich auf gleichberechtigte Beziehungen von einem Mensch zum anderen auf einer ganz persönlichen Ebene, ohne irgendwelche Rollenspiele. Im fünften Haus kommt es darauf an, eine Rolle zu spielen, im Drama oder im großen Spiel in der Liebe. Im siebenten Haus dreht es sich um die ganz persönliche Beziehung vom Ich zum Du. Manche Menschen haben bestimmte Schwierigkeiten mit solchen Beziehungen, wie sich das zum Beispiel in einer starken Hemmung bei Saturn im siebenten Haus ausdrückt. Diese Menschen sind dann sehr zurückhaltend und sehr vorsichtig, was persönliche Beziehungen betrifft. Es besteht eine Angst vor der Vertraulichkeit, die damit verbunden ist. In anderen Fällen kann Saturn im siebenten Haus anzeigen, daß für denjenigen diese persönlichen Beziehungen von größter Bedeutung sind. Man kann vor dieser Aufgabenstellung entweder davonlaufen oder verstärkt an ihr arbeiten. Dies sind zwei verschiedene Möglichkeiten, mit den Spannungen in einem Geburtsbild umzugehen.

Das fünfte Haus hat auch mit dem physischen, emotionalen und sexuellen Wohlbefinden zu tun. Deshalb kommt es häufig vor, daß die Beziehungen, die über das fünfte Haus laufen, diese Art von Wohlbefinden stark betonen. Dies ist auch dann üblich, wenn Jupiter durch das fünfte Haus läuft, was oft auch eine Zeit der Liebesaffären ist. Für die meisten Menschen sind die schönsten Zeiten in ihrem Leben, wenn Jupiter durch das erste oder fünfte Haus wandert.

FRAGE: Was ist, wenn Saturn gleichzeitig im siebenten Haus steht?

ANTWORT: Ich weiß es nicht. Möglicherweise arbeitest du nur stärker daran herauszubekommen, wie es um dich in deinen Beziehungen steht. Ich selbst habe gegenüber Saturn keine negative Einstellung. Manchmal bin ich froh, wenn ein bestimmter Saturn-Transit vorbei ist, doch der jeweilige Aufenthalt von Saturn in den Häusern beinhaltet eine sehr, sehr große Lernerfahrung in diesen Lebensbereichen. Wenn er beispielsweise durch das fünfte Haus geht, kannst du über Liebe in einem ganz tiefen und praktischen Sinn so viel lernen, da Verpflichtungen und Verantwortung ganz stark mit jeder Liebesverbindung in dieser Zeit gekoppelt ist.

Dies betrifft aber auch alle Liebesbeziehungen in der Vergangenheit und die Beziehung zu Familie und Kindern, deren Bedürfnisse beim Saturn-Durchgang durchs fünfte Haus in den Vordergrund treten. Beim Jupiter-Durchgang durch das fünfte Haus haben die meisten Menschen eine Fülle kreativer und spielerischer Energien zur Verfügung. Ich bin sicher, daß es auch Ausnahmen gibt, wenn gleichzeitig bestimmte spannungsreiche Konstellationen und Aspekte auftreten. Doch meistens besteht beim Jupiter-Durchgang durchs erste und fünfte Haus eine Fülle kreativer Energie. In einem gewissen Maß trifft dies auch das neunte Haus, und damit für alle Feuerzeichen, zu. Doch das erste und fünfte Haus scheinen beim Jupiter-Durchgang besonders freudvolle Zeiten der Ausdehnung, des Selbstausdrucks und der Gewinnung von mehr Selbstvertrauen zu sein. Das ist eigentlich das Schlüsselwort zu allen Feuerzeichen – Vertrauen und auf irgendeine Art ein bestimmter innerer Glaube. Du wirst manchmal Feuerzeichen treffen, die dies nicht besitzen, doch der Rest des Geburtsbildes oder ein Gespräch über die frühe Kindheit kann dir Aufschluß über die Gründe geben. So wird beispielsweise ein Löwe mit einem Widder-Mond, dessen beide Elternteile entweder Krebse oder Stiere waren, die ihren Kindern nicht den nötigen Raum zu ihrer Feuerentwicklung zugestehen konnten, vielleicht erst sehr spät, mit dreißig oder vierzig, sein Selbstvertrauen entwickeln können.

Dies trifft sehr allgemein auch für alle Frauen zu, da sie fast auf der ganzen Welt unterdrückt sind. So kommt es, daß viele, viele Frauen erst mit fünfunddreißig oder vierzig zu sich selbst kommen, insbesondere bezüglich ihres Selbstvertrauens und ihres Bewußtseins der eigenen Kreativität.

Ich habe so viele Männer im Laufe meiner Beratungen kennengelernt, deren Geburtsbilder eine Betonung kreativer Energie zeigten und die damit in Berührung waren, die einen starken Drang in diese Richtung verspürten. Doch viele Frauen mit genau denselben Aspekten und Betonungen hatten mit diesem Teil von sich selbst überhaupt keine Verbindung. Allerdings können in zunehmendem Maße insbesondere jüngere Frauen auch diese Anlagen in sich erkennen und leben.

Es scheint so, daß viele Frauen ihre Energie oft notwendigerweise in die Erziehung ihrer Kinder investiert haben. Ich überlege oft, ob sich die Natur verschworen hat und die Kreativität der Frauen im Unbewußten belassen will, bis die Kinder älter sind. Damit will ich nicht sagen, daß ich gegen Mutterschaft bin, denn was gibt es Kreativeres, als menschlichen Wesen beim Aufwachsen zu helfen. Tatsächlich dreht sich das fünfte Haus um Kinder und Kreativität, die beide auf einer Symbolkette liegen.

Das siebente Haus, Saturn und Pluto

Dabei beachtet man natürlich zuerst alle Venusverbindungen, die ja mit engen persönlichen Beziehungen zu tun haben; dann betrachtet man das siebente Haus (Venus-Haus) und alle Venus-Aspekte sowie alle Planeten in den Venuszeichen. Bei Mars in der Waage oder im Stier wird irgendeine Art gleichberechtigter emotionaler Beziehung eine ganz wichtige Rolle im Leben spielen. In allen astrologischen Nachschlagewerken kannst du eine Menge über die verschiedenen Planeten im siebenten Haus nachlesen. Jedoch bedarf die astrologische Tradition hier einer Klärung. Traditionell sollen die Planeten im siebenten Feld darüber Aufschluß geben, welche Art Partner du anziehst. Manchmal haut das auch völlig hin, doch manchmal trifft es auch überhaupt nicht zu. Ich glaube, ein Weg zur Astrologie ist die Vorstellung, daß dein Geburtsbild wie eine Blaupause deines Gehirns ist; eine Blaupause deiner Gewohnheiten, Gefühle, Bedürfnisse – man kann sagen deines Karmas – im Gegensatz zur Prognostik, die dir Aufschlüsse geben soll, wen du treffen wirst und was passieren wird.

Aus dieser Sichtweise heraus zeigen die Planeten im siebenten Haus einerseits, was du in einer Beziehung suchst und andererseits, mit welchen Teilen von dir du durch nahe persönliche Partnerbeziehungen in Kontakt kommst und mit welchen Anteilen von dir du dabei konfrontiert wirst. Hier wird die Beziehung zum ersten Haus, das gegenüberliegt, wichtig. Das erste Haus realisierst du auf ganz spontane Art, und du bist dir auch ganz spontan darüber bewußt. Das siebente Haus hat mit etwas zu tun, das du auf andere Menschen projizierst, in Abhängigkeit von den Planeten im siebenten Haus und dem Zeichen an der Felderspitze.

Oftmals kann man das siebente Haus in sich selbst nicht erkennen, aber das stimmt nicht immer. Menschen sind auf verschiedenen Bewußtseinsstufen und sind deshalb manchmal ihrem siebenten Haus sehr nahe. Doch in vielen Fällen werden die Dinge des siebenten Hauses auf jemanden anderen projiziert.

Wenn du z. B. Saturn in deinem siebenten Haus hast, so wirst du möglicherweise einen Steinbock heiraten. Ich habe dies wiederholt gesehen. Aber was zeigt Saturn im siebenten Haus wirklich? Er zeigt deine sehr ernsthafte Einstellung gegenüber engen persönlichen Beziehungen, eigentlich gegenüber jeder Art gesetzlicher Verträge, wie z. B. der Heirat. Du bist sehr vorsichtig, und diese engen Beziehungen erfüllen dich auch mit einer gewissen Angst. Jede Häuserstellung von Saturn kann anzeigen, auf welchen Gebieten du Ängste hast. Und dies ist wichtig in deinem Leben, oft zu wichtig. Saturn steht auch für eine gewisse Rigidität, und so kommt es oft zu Verhärtungen und einer Rigidität in den Bereichen des Lebens, die durch die Häuserstellung Saturns angezeigt werden.

Alle diese Bücher sagen über Saturn im siebenten Haus, daß du möglicherweise nicht heiraten wirst, oder daß deine Ehe sich verzögert. Ja, es ist wahr, daß Ehen verzögert werden. Aber was bedeutet dies eigentlich? Alle möglichen Menschen verzögern heutzutage ihre Ehe. Sie heiraten, wenn überhaupt, später als dies Menschen noch vor zwanzig Jahren getan haben. Ich glaube, daß die ›Verzögerung der Ehe‹ früher bedeutete, daß derjenige erst mit dreißig heiratete, doch ist diese Aussage heute ziemlich wertlos.

Dasselbe gilt für Saturn im fünften Haus. Alle diese Bücher beschreiben diese Stellung auch heute noch, indem sie sagen, daß du nie eine Liebesaffäre haben wirst oder nur enttäuschende, daß du keine Kinder haben wirst oder eben nur enttäuschende. Das sind überflüssige und bedeutungslose Aussagen, völlig bedeutungslos! Jeder, der einige Liebesaffären erlebt hat, wird eines Tages enttäuscht sein und jeder, der Kinder hat, wird hier oder dort irgendwann einmal enttäuscht sein. Saturn im fünften Haus heißt auf keinen Fall eine Beschränkung der Liebesaffären. Es kann auch bedeuten, daß Liebesaffären für dich so wichtig sind, daß du einen Großteil deiner Energie darauf verwenden wirst.

In anderen Fällen kann es auch bedeuten, daß du eine Unmenge Liebesaffären hast, doch sind sie alle von enormer Bedeutung. Es sind keine leichten und spielerischen Dinge, sondern sind sehr ernsthaft und tief, da sie dir einen direkten Zugang zu bestimmten wichtigen Lernerfahrungen vermitteln. Alles, womit dein Saturn in Verbindung steht – Haus, Zeichen und Aspekte – ist für dich besonders wichtig, da Saturn immer ein Indikator für etwas ist, das im Leben bearbeitet werden soll. Irgendeine Qualität des Hauses oder Zeichens ist für dich besonders wichtig.

Wenn Saturn eine Winkelbeziehung zu deinem Mars hat, wird es für dich selbst von Bedeutung sein, dich zu behaupten. Wenn er einen Aspekt zur Venus hat, suchst du besonders nach Erfahrungen, die in irgendeiner Form Nähe vermitteln.

Das, was für dich besonders wichtig ist, egal, um was es sich nun speziell handelt, wird oft zum größten Problem, weil es dich in Beschlag nimmt.

Immer dort, wo du versuchst, für dich wichtige Dinge auf Biegen oder Brechen zu erreichen, wirst du selbst alles dabei kaputtmachen. Immer dort, wo dein Saturn steht, bist du nicht in der Lage, die Dinge einfach geschehen zu lassen. Du läßt nichts fließen und versuchst zu viel zu kontrollieren. Dies geschieht gemäß dem Steinbock-Prinzip, das nach außen immer versucht, die Natur zu kontrollieren und zu managen, und nach innen gerichtet sich selbst diszipliniert. Steinbock sucht auch immer, Autorität zu erlangen, damit er das Leben besser im Griff hat. Deshalb, bei Saturnstellungen im fünften oder siebenten Haus... Ich habe bis jetzt noch kein Nachschlagebuch gesehen, das diese Stellungen richtig beschreibt. Eines wird jedoch in den allermeisten Fällen bei Saturn in diesen Häusern zutreffen: Dieser Mensch wird mit Liebesaffären, Beziehungen und Kindern sehr verantwortungsbewußt umgehen, je nachdem, in welchem Haus Saturn steht. Und weil sie sich so sehr für die Folgen verantwortlich fühlen, lassen sich diese Menschen oft nur sehr vorsichtig auf diese Dinge ein. Sie sind nicht in der Lage, Dinge geschehen zu lassen, sie übernehmen dafür die Verantwortung, ja sie übernehmen für alles die Verantwortung. »Wenn ich einmal heirate, soll es für immer und ewig sein.« Diese Einstellung ist bei Saturn im siebenten Haus oder Venus im Steinbock sehr häufig. Auch Einstellungen wie : »Ich bin dafür verantwortlich, daß die Beziehung weitergeht, auch wenn mein Mann mich schlägt und ich ihn eigentlich hasse«, gehören zu Venus im Steinbock, insbesondere, wenn noch finanzielle Dinge mit hineinspielen. Venus im Steinbock ist ja sehr auf die materielle Sicherheit bedacht.

FRAGE: Auch bei Saturn in der Waage?

ANTWORT: Bei Saturn in der Waage stimmt dies auch bis zu einem gewissen Punkt, aber es ist lange nicht so dramatisch, da Saturn in der Waage schon Generationscharakter besitzt. Es ist kein so persönlicher Faktor. Saturn in der Waage zeigt einen Charakter, der sehr ernsthaft mit persönlichen Beziehungen umgeht. Diese Menschen sind sehr vorsichtig, wenn sie eine Partnerschaft eingehen, da sie fühlen, daß dies für sie eine ganz wichtige Sache ist. Oft ist dies so wichtig, daß es dann immer wieder verschoben wird. Vielleicht ist es die Angst, der Beziehung ins Gesicht zu schauen oder dafür Verantwortung zu übernehmen.

Auch bei Saturn im fünften Haus bringen Kinder eine sehr große Verantwortung mit sich. Man kann Saturn entweder begegnen, indem man ihn ansieht und davon lernt oder wie eine alte Dame mir erzählte: »Ich habe Saturn im fünften Haus, und das bedeutet, daß ich mehr Kinder habe als ich wollte. Ich habe zwei, und beide sind Versager.« Sie beschwert sich über alles, und sie ist ein sehr unglücklicher Mensch. Deshalb interpretiert sie ihr Geburtsbild auch auf eine absolut negative Art.

FRAGE: Was ist mit Pluto im siebenten Haus, was hat er für Auswirkungen?

ANTWORT: Ist Pluto ein Er? Ich glaube, daß Pluto bisexuell/androgyn ist. In dem Artikel, den ich über Pluto geschrieben habe, schrieb ich, wie ich Pluto fühle... Es ist eine komische Sache, ähnlich wie beim Skorpion. Pluto ist auf der einen Seite eine extrovertierte und extrem mächtige Kraft und auf der anderen Seite sehr sensibel und psychisch. Mit Skorpion verhält es sich genauso.

Viele, die gerade mit Astrologie angefangen haben, glauben Skorpion sei ein Feuerzeichen. Ich habe das so oft gehört, weil Skorpion so dynamisch sei. Und man hält ihn im allgemeinen nicht für allzu sensibel, denn Skorpione zeigen ihre Sensibilität nicht. Bei Pluto ist es das gleiche. Doch Pluto im siebenten Haus kann man kaum abstrakt beschreiben. Wenn ich mit jemanden über sein Leben rede, bekomme ich möglicherweise ein Gefühl für dessen Pluto. In einigen Fällen kann es bedeuten, daß du irgendeine unglaublich extreme Beziehung zu einem Menschen hast. Oft ist es dann eine Ehe mit jemandem, der extrem mächtig ist oder einen extrem starken Willen hat. In vielen Fällen ist es ein

Mensch, der ganz wichtige Teile deines Lebens dominiert. Dies muß keine negative Sache sein. Ich kenne beispielsweise jemanden, der seit 35 Jahren sehr glücklich mit einer Frau verheiratet ist, einige Kinder hat usw. Seine Frau hat einen extrem starken Willen, ein richtiger Super-Widder, sogar etwas rücksichtslos und manchmal etwas grausam. Er hat Pluto in seinem siebenten Haus.

FRAGE: Könnte jemand mit Pluto im siebenten Haus nicht gerade das Gegenteil sein, nämlich sehr, sehr stark gegenüber seinem Ehepartner?

ANTWORT: Das wollte ich gerade sagen. Pluto zeigt nämlich immer irgendeine Art von Zwang. Manchmal ergibt das Ansehen und Analysieren einfach keinen Sinn, und doch ist ein Zwang da. Beim siebenten Haus, dem Waage-Haus, geht es immer um Fairness. Die Waage will immer fair sein und dem anderen seinen gerechten Anteil und seine individuelle Freiheit lassen.

Ein Mensch mit Pluto im siebenten Haus kann vielleicht jemand sein, der anderen ein enormes Maß an Freiheit zugesteht. Das kann tatsächlich so weit gehen, daß es fast einem Zwang gleicht, anderen ihre Freiheit zuzugestehen, so daß er selbst kaum zu nahen menschlichen Beziehungen fähig ist. Was immer du den Menschen fragen wirst, um einen persönlichen Kontakt herzustellen, er wird immer antworten: »Das ist deine Sache, du kannst tun und lassen, was du willst.« Wie kann auf diese Art eine persönliche Beziehung entstehen? Die andere Seite der Medaille, also die andere Möglichkeit, wie Pluto im siebenten Haus Gestalt annehmen kann, ist die, die bereits erwähnt wurde. Jemand, der extrem dominierend und Zwang ausübend in persönlichen Beziehungen ist. Pluto im fünften Feld kann dies auch zeigen. Manchmal zieht eine solche Person gerade plutonische Persönlichkeiten, wie z. B. wirklich kraftvolle Liebhaber oder sehr machtvolle Kinder, magnetisch an. Oder er ist selbst rücksichtslos gegenüber Kindern oder Geliebten...

FRAGE: Dann sind also beide Äußerungsformen möglich, von jemanden dominiert zu werden oder selbst zu dominieren?

ANTWORT: Ja, und diese Dualität der Erscheinungsformen gibt es überall in der Astrologie! Manchmal erfährt man die Dinge dadurch, daß sie von außen auf einen zukommen, und manchmal erfährt man sie als eigene Manifestation.

Sagen wir einmal, du hast Pluto in deinem fünften Haus, und jedesmal, wenn du weggehst, triffst du leidenschaftliche Skorpione. Dann erlebst du deinen Pluto als etwas, was von außen auf dich zukommt. Dies ist dann der Weg, wie er in dein Leben tritt und dich zwingt, dich mit bestimmten Dingen auseinanderzusetzen.

Eine andere Möglichkeit mit einem Radix-Pluto im fünften Haus ist, daß du anderen deine Macht zeigen mußt und daß du dich in Liebesdingen skorpionisch verhältst. Du willst andere immer besiegen und erobern. Beide Erscheinungsformen gibt es, manchmal sogar bei einer Person.

Das, was man ausstrahlt, kommt auch auf einen zurück. Manchmal kommt natürlich auch etwas zurück, was wir in früheren Leben getan haben, wenn wir dies einmal unter dem Blickwinkel der Reinkarnation betrachten.

Bemerkungen zu Uranus und Oppositionen

Sogar die Trigone von Merkur zu Uranus, denen die meisten Bücher Qualitäten wie ›sehr gerissen, brillant und voller Erkenntnisse‹, zuschreiben, was oftmals stimmt, tendieren zu einer gewissen Art exzentrischen Denkens und extremen Ideen. Dies ist jedoch oft nicht so offensichtlich wie bei den Oppositionen. Oftmals ist es schwierig, sich mit jemandem zu unterhalten, dessen Geburtsbild eine Opposition von Merkur und Uranus aufweist. Dies kann auch bei anderen Oppositionen von Uranus mit persönlichen Planeten der

Fall sein, da diese Menschen so schnell und aufgedreht sind. Sie können sich einfach nicht hinsetzen und auf deine Ideen warten, sie unterbrechen dich laufend. Oder du sitzt da und versuchst, dich mit ihnen systematisch über etwas auseinanderzusetzen. Aber du siehst, daß sie eigentlich nicht anwesend sein wollen. Sie wollen herumrennen und plötzlich aufspringen... sie wollen irgend etwas Erregendes. Das einzige, was Uranier wirklich zu erregen vermag, sind sie selbst. Uranus ist der egozentrischste Planet. Du kannst das wirklich beobachten. In den meisten astrologischen Büchern wird das ebenfalls nicht genügend betont. Warte, bis Uranus über einen Planeten in deinem Geburtsbild transitiert, du wirst während dieser Zeit keine Lust mehr haben, mit irgend jemandem zusammenzuarbeiten. Du willst nur deine Sachen machen, und zwar schnell, ohne Rücksicht auf andere nehmen zu müssen.

Uranus-Aspekte, insbesondere die Spannungsaspekte, haben eine Tendenz zur Eigensinnigkeit und dem Bestehen auf: »Ich habe das Recht, das zu tun, und das geht dich überhaupt nichts an.« Ich kenne einen Mann mit dieser Opposition, der schon dreimal wegen Gewaltätigkeit im Gefängnis war (Arroyo bezieht sich hier auf ein Geburtsbild an der Tafel, Mars-Uranus Konjunktionen in Opposition zu Venus). Der Mann bekommt Streit und haut dann jemandem eine Kette oder etwas Ähnliches in einem Kampf über den Kopf. Eines Tages kam er zu einer Beratung, und ich zögerte etwas, ganz ehrlich mit ihm zu sein (Gelächter). Das ist ein Vorteil der Waage, daß man dem gewalttätigsten Menschen sehr taktvoll erzählen kann, er sei ein Dickschädel, und dieser es nicht als eine Beleidigung auffaßt.

Auf jeden Fall hatte dieser Mann, man braucht es eigentlich nicht mehr zu sagen, Schwierigkeiten mit seinen Beziehungen. Andere Aspekte in seinem Geburtsbild wiederholten dasselbe Thema. Die Spannungsaspekte zu Venus, insbesondere die Oppositionen von Uranus und Mars sind mit Sicherheit Hinweise auf Partnerschaftsprobleme. Diese neigen besonders dazu, fordernd zu sein. Jeder hat bestimmt von der alten Geschichte gehört, daß Mars-Uranus-Oppositionen gewaltätig seien. In einigen Fällen trifft dies bestimmt auch zu, in anderen Fällen kann es sich ganz anders auswirken.

Dieser Mann (Arroyo bezieht sich wieder auf das Beispiel an der Tafel) war einmal verheiratet, und die Ehe war für ihn ein großer Reinfall. Seine Frau heiratete noch einmal, und das einzige Kind aus erster Ehe blieb bei ihr. So war seine Situation. Als erstes fragte ich ihn, warum er seiner Meinung nach immer wieder in all diese Kämpfe verwickelt werde und mit dem Gesetz in Konflikt gerate. »Eigentlich fange ich nie an, aber ich gehe in bestimmte Bars, fange an zu trinken, dann fängt irgend jemand eine Schlägerei mit mir an.« Natürlich würde er nie in eine andere Art von Bar gehen, denn vor den Bars, in die er geht, stehen immer viele Motorräder, und Ketten sind eben auch da. Bei Venus-Oppositionen besteht immer eine Tendenz zur Projektion, einer Projektion eigener Probleme auf andere. In diesem Fall, bei einer Mars-Uranus-Konjunktion in Opposition, wird der eigene Hang zur Gewalt auf andere projiziert. Er sieht die anderen als Streithammel und kommt nie auf die Idee, daß er selbst einer sei. Auch bei Mond-Oppositionen sind Projektionen sehr häufig. Jedoch besteht ein gewisser Unterschied: Man projiziert seine eigenen unbewußten Bedürfnisse oder unbewußten Probleme auf andere.

Jede Opposition eines persönlichen Planeten kann etwas mit Projektion zu tun haben, der Projektion eigener Probleme auf andere.

Richard Nixon ist hierfür ein gutes Beispiel:

Sonne in Opposition zu Neptun.

Neptun-Oppositionen mit persönlichen Planeten haben etwas mit einem Sündenbockverhalten zu tun. Du siehst dann deine eigenen Probleme bei jedem anderen. Neptun symbolisiert auch Fluchtverhalten, sich zu weigern, den Tatsachen ins Gesicht zu schauen. Doch dazu werden wir noch ausführlicher kommen, wenn wir über Neptun-Aspekte zu Venus und Mars kommen.

Um auf diesen Mann zurückzukommen, ich fragte ihn, warum seiner Meinung nach seine Ehe schiefgegangen wäre? Er antwortete: »Oh, mein Gott, sie verstand mich überhaupt nicht. Wenn ich aus dem Haus ging, fragte sie mich, wohin ich gehe. Und wenn ich gehe, will ich bleiben, solange es mir paßt, drei, vier, fünf Tage, egal wie lange!« Mars-Uranus! Sehr selbstbezogen. Ich, ich, ich… ich will Freiheit, und die anderen sind mir dabei egal. Alle wassermann- und uranusbetonten Menschen hassen zum größten Teil Einschränkungen.

Diese Verallgemeinerung trifft natürlich nicht auf Wassermann-Menschen zu, doch es ist eine allgemeine Charakteristik von Uranus und Wassermann. So durfte seine geschiedene Frau sich nicht erdreisten, ihn etwas zu fragen, auch nicht solche Dinge wie: »Wann kommst du zurück?«

Es ist deshalb völlig klar, daß sich Menschen, die in enger Beziehung zum ihm (Venus) standen, sich furchtbar über seine Eigenwilligkeit und sein Verhalten ganz allgemein aufregten.

Jede Opposition mit persönlichen Planeten kann mit Auseinandersetzungen in Beziehungen und Projektionen zu tun haben.

Aspekte von Sonne und Mond

Eine andere Sache sind die Aspekte der Sonne im Geburtsbild einer Frau und die Mondaspekte beim Mann. Dies ist im allgemeinen ein ziemlich verläßlicher Hinweis auf den potentiellen Ehemann bzw. die potentielle Ehefrau. In den alten Büchern findet man dies etwa so: »Die Sonne im Geburtsbild einer Frau hat eine Beziehung zu ihrem Ehemann und der Mond im Bild des Mannes zur Ehefrau.« Ganz allgemein gesehen stimmt dies auch, doch man sollte damit sehr viel vorsichtiger umgehen, da heutzutage wesentlich mehr Menschen ihre Individualität stärker zum Ausdruck bringen als früher. Mehr Menschen leben ihr Potential und wesentlich mehr Frauen sind in der Lage, ihrer Sonne Ausdruck zu verleihen. Sie sind deshalb nicht mehr so darauf angewiesen, ihre Individualität, ihre Egobedürfnisse usw. auf einen Mann zu projizieren.

Dasselbe trifft auch auf den Mond zu. Obwohl der Mond als Hinweis bei Männern immer noch etwas verläßlicher ist als die Sonne bei Frauen. Es scheint, daß Frauen sich heutzutage wesentlich schneller verändern als die Männer. Aber allgemein gesehen, weist die Mondstellung in ihrem Zeichen, und noch wichtiger in ihren Aspekten, auf die Gewohnheiten von Männern gegenüber Gefährtinnen und Ehefrauen hin.

Jeder Spannungsaspekt des Mondes im Geburtsbild eines Mannes ist ein Hinweis auf irgendeine Energie, die nur schwer in der Beziehung zu einer Freundin oder Ehefrau zum Ausdruck gebracht werden kann. Dabei spielt der Planet, der einen Spannungsaspekt zum Mond hat, eine wichtige Rolle, und zumeist ist es sehr anstrengend, gerade diese Energie auch mit dem weiblichen Partner zum Ausdruck zu bringen.

Bei Mond im Quadrat zu Venus dürfte ein Mann große Schwierigkeiten haben, seine Emotionen und umsorgenden Gefühle auszudrücken. Bei einem Mars-Quadrat dürfte es schwierig für ihn sein, seine Sexualität oder seine Selbstbehauptung in die Beziehung einzubringen. In den alten Büchern heißt es immer bei einem Mars-Mond-Quadrat, man sei leicht reizbar. Natürlich ist man leicht reizbar, wenn man gegenüber dem Partner nicht ausdrücken kann, was man will (Mars). Dann wird man einfach gereizt. Das wichtige dabei ist aber, daß man nicht ausdrücken kann, was man will.

Im Geburtsbild einer Frau sind die Aspekte ihrer Sonne wesentlich wichtiger als die Zeichenstellung der Sonne. Nicht unbedingt in dem Sinne, daß dadurch der Charakter des Ehemannes vorausgesagt werden könne, obwohl dies auch häufig möglich ist, sondern es symbolisiert etwas, was die Frau mit ihrem Ehemann oder ihrem Vater oder beiden erfahren soll. ›Ehemann‹ kann hier natürlich auch einfach ein Partner sein, mit dem die Frau einige Jahre zusammen ist, wenn dabei irgendeine eheähnliche Beziehung, eine gegenseitige Abhängigkeit, eine Rolle zum Tragen kommt.

Die Sonnen-Aspekte sind wirklich entscheidend. Ich glaube, daß verschiedene Dinge passieren werden, wenn die Frau ihre eigene Sonnenenergie selbst zum Ausdruck bringt. Wenn sie beispielsweise einen Sonne-Uranus-Aspekt hat, Konjunktion, Opposition oder Quadrat, ist dies traditionell gesehen ein sogenannter Scheidungsaspekt.

Warum wirkt sich dieser Aspekt so oft als Scheidung aus? Da ein Sonne-Uranus-Aspekt in jedem Geburtsbild bei Frauen und auch Männern auf jemanden hindeutet, der unglaublich stark auf seiner eigenen Freiheit besteht, der sehr egozentrisch ist und sehr seine eigene Person betont. Diese Menschen können keine Einschränkungen aushalten oder tolerieren. Eine Frau mit einem starken Sonne-Uranus-Aspekt wird natürlich nie in die gesellschaftliche Rolle der passiven Frau passen. Sie wird nie die Autorität ihres Ehemannes akzeptieren, die jedoch die meisten Männer behaupten wollen. Vor diesem Hintergrund ist dies natürlich kein ›magischer‹ Hinweis als ›Scheidungsaspekt‹, sondern er ist ein Hinweis auf ein großes Bedürfnis nach Freiheit und freiheitlichem Selbstausdruck, mit dem sehr viele Männer einfach nicht umgehen können.

Ich lebe ja in der Nähe einiger Luftwaffen-Stützpunkte und habe deshalb viele Frauen vom Luftwaffen-Personal beraten. Interessanterweise haben etwa neun von zehn einen Sonne-Uranus-Aspekt. Dies ist nicht nur interessant, weil Uranus die Luftfahrt beherrscht, sondern weil jene Frauen diese Art von Ehe äußerst schätzen. Ihr Mann ist die Hälfte der Zeit nicht zu Haus, da er irgendwo in der Welt herumfliegt. Viele haben mir erzählt, daß sie die Ehe nur aushalten, weil ihr Mann immer wieder für einige Wochen von ihnen getrennt sei.

FRAGE: Ich will noch einmal zu Pluto im siebenten Haus zurückgehen. Angenommen es besteht ein Aspekt zwischen Sonne und Pluto im Geburtsbild einer Frau, und nehmen wir weiter an, daß der Partner, mit dem sie zusammenlebt, Pluto in seinem siebenten Haus hat. Hat dann ihr Sonne-Pluto-Aspekt etwas mit seinem Pluto im siebenten Haus zu tun?

ANTWORT: Ja, man sieht solche Dinge recht häufig. Manchmal sind sie sehr versteckt und schwierig zu sehen, und manchmal sind sie ganz offensichtlich. Manchmal hat die Frau eine Opposition zwischen Sonne und Saturn und heiratet dann einen Steinbock oder einen wirklich realistischen, praktischen und sehr konservativen autoritären Mann.

Was bedeutet das nun? Ein Sonne-Saturn-Aspekt ist im Geburtsbild der Frau immer etwas mit Streß verbunden und heißt im allgemeinen, daß sie wirklich daran arbeiten muß (Saturn), einen Selbstausdruck zu finden und daß das nicht ohne Hindernisse möglich ist. Es hat oft viel mit dem Vater zu tun, der häufig gewalttätig war oder das Kind völlig verwöhnte, so daß die Frau zu ihm keine so normale Beziehung wie zu einem fehlbaren Menschen haben konnte. Ein dominanter männlicher Partner wird immer eine Rolle in ihrem Leben spielen. Solche Dinge kommen ganz häufig vor. Ganz allgemein ist wichtig, daß die Hauptaspekte zur Sonne im Geburtsbild einer Frau auf die Dinge hinweisen, die sie ausdrücken will. (Die Hauptaspekte der Sonne, egal bei wem, zeigen die Art und Weise des Selbstausdrucks und welcher Drang dahintersteckt.) Zudem symbolisieren diese Aspekte in vielen Fällen männliche Partner, mit denen die Frau umgeht, und die Dinge die in der Partnerschaft, mit denen die Frau umgeht, und die Dinge, die in der Partnerschaft zum Problem werden können. Wenn Pluto beispielsweise im Quadrat zur Sonne steht, ist die Frau häufig mit einem sehr dominanten Mann verheiratet. Sie wird vielleicht einen Skorpion oder jemanden mit einem ähnlichen Temperament heiraten.

FRAGE: Kann es nicht auch sein, daß sie über ihren Mann dominiert?

ANTWORT: Zweifellos ist das möglich, denn es ist ja ihr Aspekt im Geburtsbild. Doch ebenso ist der andere Weg möglich. Man erhält immer das zurück, was man ausstrahlt, unbewußt oder bewußt.

FRAGE: Trifft dies auch bei einem Sonne-Pluto-Sextil zu?

ANTWORT: Meiner Meinung nach sind die Oppositionen, Quadrate und Konjunktionen die stärksten Aspekte, und wenn man bei diesen Überlegungen von der Sonne ausgeht, sind diese Winkel wichtiger als die Sextile und Trigone.

FRAGE: Und falls nur ein oder sogar gar kein Aspekt vorhanden ist?

ANTWORT: Man benutzt immer das, was da ist.

FRAGE: Was ist, wenn im siebenten Haus überhaupt keine Planeten stehen?

ANTWORT: Dies gehört eigentlich zu der generellen Frage, was unbesetzte Häuser überhaupt bedeuten. Was mir am meisten einleuchtet, ist die Vorstellung, daß in diesem Leben nichts anliegt, was eine spezielle Aufmerksamkeit gegenüber dem entsprechenden Bereich erfordert. Das bedeutet nicht, daß du mit diesem Feld nichts zu tun hast. Für die allermeisten Menschen ist Einsamkeit ein Problem, wenn sie keine Beziehung haben. Deshalb ist Venus besonders wichtig, wenn das siebente Haus unbesetzt ist, insbesondere, wenn es um Beziehungen und Heirat geht. Ebenso spielt natürlich auch der Herrscher des Zeichens, in das der Dezendent fällt, eine Rolle. Manchmal ist dies auch ein Hinweis. Dennoch ist meiner Erfahrung nach die Venus oft wesentlich aufschlußreicher. Es gibt so viele alte astrologische Regeln, die für mich oft wenig sinnvoll erscheinen, obwohl viele Leute stark daran festhalten. Der Planet, der ein Haus regiert, kann dir oft sehr brauchbare Informationen liefern, aber wenn es um Beziehungen geht, sind Venus oder irgendwelche Planeten in der Waage oft sehr viel bedeutungsvoller.

Um zu den Sonnenaspekten im Geburtsbild einer Frau zurückzukommen... Wenn beispielsweise ihr Pluto im Quadrat zu ihrer Sonne steht, und um diesen Aspekt wirklich deutlich zu machen, nehmen wir an, die Sonne stünde im Skorpion. Dann liegt eine doppelte Skorpionbetonung vor, und wahrscheinlich wird diese Frau einen sehr ausgeprägten, starken Willen haben. Sie wird unter Umständen überhaupt nicht heiraten, da Männer vor dieser starken skorpionischen Ausstrahlung zurückschrecken. Diese Konstellation, gleichgültig ob sie bei einem Mann oder bei einer Frau vorliegt, deutet auf eine Persönlichkeit hin, die einen sehr starken Willen und einen Hang zur Manipulation hat. Wenn diese Frau nun einen ebenso starken Mann heiratet, entstehen die Probleme oft erst mit der Zeit, und zwar dann, wenn die Frau älter und sich ihrer eigenen Stärke bewußter wird und erkennt, was sie will und dies auch ausdrücken will.

In einer Ehe mit einem starken Skorpion-Mann mag es anfangs ganz problemlos sein, solange sie ihre ganze eigene Stärke auf ihren Mann projiziert. »Oh, ich bin mit einem sehr starken Mann verheiratet.« Wenn sie beginnt, ihre eigene Stärke zu fühlen, kommt es zu Auseinandersetzungen, und dann fangen die Probleme oft erst richtig an.

Du wirst mit allen Aspekten deines Geburtsfeldes konfrontiert, und wenn es nicht innerlich ist, kommt es in Form äußerer Erfahrungen auf dich zu. Tatsächlich scheint es so zu sein, daß die unbewußtesten Menschen mit den dicksten Erfahrungen konfrontiert werden, damit sie daraus etwas lernen. Wenn du beispielsweise eine sehr introvertierte Persönlichkeit bist, die viel über Dinge nachdenkt, wirst du oft durch Perioden großer Veränderungen, stressige Transite und Zyklen gehen, ohne daß äußerlich so viel los ist. Doch du fühlst die Spannungen und verarbeitest sie sowohl gefühlsmäßig als auch mental zu einem großen Teil auf einer inneren Ebene. Dies ist nicht immer der Fall, und ich weiß keine Möglichkeit, nur aus seinem Geburtsbild heraus die Bewußtseinsebene eines Menschen vorauszusagen, obwohl manche Leute behaupten, daß dies möglich sei. Nach dem Motto: »Oh, du hast diesen Aspekt und jenen Aspekt, das heißt, daß die Entwicklung deiner Seele schon ganz weit fortgeschritten ist.« Ich glaube, daß das alles Mist ist. Denn zwei Menschen können genau im selben Moment geboren sein, und der eine geht möglicherweise in einen Ashram und meditiert sein ganzes Leben lang, und der andere ist vielleicht ein Krimineller, der nie in seinem ganzen Leben über etwas Spirituelles nachdenkt.

Für mich ist das Bewußtsein mehr wie Elektrizität, die durch eine bestimmte Glühbirne fließt. So kann bei dir vielleicht ein Zehn-Watt-Bewußtsein durch dein Geburtsbild fließen, und bei jemandem sehr Unbewußten kann sich diese Energie auf eine Weise äußern, die nicht sehr viel mit dem Geburtsbild zu tun hat. Oder du könntest ein Zehntausend-Watt-Bewußtsein haben, das durch dein Geburtsbild fließt und so die höheren Oktaven dessen leben, von dem, was dein Geburtsbild zeigt.

Das elfte, achte und erste Haus

Das fünfte und siebente Haus haben wir bereits erwähnt. Wenden wir uns nun dem elften zu. Auch dieses Haus hat etwas mit Partnervergleich zu tun, denn es ist irgendwie nett, wenn ein Planet, insbesondere ein persönlicher, oder der Aszendent des einen in das elfte Feld des anderen fällt. Das elfte Haus hat nämlich mit Freundschaft zu tun, und es ist sehr schön, wenn man gegenüber jemandem, zu dem man eine enge Beziehung hat, freundschaftliche Gefühle empfindet, insbesondere, wenn man miteinander verheiratet ist.

Das elfte Haus und Wassermann sind zukunftsorientiert und fortschrittlich. Wenn jemandes Planeten nun in deinem elften Feld stehen, ist dies ein Hinweis, daß derjenige dir vielleicht gut helfen kann, das zum Ausdruck zu bringen, was du in der Zukunft tun willst, deiner Aufgabe näherzukommen. All die alten Bücher sagen, daß dies das Haus der Hoffnungen, Wünsche und Ziele sei. Es ist das Haus der persönlichen Wünsche, Hoffnungen und Ziele, und zwar nicht im Sinne von Karriere, die mehr zum 10. Haus gehört, sondern das, was du persönlich sein willst.

Das fünfte und achte Haus haben beide etwas mit Sex zu tun. Das fünfte bezieht sich mehr auf spielerischen Sex, sexuelles Wohlgefühl und sexuelle Mutwilligkeit. Das achte Haus hat eine viel größere sexuelle Intensität. Es repräsentiert neben vielen anderen Dingen den Drang nach Lösung körperlicher Spannungen durch Sexualität, nach Heilung und Katharsis. Es zeigt ein viel tiefgründigeres Erlebnis von Gemeinsamkeit an als das fünfte Haus, das viel mehr mit einem dramatischen Theaterspiel zu tun hat.

Genauso hat auch das erste Haus enorm viel mit Beziehungen zu tun, als in Opposition stehend zum siebenten. Beispielsweise weiß jeder hier, daß ein Planet am Aszendenten dein gesamtes Sein und deinen Zugang zum Leben beeinflußt. Dies trifft für jeden Planeten im ersten Feld zu. Je näher er jedoch dem Aszendent steht, desto größer ist sein Einfluß. Dies gilt auch für Planeten, die rechnerisch noch im zwölften Haus, aber schon näher als 10 Grad am Aszendenten stehen. Solche Planeten interpretiere ich immer als dem ersten Haus zugehörig, auch wenn sie eigentlich noch im zwölften Haus stehen. Wenn beispielsweise dein siebentes Haus nicht besetzt ist und im ersten Haus steht etwas recht Starkes, so werden für dich Aktivitäten, die du alleine unternimmst, eine große Rolle spielen, denn das erste Haus ist das Widderhaus und hat deshalb mit Aktivität und Initiative zu tun, die man alleine macht. Ein Waage-Aszendent ist deshalb üblicherweise etwas problematisch, denn damit steht die Waage, das Zeichen für Partnerschaft, im Haus der Unabhängigkeit. Dies kann sich dann darin äußern, daß du dich so lange nicht unabhängig fühlen kannst, wie du nicht in einer Partnerbeziehung bist. Doch wenn du dann in einer Beziehung bist, wie kannst du dich dann wirklich unabhängig fühlen? Dies ist jedoch nicht völlig unlösbar. Es ist nicht unbedingt schlecht und muß auch nicht als Problem empfunden werden, doch Menschen mit einem Waage-Aszendenten sind immer auf Partner angewiesen, die sie zum Selbstausdruck motivieren. Es ist irgendwie, als könnten sie sich nur durch einen Partner zum Ausdruck bringen. Ähnlich verhält es sich mit der Sonne im siebenten Haus, bzw. einer Waage-Sonne. Um ihre eigene Individualität zu erleben, benötigen sie einen Partner, auf den sie sich beziehen können und der widerspiegelt, wer sie eigentlich sind. Diese Menschen lernen sich selbst kennen, indem sie sich auf jemanden beziehen. Es wäre sogar sinnvoll, den Mond in der Waage oder im siebenten Haus noch mit hinzunehmen, insbesondere bei Frauen. Denn dafür gilt das gleiche.

Zu einem ganz riesigen Teil ihrer eigenen Natur finden diese Menschen außer durch ihre Partnerbeziehungen keinen Zugang. Dies muß jedoch nicht durch Heirat oder Zusammenleben geschehen, sondern ist auch durch eine Tätigkeit als Berater, Psychologe oder einen anderen Beruf möglich, der ganz stark auf dem zwischenmenschlichen persönlichen Kontakt beruht.

Bei einer Opposition von Planeten zwischen dem ersten und dem siebenten Haus besteht dieselbe Art von Dualität und Auseinandersetzung zwischen Abhängigkeit und Unabhängigkeit. »Ich mag gern unabhängig sein, aber etwas Gesellschaft wäre auch ganz nett.« Dies ist nicht notwendigerweise problematisch, aber sehr oft können sich Menschen mit einer Opposition zwischen dem ersten und dem siebenten Feld sehr gut mit dem Gefühl eines inneren Widerspruchs identifizieren, den man vielleicht so beschreiben könnte: »Ich hätte gern mehr Gesellschaft« und »Ich bin wirklich unabhängig, ich muß meine eigenen Dinge tun und will mir dabei von niemandem hereinreden lassen.« (Dies ist dann die Widder-Qualität des ersten Hauses.)

Das Konzept der ›gemeinsamen Erfahrung‹

Seht einmal alle auf euer Formblatt. Dort gibt es einen Punkt, der heißt: »Beachte besonders alle Hinweise auf eine ›gemeinsame Erfahrung‹.« Dies gehört eigentlich auch zum Partnervergleich, doch kann ich nicht alles auf den zweiten Workshop verschieben, obwohl es eine ziemliche Aufgabe ist, das alles in dem einen Workshop zu behandeln.

Die ›gemeinsame Erfahrung‹ hat mit engen Aspekten der Planeten der Partner untereinander zu tun. Wenn also der Planet A z. B. in Konjunktion mit dem Planet B des Partners steht, nennt man dies technisch einen Interaspekt. (Die beiden Begriffe der ›gemeinsamen Erfahrung‹ und des ›Interaspekts‹ stammen aus einer exzellenten Arbeit von Joan und Kenneth Negus, die sie 1976 beim AFA Kongreß vorlegten.) Dies ist einfach eine Winkelbeziehung zwischen einem Planeten in deinem Geburtsbild und einem Planeten im Geburtsbild von jemand anderem. Das bedeutet, daß bei jedem engen Aspekt unter 2 Grad Orbis (einschließlich des Quincunx) Auslösungen durch Transite zur gleichen Zeit stattfinden. Dies ist der Hintergrund für den Begriff der ›gemeinsamen Erfahrung‹. Auf diese Sache sollte man achten und sich darüber bewußt sein, denn der genaueste Aspekt zwischen den Geburtsbildern von zwei Menschen ist häufig ein sehr guter Hinweis auf die Hauptthematik dieser Beziehung.

Das Konzept der ›gemeinsamen Erfahrung‹ hat auch noch eine andere Bedeutung: Wenn beispielsweise dein Mond in Konjunktion mit der Venus von jemand anderem steht, ist dies ein sehr netter und angenehmer Aspekt, denn er hat mit sehr herzlichen Gefühlen gegenüber dem anderen und einer angenehmen Art des Zusammenseins zu tun.

Wenn nun die Venus des einen auf 7° und der Mond des anderen auf 6° Skorpion steht, wird beispielsweise Uranus beide Planeten fast gleichzeitig bei einem Transit beeinflussen. Damit kommt zur gleichen Zeit eine Uranus-Schwingung in das Leben dieser beiden Menschen. Da sie durch diese Beziehung, wie durch diesen engen Interaspekt angezeigt, sich sowieso in einem sehr herzlichen und liebevollen Energieaustausch befinden, ist es nur verständlich, daß sie dies bei einem Uranus-Transit auch ein Stück weit als eine ›gemeinsame Erfahrung‹ intensiver Veränderungen erleben. Das heißt nicht, daß alle Erfahrungen dieser Veränderung gemeinsam sind und etwas mit der Beziehung zu tun haben, sondern daß beide zur selben Zeit von Veränderungen durch Uranus betroffen sind. Wie kann dies nun möglicherweise aussehen?

Ein Uranus-Transit über Venus heißt im allgemeinen, daß deine engsten Partnerbeziehungen sich auf irgendeine Art radikal ändern sollen. In einigen Fällen wirst du einen neuen Partner treffen und dich von deiner alten Beziehung lösen. In anderen Fällen, wenn du verheiratet bist und dies auch bleiben willst, beginnst du vielleicht einen Flirt mit jemand anderem und wirst, wenn der Transit vorbei ist, auch gefühlsmäßig zu deinem Partner zurückkehren. Wenn es nun ihre Venus ist, die mit seinem Mond in Konjunktion steht, so wird sie vielleicht bei einem Uranus-Transit eine Beziehung zu einem anderen Menschen anfangen. Gleichzeitig ist jedoch sein Mond, seine häusliche Situation und seine Sicherheit auch von diesem Transit betroffen. Dadurch wird auch seine Situation völlig unsicher. »Hoppla, was macht sie da? Sie verläßt mich möglicherweise, wird sie sich je wieder um mich Gedanken machen? Es ist wohl besser, wenn ich mich nach neuen Möglichkeiten für mein Leben umsehe.«

So wird er sich etwas anderes suchen, eine andere Frau möglicherweise, oder es kommen ihm Gedanken, wie: »Wir passen wohl doch nicht so gut zueinander, wenn sie mich jetzt nicht meht so mag, daß sie bei mir bleiben will.« So können es tausend Dinge sein, und jeder Aspekt ist wieder anders, aber das Konzept der ›gemeinsamen Erfahrung‹ ist sicher brauchbar. Bei länger dauernden Beziehungen findet man immer mindestens einen, wenn nicht wesentlich mehr ganz enge Interaspekte zwischen den Geburtsbildern. Wenn nun die beiden Planeten eines solchen Interaspekts durch einen Transit aktiviert werden, insbesondere durch einen der äußeren Planeten, hat dies sehr oft Auswirkungen auf beide.

FRAGE: Könnte ein solcher Transit die beiden Menschen nicht auch näher zusammenbringen, anstatt sie voneinander zu entfernen?

ANTWORT: Klar, mit Sicherheit. Es ist sogar beides möglich. So wird sie vielleicht einen Flirt haben, denn Uranus ist ein Erwecker. So können vielleicht ihre emotionalen und wahrscheinlich auch sexuellen Bedürfnisse erwachen, die sie gerne befriedigen würde. Das könnte ihn mehr öffnen für einige Bedürfnisse seiner Frau. Möglicherweise gibt es für beide eine Zeit der Krise. Doch das Wort Krise kommt aus der griechischen Sprache und bedeutete ursprünglich, einen neuen Weg im Leben einschlagen. So kann unter Umständen nach dieser Krise ein völlig neuer Weg für die Beziehung entstehen. Mit Hilfe des Konzepts der ›gemeinsamen Erfahrung‹ wird es möglich, die Erfahrungen besser zu verstehen, durch die beide als ein Paar hindurchgegangen sind.

FRAGE: Ist dies nun ein Verträglichkeitsfaktor, der mehr zur Trennung oder mehr zur Erneuerung der Beziehung…

ANTWORT: Wie ich schon sagte, es kann beides sein. Heutzutage ist es mehr und mehr beides, da mehr und mehr Menschen sich auf einer psychologischen Ebene darüber bewußt werden, daß es nicht das ideale Leben ist, alles unter Kontrolle zu haben. Für immer mehr Menschen wird die Vorstellung, daß jedes Individuum einen ganz individuellen Entwicklungsweg hat, zu einem Ideal. Sowie diese Vorstellung für den einzelnen realer wird, kann er sich großen Veränderungen gegenüber anders verhalten, auch wenn es ihn emotional stark berührt und ihn für eine Zeitlang verunsichert. Er kann sich dann davon losmachen und hinsehen: was passiert wirklich und was bedeutet das für mich? Meiner Erfahrung nach resultieren die intensivsten Lernerfahrungen immer aus Krisen, aus einem Bruch. Oft sind sie sehr unangenehm.

Habe ich genügend klargemacht, wie der Charakter eines Planeten durch seine Zeichenstellung und seine Aspekte beeinflußt wird? Dadurch sind natürlich Verdoppelungen möglich. Nehmen wir beispielsweise Venus. In welchem Zeichen steht sie, und wer ist Herrscher dieses Zeichens. Wenn Venus im Steinbock steht, bekommen alle Venus-Aktivitäten, wie z. B. Beziehungen, Liebe usw. in deinem Leben einen saturnalen Unterton oder Färbung. Etwas Ähnliches kann bei einem engen Aspekt von Venus und Saturn passieren: Loyalität, Seriosität und Vorsicht sind notwendig für den Wunsch nach Sicherheit. Jedesmal, wenn so eine doppelte Betonung auftritt, wie eben ein starker Saturn-Aspekt zu einer Steinbock-Venus, ist dies ein ganz wichtiger Hinweis, da beide in dieselbe Richtung zielen. In diesem Fall ist dies signifikant für die Art, wie der Betreffende Beziehungen angeht und mit ihnen lebt, nämlich saturnal durch die doppelte Saturn-Betonung.

Wichtige Transite und Progressionen

Um auf das Formblatt Bezug zu nehmen, dort ist unter ›e‹ folgendes zu finden: »Prüfe alle genauen Transite und deren Progression, die möglicherweise etwas mit wichtigen Entwicklungen, einem neuen Bewußtsein über persönliche Bedürfnisse oder neuen Arten des Selbstausdrucks zu tun haben.« Selbstverständlich kann jeder Transit der vier äußeren Planeten große Veränderungen anzeigen, insbesondere, wenn davon die persönlichen Planeten, Jupiter oder Saturn betroffen sind. Diese Veränderungen können dann natürlich auch zu Veränderungen in Beziehungen führen.

Ich glaube, ich sollte die elementarsten Dinge über Progressionen hier erwähnen, damit ihr euch über einige spezielle Progressionen klar werdet. Wenn die progressive Sonne oder der progressive Mond in einen Aspekt zu Venus tritt, insbesondere bei einer Konjunktion, sind damit meistens wichtige Bewußtseinsentwicklungen verbunden. So wirst du dir dann häufig über deine Gefühle und auch über deine sexuellen Bedürfnisse klarer. Manchmal zeigt diese Progression eine wichtige neue Beziehung an oder auch nur einen Flirt. Letzterer ist dann vielleicht nur von sehr kurzer Dauer, aber er beinhaltet eine ganz wichtige Erfahrung.

Ich habe einmal eine Mormonin getroffen. Für die Mormonen ist es die schlimmste Sünde, schlimmer noch als ein Mord, sexuelle Beziehungen außerhalb der Ehe zu haben. Sie war nun nie verheiratet und eine sehr große Frau, sie wog etwa neunzig Kilogramm. Aus diesem Grunde erhielt sie von dieser Kultur, die eher auf dünne Frauen steht, nicht allzuviel Bestätigung.

Als ihre progressive Sonne nun in Konjunktion mit ihrer Venus stand, unternahm sie eine Reise in den mittleren Osten, wo viele Männer auf große Frauen stehen. All diese Männer waren nun hinter ihr her, und sie hatte eine ziemliche Krise. Sie hatte ein starkes Bedürfnis, sich auf diese Männer einzulassen. Dies stand jedoch im Widerspruch zu ihrer Mormonenerziehung. Zu guter Letzt schlief sie doch mit einigen Männern, und sie entwickelte enorme Schuldgefühle. Oberflächlich gesehen, fällt die traditionelle Interpretation dieser Progression hier flach, da sie etwa folgendes dazu sagt: »Es ist eine wunderschöne und glückliche Zeit, du bist voller Liebe« usw. Sie war voller Schuldgefühle und Gewissensbisse. Doch sie lernte daraus auch einiges über ihre Gefühle, emotionalen Bedürfnisse und über das, was sie bis dahin vernachlässigt und ignoriert hatte.

Beim progressiven Mond kann man sich nur auf die Konjunktion verlassen. Manchmal passiert auch bei einem Sextil etwas, aber meistens nicht. Nach meiner Erfahrung ist jede Konjunktion des progressiven Mondes wichtig, aber für die Beziehungen in erster Linie eine Konjunktion mit Venus.

In dieser Zeit entsteht fast immer eine wichtige persönliche Beziehung. Es muß zwar keine Liebesaffäre sein, aber mit Zärtlichkeit oder dem Erwachen einer Emotionalität hat es meistens etwas zu tun.

Ähnlich wirkt sich die Konjunktion der progressiven Venus mit dem Aszendenten aus. Überhaupt ist es die beste Art, Transite und Progressionen in Konjunktion mit dem Aszendenten so zu beschreiben: Egal, was gerade deinen Aszendent berührt, du wirst sofort darauf aufmerksam. Wenn also die progressive Venus an deinem Aszendent steht, auf was wirst du sofort aufmerksam? Auf Venus und wahrscheinlich irgendeine Erfahrung mit der Liebe. Venus kann sich auch auf andere Dinge beziehen, doch zumeist wird es eine persönliche Beziehung sein. In anderen Fällen kann es sogar mit Geld zu tun haben oder mit einem Geschenk von jemanden. Vielleicht beginnst du mit einem künstlerischen Projekt, doch ganz oft sind es persönliche Beziehungen. Ich habe einmal erlebt, daß eine Frau mit zwei Kindern sich in jemand verliebte und an Scheidung dachte. Es waren keinerlei Auslösungen über Transite festzustellen. Ich habe mich dann mit ihren Progressionen beschäftigt, und ihre progressive Venus stand genau auf ihrem Aszendenten. Als Venus ein Grad weitergewandert war, endete die neue Beziehung. Jedoch wurde ihr durch diese Erfahrung ein großer Persönlichkeitsteil eröffnet, der wichtig war, und sie bekam viel positives Feedback.

Es ist genauso möglich, mit einem progressiven Aszendenten oder Medium Coeli zu arbeiten. Wenn dann einer von beiden in Konjunktion zur Radix-Venus steht, kommt es auch häufig zu irgendwelchen Beziehungsaktivitäten. Eine generelle Regel bei der Progression sagt, daß in der Tendenz die Dinge passieren, die am deutlichsten angezeigt sind, und zwar unabhängig davon, ob der Aszendent oder das Medium Coeli auf einen Planeten oder ein Planet auf eine der beiden Achsenspitzen fallen, unabhängig davon, was vorgeschoben wurde. Dies kommt daher, weil der Aszendent oder das Medium Coeli deines Geburtsbildes in der Tendenz deine Lebensstruktur aufzeigen. Es sind die Punkte, wo dein inneres Selbst auf die äußere Welt trifft. Daher passiert bei einem Saturn- oder Jupiter-Transit über Medium Coeli oder Aszendent nicht nur innerlich etwas, sondern auch zumeist irgend etwas in der äußeren Welt. Vielleicht ein Umzug, ein neuer Job oder sonst etwas, auf jeden Fall etwas, das auch mit der äußeren Welt zu tun hat.

Ein paar andere Faktoren sollten noch erwähnt werden. Bei Beratungen sind Transite und Progressionen besonders brauchbar, da die Menschen bei einer Partnerschaftsberatung oft daran denken, bestimmte Dinge in ihrer Beziehung zu klären, vielleicht wollen sie heiraten oder sich scheiden lassen. Transite und Progressionen können nun darüber Aufschluß geben, ob die momentanen Gefühle eher kurzfristig sind oder ob sie lange andauern werden. Es kann vielleicht auch geklärt werden, was diese momentane Erfahrung für eine Bedeutung hat und warum diese oder jene Gefühle existieren. Der astrologische Partnervergleich selbst kann nur die Möglichkeiten aufdecken, die in einer Beziehung stecken, und zwar die Möglichkeiten der unterschiedlichsten Entwicklungen im Sinne von Lernen und Verträglichkeit.

Die Zyklen von Transiten und Progressionen sollten immer beachtet werden. Bis vor einem Jahr dachte ich, daß ein starker Uranus-Einfluß, Konjunktion, Opposition oder

Quadrat zur Venus, keine günstige Zeit zum Heiraten wäre, denn dies sagen alle traditionellen Lehrer und Bücher. »Mache nichts, wenn du unter einem Uranus-Einfluß stehst, da es nur ein Impuls ist.« Als ob ein Impuls schlecht sei, und als ob die einzige Art des Lebens eine saturnale sei, um alles so sicher wie möglich zu machen. Was für eine langweilige Lebensart! Nachdem ich gesehen habe, wie viele Menschen bei einem Uranus-Venus-Aspekt heiraten, hat sich diese alte Regel für mich in Frage gestellt, besonders, da diese Ehen oft sehr gut und lange währten. Es heißt eben nicht, daß jemand in eine dumme Heirat hineinspringt, wenn Uranus einen Aspekt zu Venus bildet. Die alte Regel stimmt hier einfach nicht. Aber es bedeutet, daß du wach und offen für emotionale Aufregung bist. Dies ist auf alle Fälle richtig. Wenn daraus eine längerfristige Beziehung entsteht, ist sie natürlich mehr an den Horoskopvergleich insgesamt gebunden als an diesen einen Aspekt.

Ähnlich ist es auch, wenn jemand bereits eine Beziehung zu jemandem hat, verheiratet ist oder mit diesem Menschen zusammenlebt. Wenn Uranus, sei es in Konjunktion, Opposition oder Quadrat zu Venus oder Mars tritt, gibt es die Tendenz, mit der bestehenden Situation unzufrieden zu sein. Oftmals ist es auch mit einer sexuellen Unzufriedenheit und dem Bedürfnis nach Abenteuer, emotionaler und sexueller Erregung verbunden. Dies trifft für beide Geschlechter zu.

Wenn nun jemand mit einem solchen Uranus-Aspekt in der Beratung Sätze von sich gibt, wie: »He, ich halte es in der Nähe meiner Frau nicht mehr aus«, könntest du ihm ruhig erzählen, daß er noch eine Weile mit grundsätzlichen Entscheidungen warten soll. Wenn die Partner der Meinung sind, daß sie eigentlich eine gute Ehe führen, kann dennoch der Wunsch einer zeitweiligen Trennung vorhanden sein. Möglicherweise wollen sie nur für eine Weile mehr Freiheit, und das ist dann auch gut. Wenn es sich um eine solide Beziehung handelt, die nicht nur auf lächerlichen und künstlichen Rollen aufgebaut ist, dann wird es sie auch noch geben, wenn ein Partner eine neue Perspektive entwickelt hat.

Was sich unter einem Uranus-, Pluto- oder Saturn-Transit jedoch oft entwickelt, ist ein viel klareres Bewußtsein über die Tatsache, daß ihre Beziehung niemals wirklich gut war. Sie werden zumindest mit den Dingen konfrontiert, die schon immer frustierend waren. Dann plötzlich können sie auch danach handeln. Sie können dann entweder damit arbeiten oder von ihrem Partner fordern, mit ihnen daran zu arbeiten. Oder sie können sich trennen.

Saturn-Aspekte werden dich mit Dingen konfrontieren, die dir sagen: »Du mußt dies machen, das ist notwendig, du hast keine andere Wahl.« Uranus öffnet dich, um den wahren Stand der Angelegenheiten zu erkennen. Mit Uranus sollte man etwas vorsichtig sein, denn er hat leicht die Tendenz, Veränderungen nur um ihrer selbst zu wollen. Er gibt dir den Drang, gleich alles in die Luft zu sprengen, dich von jeglichem Druck zu befreien und eine Veränderung herbeizuführen. Pluto hat eine ähnlich Tendenz, ein Drang nach drastischen Transformationen und Veränderungen in deinem Leben. Dabei ist er, um alte Verhaltensweisen hinter sich zu lassen, oft sehr unbarmherzig.

Doch bewerte ich dies nicht, es ist weder gut noch schlecht. Jeder Aspekt kann eine sehr positive Sache sein. Oft erscheint es auch nur im nachhinein als etwas Positives, denn wenn man mittendrin steckt, ist es oft mit einer Menge Streß verbunden. Vor allem, weil die meisten Menschen das Vergnügen dem Schmerz vorziehen, und Streß ist nun einmal selten ein Vergnügen, sondern oft auch schmerzvoll. Für mich ist es jedoch sehr erfrischend, Menschen dabei zu beobachten, wie sie mit einer sehr positiven Haltung, auch dem Schmerz gegenüber, durch solche Zeiten gehen.

Ich erinnere mich an eine Frau, deren Mann starb, als Pluto über ihren Radix-Mars ging. Nach dem, was sie erzählte, hatten sie eine wirklich gute Ehe, und ich habe daran keinen Zweifel. Vermutlich verstand er sie und ermutigte sie zu ihrem eigenen Selbstausdruck und zu mehr Selbstvertrauen. Für sie war das das Größte. (Natürlich idealisieren manche Menschen auch diese Dinge.) Sie trafen sich, verliebten sich, heirateten und dann starb er, alles in den zwei Jahren ihres Pluto-Transits über Mars. Nun steht Mars in ihrem ersten Haus und alles, was dort steht, ist von größter Bedeutung.

Die Astrologen der alten Tradition, die sehr ereignisorientiert waren, würden natürlich sagen: »Natürlich, Pluto ist der Planet des Todes, und der Mars steht für den Mann in deinem Leben.« Doch in den meisten Fällen wird der Mann in deinem Leben nicht sterben, wenn Pluto über den Radix-Mars geht. Die tiefere Bedeutung ist, daß Pluto für sie selbst eine Neugeburt bedeutet hat, und zwar durch diese Beziehung und durch das Selbstvertrauen, das sie in dieser Beziehung gewann. Es fand eine Neugeburt für ihre Selbstbehauptung, Eigenständigkeit und ihre Ambitionen statt. Diese Zeit war für sie ein Periode radikaler Veränderungen. Sie wurde sehr viel stärker, ambitionierter und gewann Vertrauen zu ihren künstlerischen Talenten, die wirklich bemerkenswert sind. Früher hatte sie nicht an ihre eigenen Fähigkeiten geglaubt.

Der transitierende Jupiter und Saturn im fünften und siebenten Haus

Wir haben über Jupiter und Saturn vorher schon kurz gesprochen. Im fünften Haus ist die Liebe sehr stark betont. Bei Saturn im fünften Haus bedeutet dies eine sehr ernsthafte Auseinandersetzung mit dem, was Liebe wirklich ausmacht. Du beginnst, andere Menschen und Partnerbeziehungen, mit denen du zu tun hast, genauer zu betrachten. Ihr wißt, daß Steinbock und Saturn immer etwas distanziert und ›objektiv‹ sind. Du beginnst, dich ein wenig von deinen Kindern, Liebespartnern und überhaupt allem, was mit dem fünften Haus zu tun hat zu lösen. Du beginnst dann zu erkennen, was dort wirklich los ist. Und wenn dort überhaupt Liebe bei dir existiert, kannst du sie auf eine viel tiefere und umfassendere Art erfahren und begreifen. Beim Saturn-Durchgang durch das fünfte Haus kommt häufig das Gefühl auf, nicht geliebt zu werden: »Niemand mag mich, niemand liebt mich, niemand weiß mich zu schätzen. Ich mache alle die Dinge, kein Mensch macht etwas für mich, niemand will etwas für mich tun. Ich muß jemanden finden, der mich um meiner selbst willen schätzt.« Wenn man nun in dieser Situation loszieht, um einen anderen Liebespartner kennenzulernen, wen wird man wohl finden? Wahrscheinlich einen Steinbock oder sonst einen väterlichen Typ, an den man sich anlehnen kann. Die Zeitspanne, während der sich Saturn im fünften Haus aufhält, ist bestens dazu geeignet, Liebe und sexuelle Bedüfnisse wirklich in die Tat umzusetzen. Vielleicht willst du während dieser Zeit auch selbst gern mehr einem Steinbock ähneln und sagst dir: »Okay, ich brauche diese Dinge, und du brauchst sie auch. Warum verabreden wir uns nicht?« Und auf eine ziemlich kühle und distanzierte Art beginnt ihr dann, füreinander zu sorgen. Ich sage damit nicht, daß alle Menschen dies dann tun, aber es kommt vor. Die Partnerschaften während dieser Zeit haben oft einen saturnischen Charakter oder die Partner sind einfach älter.

Wenn Jupiter im fünften Feld steht, besteht ebenfalls eine starke Neigung zu Erfahrungen mit Liebesaffären. Normalerweise sind diese Arten von Affären sehr viel glücklicher, angenehmer, überschwenglicher als bei Saturn und sie haben mehr den Charakter von Ausdehnung. Mit Jupiter bekommt das Verlieben und das Spielen miteinander eine viel größere Bedeutung. Die beiden letzten Male, als Jupiter mein fünftes Haus durchlief, verspürte ich enorme kreative Energien in mir. In dem einen Jahr, als ich einundzwanzig war, habe ich mehr als je zuvor schöpferisch gearbeitet. Ich machte Filme und schrieb Stücke und lauter solche Sachen.

Ich hatte kreative Energie im Überfluß. Jupiter im ersten Haus äußert sich ganz ähnlich.

Wenn wir jetzt die Transite von Jupiter und Saturn durch das siebente Haus betrachten…

Bei Saturn im siebenten Haus ist die alte Routine: »Es ist eine schlechte Zeit für eine Heirat!« Dabei ist es nur eine schlechte Zeit für ein Heirat, wenn deine Heirat oder deine Partnerschaft einer realistischen Betrachtungsweise nicht standhält. Dann wird es natürlich eine schlechte Zeit für die Beziehung. Ist sie jedoch zu diesem Zeitpunkt sehr solide und tief, dann wirst du dich anfangs vielleicht etwas distanzieren und sagen: »Ich sehe mir das ganze lieber noch einmal an; ich bin mir nicht so sicher über unsere Beziehung.« Doch wenn es eine wirklich solide Beziehung ist, dann wird in dieser Zeit, wenn sich Saturn im siebenten Haus befindet (das sind in etwa immer 2½ Jahre pro Haus), immer klarer, welchen Wert diese Beziehung für dich hat. Es ist so ähnlich wie bei Saturn im fünften Haus, dort wirst du mehr und mehr die tieferen Werte der Liebe in jeder wichtigen Beziehung erkennen, sei es zu deinen Kindern oder zu anderen Menschen.

Über Jupiter im siebenten Haus sagen viele folgendes: »Wunderbar, du hast es in den ersten fünfunddreißig Jahren deines Lebens nicht geschafft zu heiraten, aber jetzt, wo Jupiter ins siebente Haus geht, wirst du heiraten.« Natürlich ist dies nicht notwendigerweise wahr. Einigen Menschen bietet sich bei dieser Konstellation wirklich die Gelegenheit zu heiraten. Tatsächlich haben sogar einige Menschen, die ich kenne, während dieser Zeit mehrere Heiratsanträge erhalten. Jupiter im siebenten Haus steht eigentlich für den Drang, den eigenen Horizont, was deine Beziehungen anbetrifft, zu erweitern. Saturn im siebenten Haus zeigt dagegen den Drang, jede partnerschaftliche Beziehung zu definieren und ihre Bedeutung festzulegen. Im allgemeinen heißt dies dann, deine Bedürfnisse, die du an Beziehungen hast, zu definieren. Beides kann eine bestehende Beziehung radikal verbessern, wenn die Beziehung wirklich lebt und verbesserbar ist. Wenn dies jedoch nicht der Fall ist, wenn die Beziehung beispielsweise ziemlich rigide ist und nicht mehr wächst oder wachsen kann, dann wirst du bei Jupiter im siebenten Feld den Drang verspüren, deine Beziehungen über die Grenzen dieser bestehenden Beziehung hinaus auszudehnen. Jupiter will sich immer über die bestehenden Grenzen hinaus ausdehnen, genauso wie Schütze, der es auch in der kleinsten Begrenzung nicht aushält und die ganze Zeit expandieren will.

Zuhörerkommentar: Ich habe gerade das Geburtsbild einer Frau bearbeitet, wo Jupiter im Moment im siebenten Haus steht, und sie war dabei, sich zu trennen…

Ich persönlich habe beim Jupiterdurchgang durch das siebente Haus viel öfter den Beginn von Scheidungen gesehen als bei jedem anderen Hinweis. Und das, da würde ich sogar um Geld wetten, würdet ihr in keinem astrologischen Buch finden. Die traditionellen Bücher behaupten immer, daß Saturn im siebenten Feld ein starker Hinweis auf Scheidung sein kann. Ebenso beim Uranus-Transit über den Aszendenten oder die Felderspitze des siebenten Hauses, da dies ein Drang nach radikaler Veränderung und Freiheit sei. Ich habe jedoch wesentlich häufiger erlebt, daß eine Scheidung bzw. deren Anfang mit dem Jupiterdurchgang durch das siebente Haus zusammenfiel. Warum ist das so? Das Feld, in dem sich Jupiter gerade befindet, ist das Gebiet deines Lebens, das du in diesem Moment besser und vollständiger verstehn willst. Du willst die Angelegenheiten dieses Feldes bei dir verbessern, du willst die bestehende Situation verbessern und willst mit ihr, falls sie nicht verbesserbar ist, nichts mehr zu tun haben.

Viele Leute wechseln den Arbeitsplatz bei Jupiter im zehnten Haus, und oft tun sie dies, obwohl ihnen ihr alter Arbeitsplatz sicher war und sie dort gutes Geld verdienten. Sie kündigen dann oft, ohne daß etwas Neues am Horizont wäre, womit sie Geld verdienen könnten, ohne einen neuen Job in Aussicht. Warum tun sie das? Sie fühlen in sich den Drang, ihre ganze Arbeitssituation zu verbessern. Zu was hat Jupiter sonst noch eine Beziehung? Zur Prophezeiung und zur Zukunft. Wenn Jupiter ins zehnte Haus geht, willst du etwas machen, was wirklich eine Zukunft hat. Ähnlich ist es mit Jupiter im siebenten Haus. Wenn es für die momentane Beziehung keine Zukunft mehr gibt, wird dir das bei Jupiter im siebenten Feld klar, und du willst dann einen neuen Lebensmodus beginnen, der für dich zukunftsweisend ist.

Venus und Mars in den Elementen und Zeichen

Was man beim Umgang mit Beziehungen, emotionaler Behaglichkeit und Sexualität immer beachten sollte, ist die Beziehung, die zwischen Venus und Mars im Geburtsbild besteht.

Denn häufig existiert hier eine Opposition, ein Quadrat oder ein Quincunx, was dann einen Hinweis liefert für eine bestimmte innere Uneinigkeit beim Versuch, die eigenen Bedürfnisse zu befriedigen. Mit anderen Worten: Mars repräsentiert den Drang hinauszugehen und sich zu holen, was er will, sich selbst zu behaupten. Venus hat eine Menge mit deinen emotionalen Bedürfnissen zu tun, damit du dich zufrieden fühlen kannst. Wenn nun Mars und Venus sich nicht in Harmonie befinden, tritt häufig eine innere Spannung oder Frustration auf. Was ich mit ›nicht in Harmonie‹ meine, ist, daß sie beispielsweise in Zeichen stehen, die nicht gut zusammenpassen. Wenn sie außerdem noch in engen Spannungsaspekten zueinander stehen, wird dies noch verstärkt. Bei Mars in einem Feuerzeichen und Venus im Wasserelement könnten einige Probleme auftreten, insbesondere, wenn Mars im Löwen und Venus im Skorpion steht. Beides sind fixe Zeichen und stehen im Quadrat zueinander.

FRAGE: Hast du eine Vorstellung, wie ein solcher Aspekt zu lösen ist?

ANTWORT: Durch Bitte, durch Bewußtsein. Du mußt dir darüber bewußt werden, was du machst und warum du es tust. Dies ist bei Venus oder Mars in den Wasserzeichen besonders wichtig, da du sonst immer ein wenig zu etwas getrieben wirst, worüber du dir nicht klar bis. Das Primäre ist Bewußtsein, dies ist die wichtigste Funktion, die Astrologie erfüllen kann – etwas Klarheit darüber zu gewinnen, wie man ist und dazu eine Perspektive zu entwickeln. Die meisten Psychotherapien verfolgen im Grunde dasselbe Ziel, nämlich, die Bewußtheit über sich selbst zu vertiefen, sei es durch Schreien, durch das Herauslassen von Ärger oder durch Gespräche mit dem Analytiker.

Bei herausfordernden Aspekten zwischen Venus und Mars kommt es sehr häufig zu Ungeduld (Mars) gegenüber den Menschen, die man liebt (Venus). Als Folge der Schwierigkeiten, dies den Menschen, denen man nahe steht, auch zu vermitteln, begegnen wir häufig einer gewissen Reizbarkeit.

Auch die Beziehung von Sonne und Mond im Geburtsbild ist von großer Bedeutung, wenn es um den Umgang mit dem anderen Geschlecht geht, da die gesamte Persönlichkeit hier zum Ausdruck kommen will. Es gibt häufig Probleme bei Spannungswinkeln zwischen Sonne und Mond, wobei jedoch das Quadrat bei weitem das schwierigste zu sein scheint. Dies ist auch dann der Fall, wenn Sonne und Mond nicht in einem engen Aspekt zueinander stehen, aber in Zeichen, die im Quadrat zueinander stehen. Immer tritt dann ein Mißklang zwischen deinem bewußten Selbst (Sonne) und deinen unbewußten Bedürfnissen auf, die durch den Mond angezeigt werden. Es ist, als wenn sich deine unbewußten Bedürfnisse immer deinem eigenen Selbstausdruck in den Weg stellen und ihn stören. Dies wird im Umgang mit dem anderen Geschlecht und den sexuellen Rollen (aktiv/passiv) besonders augenscheinlich. Hier sammelt sich dann bei einem Sonne-Mond-Quadrat und bis zu einem gewissen Maß auch bei der Opposition eine Menge Konfliktstoff.

Als erstes will ich ein paar Dinge über Venus und Mars erzählen, dann über deren Stellungen in den Elementen und dann in den einzelnen Zeichen. Eine gute Möglichkeit, Mars und Venus zu begreifen, ist meiner Ansicht nach die Vorstellung, daß Venus das ›weibliche Ego‹ und Mars das ›männliche Ego‹ darstellt. Dies ist dann richtig, wenn man an die momentan geläufigen kulturellen Vorstellungen und sozialen Rollen denkt, in denen sich die meisten Menschen hier bewegen. Mars wird deshalb für Männer die Art und Weise zeigen, wie sie ihre Männlichkeit, ihre Stärke behaupten und andere Menschen beeindrucken wollen. Bei Frauen hat das Venuszeichen enorm viel mit ihrem weiblichen Ego zu tun, wenn es darum geht, daß sie gut aussehen wollen und sich, mit Schmuck versehen, gut fühlen wollen.

Wie wird beispielsweise ein Mann mit einem Löwe-Mars versuchen, jemanden zu beeindrucken? Natürlich auf eine Löwe-Art: »Sieh dir mal mein tolles Auto an« oder auf irgendeine andere generöse und dramatische Art und Weise.

FRAGE: Wie ist es dann im Geburtsbild einer Frau?

ANTWORT: Darauf werde ich noch eingehen, das kommt alles noch. Ich spreche jetzt über den Mars im Geburtsbild eines Mannes, wie er sich in etwa beim durchschnittlichen heterosexuellen Amerikaner äußert. Mars hat mit dem männlichen Ego zu tun, und das Zeichen, in dem Mars steht, spiegelt die Art und Weise wider, wie der Mann seine Stärke und Männlichkeit nach außen demonstriert. Wenn nun Mars in den fixen Zeichen Skorpion oder Stier anzutreffen ist, verfügst du über eine innere Reserve, eine stille innere Stärke. Bei einem Mann mit Mars im Feuer wird dies jemand sein, der versuchen wird, dich auf irgendeine demonstrative und vielleicht überzogene Art zu beeindrucken.

Mars in den Luftzeichen ist dagegen sehr verbal: »Bin ich nicht ein smarter Typ? Was sagst du zu all den Dingen, die mir gelungen sind, weil ich so clever bin?« Bei Mars in den Erdzeichen: »Beachte bitte, daß ich sowohl kompetent bin als auch Verantwortung tragen kann und über genügend Selbstdisziplin verfüge.« Bekommt ihr eine Vorstellung? – Das männliche Ego.

Auf der anderen Seite sind Frauen sehr stark mit ihrem Venuszeichen verbunden und identifizieren sich damit. Es ist die Art und Weise, wie sie sich feminin fühlen und wie sie dies zum Ausdruck bringen wollen (das ›weibliche Ego‹). Eine Venus im Widder sucht sich zum Beispiel einen Ausdruck wie die ›glamourgirls‹ in Hollywood, wie z. B. Marilyn Monroe und wahrscheinlich auch Elizabeth Taylor. Diese Frauen können sich selbst behaupten und sind in der Lage, ihre Venus sehr kraftvoll nach außen hin zum Ausdruck zu bringen.

KOMMENTAR EINES ZUHÖRERS: Elizabeth Taylor hat Uranus-Venus Konjunktion im Widder.

Ich weiß nicht so richtig, wie ich es beschreiben soll. Es ist irgendwie ein grelles Auftrumpfen und auch ziemlich maskulin. Widder ist ja ein sehr maskulines Zeichen.

FRAGE: Welche Auswirkungen haben Mars und Venus, wenn sie rückläufig sind?

ANTWORT: Ich habe keine Ahnung, denn ich glaube, daß Rückläufigkeiten in den meisten Fällen nicht allzu wichtig sind. Das einzige was ich beobachten konnte, war, daß Männer mit einem rückläufigen Mars oft sanfter waren und nicht soviel den Ellenbogen benutzten. Ich vermute, daß auch Frauen mit einem rückläufigen Mars eine geringer ausgeprägte Tendenz zur dynamischen Selbstbehauptung haben. Es gibt darüber eine ganze Menge von Theorien, und ich habe viel Unsinn gelesen, aber nichts hat auf mich den Eindruck einer wirklich bemerkenswerten Konsequenz im Verhalten eines Menschen gemacht.

FRAGE: Bedeutet die Rückläufigkeit eines Planeten nicht vielleicht einfach, daß er seine Kräfte etwas weniger stark entfalten kann?

ANTWORT: Nein, das glaube ich nicht. Das ist das, was ich vorher mit den Theorien meinte. Ich könnte sie hier erzählen, aber ich glaube nicht an sie. Es gibt beispielsweise tolle Schriftsteller mit einem rückläufigen Merkur und Berufssportler mit einem rückläufigen Mars. Ich glaube, daß die Rückläufigkeit eines Planeten etwas ganz anderes bedeutet – diese Energie ist dann mehr nach innen gerichtet, verschlossener und mehr unter persönlicher Kontrolle. Es scheint so, als ob man dann hin und her überlegt, bevor man etwas tut oder im Falle von Merkur, sagt. Gelegentlich findet man einen rückläufigen Merkur bei Menschen, die stottern, anstoßen und nicht richtig verbalisieren können. Jedoch ist zumeist noch irgend etwas anderes in deren Geburtsbild, das auf diese Schwierigkeiten hinweist. Die Rückläufigkeit war für mich noch nie so besonders wichtig. Ich halte auch viele andere Theorien nicht für aussagekräftig. Viele Menschen sagen, daß es einen großen Wechsel gibt, wenn die bei der Geburt rückläufigen Planeten dann in der Progression direkt werden. Ich kenne eine Menge Leute, die davon kaum etwas gespürt haben. Das alles ist aber ein völlig anderes Thema. Was ich eigentlich vermitteln will, ist die Sache mit dem ›männlichen Ego‹ in Verbindung mit Mars und dem ›weiblichen Ego‹ mit Venus. Dies wird später sicher noch deutlicher, wenn wir Venus und Mars in den einzelnen Zeichen besprechen.

Ein anderer Aspekt ist das Jungsche Konzept von ANIMUS und ANIMA. Jung führt darin aus, daß in jedem Mann auch eine weibliche Seite steckt, mit der er normalerweise nicht in Berührung ist und sie deshalb auf Frauen projiziert. Dies wäre dann seine Mond- bzw. Venus-Natur. Auch in jeder Frau ist eine männliche Seite, repräsentiert durch Sonne und Mars, die die Frau dann auf einen Mann oder Männer projiziert. Die Jungianer sagen: Je mehr du mit deiner anderen Seite wirklich in Verbindung stehst und je bewußter du dir darüber bist, desto besser bist du auch zu gegengeschlechtlichen Beziehungen in der Lage, die auf einer realen Basis ablaufen und nicht nur auf Projektionen beruhen. Venus und Mars können also auch als Anima und Animus verstanden werden. Im Geburtsbild der meisten Männer wird demnach Venus den Anima-Teil anzeigen, und zwar mit der Zeichenstellung und den Aspekten. Die Venusstellung hat damit zu tun, welche Art von Frauen ihn ansprechen. Es ist ein bestimmtes romantisches Erscheinungsbild, das ihn stimuliert.

Dagegen symbolisiert Mars im Geburtsbild einer Frau ihre Art des Animus: ihre eigenen männlichen Qualitäten. Dies ist dann besonders offensichtlich, wenn sie diese auf einen Mann projiziert, der von ähnlichem Charakter wie ihre Marsstellung ist.

Wenn ihr Mars im Stier steht, wird wahrscheinlich jemand stark auf sie wirken, der dominante Stier-Qualitäten hat.

Die Zeichenstellung und die Aspekte von Mars können daher bei einer Frau darauf hinweisen, welche Art von Männern für sie attraktiv ist, besonders auf einer physischen, instinkthaften Ebene. Venus im Geburtsbild eines Mannes ist demnach ein Hinweis auf die Art von Frauen, die auf den Mann emotional, auf der instinktiven und empfindungsmäßigen Ebene besonders stark wirken. Dies ist nicht unbedingt mit Kommunikation oder einer tiefergehenden Gemeinsamkeit verbunden.

Wenn man sich nur auf archetypische Faktoren bezieht, ist Venus das Feminine des Mars-Venus-Paars. Traditionell ist es die Art und Weise, wie Frauen das durchsetzen, was sie wollen, und zwar nicht, indem sie aufstehen und fordern, sondern indem sie es anziehen. Wenn sie etwas von einem Mann wollen, sagen sie nicht: »He, willst du mitkommen?« Das ist nicht Tradition und kein archetypisches Verhalten.

Heute ändern sich die Dinge jedoch ein wenig, da Menschen sich mehr trauen. Normalerweise gibt es all die kleinen Spiele und Verlockungen, die dazu benutzt werden, jemanden magnetisch anzuziehen. Das ist Venus.

Auf einer archetypischen Ebene ist es die Aufgabe des Mannes (Mars), hinaus in die Welt zu gehen und sich dort zu holen, was er braucht und dafür zu kämpfen etc. Wenn wir jetzt Venus und Mars näher betrachten, spielt sich vieles auf dieser archetypischen Ebene ab. Dabei müssen wir aber immer beachten, daß jeder Mensch eine spezielle Mischung aus männlichen und weiblichen Anteilen darstellt.

Noch einmal: Venus zeigt an, wie du Zuneigung äußerst und wie du sie empfängst, egal, ob du Mann oder Frau bist. Sie zeigt, wie du Zuneigung, Verständnis und Nähe empfindest. Diese Verallgemeinerungen sollten noch klarer werden, wenn wir die Zeichenstellungen besprechen. Venus weist auch auf deinen Geschmack hin, was du als ästhetisch angenehm empfindest. Auch die Sonne gibt Auskunft über deinen Geschmack, das ist jedoch breiter und totaler. Die Venus ist mehr dein emotionaler Geschmackssinn, was du als angenehm und ausgewogen empfindest, was dir gefällt. Venus hat mit Freude und Vergnügen zu tun. Das Zeichen deiner Venus gibt dir immer einen Hinweis, wodurch du im Leben Freude erfährst. Die Zeichenstellung und die Aspekte zeigen deine Gewohnheiten und Einstellungen gegenüber der Liebe, den Partnerschaften und allen sozialen Interaktionen. Bei einer Venusstellung in den mehr privaten Zeichen, wie den Wasserzeichen, wirst du in der Tendenz nicht so schnell soziale Kontakte aufnehmen wie bei Venus in den Luftzeichen, die sehr leicht mit verschiedenen Arten von Menschen umgehen können und in der Tendenz sehr sozial sind.

Mars zeigt an, wie du deine Bedürfnisse äußerst und wie du sie durchsetzt. Mars ist deine Methode der Kraftentfaltung, wie du versuchst, deine Bedürfnisse zu befriedigen.

Mars ist deine Art der Selbstbehauptung und wie du zum Ausdruck bringst: »Das will ich!«, sei es eine Leidenschaft, Sex oder was auch immer.

Mars zeigt ebenso deine sexuellen Gewohnheiten und die Grundschwingung deiner sexuellen Energie, bzw., wie sie, in Abhängigkeit von Zeichen und Aspekten, angeregt wird. Bei einem Mars im Steinbock oder einem Saturnaspekt ist sie sehr kontrolliert. Sie ist dagegen bei einem Aspekt zu Uranus oder einer Wassermannstellung ständig in Erregung. Wenn Mars in den Fischen oder in einem Aspekt zu Neptun steht, sind die sexuellen Energien vage, und du weißt oft nicht, was du eigentlich mit ihnen machst. Zudem zeigt Mars die Art der Entladung sexueller Energie.

Um nun zwischen Männern und Frauen zu differenzieren, was Venus und Mars anbetrifft, muß ich als erstes feststellen, daß die weibliche Sexualität sehr viel komplizierter ist. Dies sage ich aus meiner Erfahrung als Berater, während der ich mich viel mit Männern und Frauen darüber unterhalten habe. Bei Frauen sind Venus und Mars sehr viel mehr vermischt als bei einem Mann. Zudem hat der Mond, als ein sehr rezeptiver Planet, sehr viel mit weiblicher Sexualität zu tun. Daher ist es notwendig, sich auch auf den Mond einzustimmen.

Für Frauen zeigt Venus nicht nur das ›weibliche Ego‹ (wie sie versucht, attraktiv zu sein), sondern Venus hat auch eine ganz enge Verbindung zur Sexualität, und insbesondere zeigt sie die Art der Annäherung an jede Beziehung, die sich zur Sexualität hin entwickeln könnte. Mars zeigt mehr die sexuelle Energie selbst und ihre Art der Entladung. Venus dagegen deutet auf die Art der Annäherung an eine menschliche Beziehung hin, die Sexualität mit einschließen könnte. Venus zeigt die Art, wie die Energien von Mars aufgenommen werden. Venus hat in den meisten Geburtsbildern mit romantischen Verstrickungen zu tun, die ja auch sexuell sehr erregend sein können, aber es sind stark romantische Bilder und weniger Realität.

Ihr wißt ja, manche Männer wollen, daß sich ihre Frauen auf eine bestimmte Art und Weise kleiden, weil sie davon angetörnt werden, da dies eine Verbindung zu ihrer eigenen Venus herstellt.

Der Geschmack der Frau kann ein ganz anderer sein, doch tut sie ihm manchmal den Gefallen, um ihn glücklich zu machen und weil er dann ein größeres sexuelles Interesse an ihr hat. Umgekehrt gilt das natürlich genauso.

Einige Frauen drängen ihre Männer, sich auf eine bestimmte Art zu kleiden oder zu verhalten, da dies dann den Animus, den Mars der Frau in Erregung versetzt. Die Zeichenstellung von Mars und auch seine Aspekte im Geburtsbild einer Frau können Aufschluß über die Art von Männern geben, die auf einer physischen Ebene für die Frau attraktiv sind.

Ich weiß nicht, ob wir jetzt genügend Zeit haben werden, bei den Männern durch all die möglichen Variationen zu gehen, Homosexualität usw. Falls dies hier zu kurz kommt, müssen wir darüber im nächsten Workshop sprechen.

Bei den meisten heterosexuellen Männern hat Venus mit ihren Idealen und Vorstellungen über Liebe und Sex zu tun. Diese geistigen Vorstellungen besagen, was für ihn romantisch ist und was ihm gefühlsmäßig Vergnügen bereitet. Dies ist jedoch nicht spezifisch sexuell gemeint, denn die reine sexuelle Energie wird viel mehr von Mars symbolisiert. Im Geburtsbild der Frau ist dies nicht so einfach zu differenzieren, da Venus für eine Frau ein höchst sexueller Planet ist.

Ich will euch nun eine Vorstellung vermitteln, wie wichtig die Elemente in ihrer Beziehung zu Mars und Venus sind. Als erstes Venus und Mars in den Wasserzeichen:

Wasser selbst ist formlos, tropft und fließt überallhin, außer wenn etwas wie Erde in der Lage ist, es zu halten. So wissen Menschen mit Mars oder Venus im Wasserelement oft nicht, was sie fühlen und was sie wollen, bis sie es durch Experimente herausfinden oder ihre Gefühle durch andere Menschen an Form gewinnen. Sie müssen also bis zu einem gewissen Grad ihren Gefühlen folgen und mit ihnen experimentieren, um so ihre Realität zu testen. Dies schließt oft eine ganze Menge sexueller Erlebnisse mit ein, bevor sie wirklich wissen, was sie tun, was sie wollen und was sie motiviert.

Zudem sind alle Wasserzeichen passive Zeichen, und sie mögen es, wenn jemand anderes ihre Gefühle formt, sie aufnimmt, dann verstärkt, damit sie so einen Weg des Ausdruck finden können. Sie bevorzugen es auch erobert zu werden. Dies trifft für beide Geschlechter zu, wenn Venus und/oder Mars in Wasserzeichen stehen. Bei Venus, die die Passivere ist, wird dies sehr auffällig, sie will, daß der andere die Initiative ergreift.

Venus und Mars sind in den Wasserzeichen extrem sensitiv. Wasser ist immer ein sehr sensitives Element, und jeder mit Venus oder Mars in den Wasserzeichen kann sinnliches und sexuelles Vergnügen auch durch sehr unterschwellige Reize erfahren. Im Vergleich zu Venus und Mars im Feuerelement oder in den Erdzeichen findet hier eine ganz subtile Kommunikation statt, die lange nicht so grob und definitiv ist. Bei Venus oder Mars in den Wasserzeichen ist Sex sehr stark mit emotionaler Sicherheit verbunden. Für diese Menschen ist Sex niemals eine reine Instinktsache; Sexualität ist vielmehr ein Mittel, um in die Tiefen der Gefühlswelten einzudringen, und es bedarf dazu eines Prozesses des Sich-Einstimmens, um die dafür notwendige Sicherheit zu erreichen. Mit einem gewissen Einfühlungsvermögen wirst du auch Menschen kennenlernen, die sensibel für die Gefühle anderer Menschen sind. Dies ist besonders bei Venus in den Wasserzeichen so.

Es gibt Menschen, die sich auf die Gefühle und die emotionalen und sexuellen Bedürfnisse anderer einstimmen können, und zwar sehr intuitiv. Wie ihr euch erinnert, ist Venus ein sozialer Planet. Bei einer Stellung in den höchst sensiblen Wasserzeichen bedeutet dies eine ganz starke Einfühlungsgabe in andere Menschen.

Dies kann auch das Merkmal eines guten Liebhabers sein, da Menschen mit Venus oder Mars im Wasserelement wissen, was die andere Person fühlt.

Ein anderer Aspekt der Wasserzeichen ist ebenfalls wert, erwähnt zu werden. Die Wasserzeichen und Wasserhäuser sind verbunden mit Klärung und Reinigung. So wird mit Venus oder Mars in den Wasserzeichen bei intimen Verbindungen mit Menschen, die du wirklich liebst, und denen du dich nahe fühlst, immer ein Prozeß der Reinigung stattfinden. Es ist eine Art der Läuterung und Klärung psychischer und emotionaler Spannungen.

Das mag für alle Menschen in gewisser Weise zutreffen, doch in den Wasserzeichen ist dies ein absolutes Bedürfnis. Andernfalls werden sie krank oder leiden an psychischen Spannungen. Da Wasser so unbewußt ist, wissen sie häufig nicht, was sie eigentlich quält.

FRAGE: Glaubst du, daß nur die Sexualenergie diese reinigende Wirkung hat oder überhaupt die Beziehung?

ANTWORT: Nähe. Irgendeine Form emotionaler Nähe. Dies muß nicht unbedingt Sexualität einschließen, doch ein gemeinsames Teilen von Gefühlen ist notwendig. Ich würde sogar behaupten, daß dies ein Teilen von Schmerz und Bedürfnissen bedeutet, da die Wasserzeichen, wenn sie mit ihren Gefühlen in Kontakt sind, auch immer stark mit dem Schmerz in Verbindung stehen. Aufgrund ihrer starken Sensitivität wissen sie auch immer, daß sie weich sind und Bedürfnisse haben. Feuer und Erde, als Element genommen, werden ihre Weichheit nie zugeben. Sie haben diese Weichheit, doch haben sie keinen so unmittelbaren Kontakt dazu wie die Wasserzeichen. Dies ist einer der Gründe, warum Menschen mit Venus in den Wasserzeichen so stark mitfühlend sind. Besonders Venus im Krebs und in den Fischen ist selbst so gefühlvoll und so in Berührung mit dem Schmerz, daß schon allein die Präsenz in der materiellen Welt verletzend sein kann und sie sich sehr leicht mit dem Schmerz anderer Menschen identifizieren. Dieser Zug ist auch Venus im Skorpion zu eigen, doch ist er dort nicht so offensichtlich. Diese Menschen sind nicht so leicht auf die mütterliche Art zu Tränen gerührt, doch schließt ihre Arbeit oft die gleiche emotionale Verbindung mit anderen Menschen ein.

Was Liebe und Sex anbetrifft, sind Venus und Mars in den Erdzeichen eher grundlegend und bodenständig. Sex ist für sie immer verbunden mit Grundbedürfnissen, Instinkten und auch Verpflichtungen. Menschen mit diesen Planetenstellungen sind oft sehr leistungsfähige Liebhaber. Sie sind dabei nicht notwendigerweise stark gefühlsmäßig engagiert, doch sie sind sehr wirkungsvoll. Das kann bis zu einem sehr mechanischen Sex führen. Zudem sind sie sehr pflichtbewußt. Jemand mit einer solchen Stellung im Geburtsbild kann sich sehr verpflichtet fühlen, auf die instinkthaften Bedürfnisse des Partners zu achten und wird dabei dann vielleicht auch sehr mechanisch agieren. Das ist nicht schlecht, wenn dem Partner ein etwas mechanischer Sex nichts ausmacht.

FRAGE: (etwas unverständlich)… Hört sich nach der ganzen Forschung über Sex an…

ANTWORT: Ja, es ist wie bei Masters und Johnson und diesen Leuten, wo es im Laboratorium getrieben wird. Ich denke, daß sie Mars in der Erde oder vielleicht in der Luft haben, um ein derartig intellektuelles Interesse an Sex entwickeln zu können. Ich bezweifle, daß sie viele Freiwillige mit Venus oder Mars im Wasser bei ihren Versuchen hatten, denn Wasser ist in höchstem Maße privat und sensibel und könnte die Vorstellung, dabei in einem Laboratorium beobachtet zu werden, schlecht ertragen. Sex ist für das Wasserelement nicht in erster Linie ein physischer Akt, sondern eine emotionale Begegnung.

FRAGE: Demnach sieht es also so aus, als hätten die Forscher nur die Hälfte der Story erfaßt, wenn die meisten Freiwilligen…

ANTWORT: Ich persönlich nehme an, daß sie weit weniger als die Hälfte erfaßt haben. Dennoch gibt es Menschen, die von dieser Art Therapie profitiert haben (Unterbrechung durch einen Zuhörer). Ja, das Problem, wo sie angefangen haben, ist diese etwas mechanische Einstellung zum Sex.

Ich erwähnte vorher bereits einen anderen Aspekt von Venus und Mars in den Erdzeichen. Diese Menschen sind sehr interessiert und befähigt, auf die physischen Grundbedürfnisse anderer zu achten. Sie selbst haben eine starke Verbindung zu diesen Bedürfnissen, insbesondere der Stier. Was der Stier vom Sex versteht, ist geradezu lächerlich. Möglicherweise haben sie keinerlei Verständnis für die ganze emotionale Seite, doch haben sie mit Sicherheit ein Gespür für die instinktiven Bedürfnisse des anderen. Wenn sie überhaupt keinen Wasseranteil haben, kann dies unpersönlich und kalt wirken. Die Jungfrau ist dagegen ein sehr sensibles Zeichen. Eine Menge Bücher behaupten von der Jungfrau, sie sei puritanisch, und dies kann möglicherweise auch zutreffen. Sie ist jedoch ein Erdzeichen. Der Puritanismus und ihre zerpflückende Art sind eher eine mentale Angewohnheit und haben ihre Wurzeln in der ständigen Analyse von allem und ihren Idealen von Perfektion. Ihre Empfindungen sind jedoch Teil ihres Körpers, ihrer Instinkte und sind deshalb nicht mental. Das Erdelement hat Beziehung zum physischen Körper, den physischen Instinkten und den physischen Sinnen. Wenn Venus nun in einem Erdzeichen steht (als Ausdruck deines Geschmacks und deiner emotionalen Sensibilität) wird ein solcher Mensch sehr sinnlich, aber auch sehr kontrolliert sein. Alle Erdzeichen kontrollieren sich sehr stark. Diesen Sommer habe ich etwas sehr Gutes über die Erdzeichen gelernt: Die Erde selbst ist ja eine Kruste, und alle Erdzeichen haben ihre Art der Verkrustung. Steinbock ist sehr ernsthaft, der Stier sehr verschlossen (käuen alles wieder, lassen aber nichts davon raus), und die Jungfrau ist zu Knoten verschlungen und behält alles in sich. Bei einer Venusstellung in den Erdzeichen sollte man sich also ein höchst sinnliches Wesen vorstellen, jedoch müssen erst all seine Blockaden und Selbstschutzmechanismen durchbrochen werden, bevor sie die schützende Kruste fallenlassen können.

Venus und Mars in den Luftzeichen. Hier muß man sich Menschen vorstellen, die nicht besonders sinnlich sind. Meistens stehen sie nicht so auf Anfassen, jedoch sind dies alles Verallgemeinerungen, und andere Teile des Geburtsbildes können dies kompensieren, wie beispielsweise ein Stier- oder Krebs-Aszendent, oder etwas anderes, das den Wunsch nach Körperkontakt symbolisiert.

Besonders Mars und Venus in den Luftzeichen sind nicht so sinnlich. Sie haben kein starkes Bedürfnis nach physischer Nähe und Intensität. Was sie jedoch bei Liebe und Sex unbedingt brauchen, ist Kommunikation. Sie brauchen das Gefühl einer geistigen Verbindung zu der Person, mit der sie zusammen sind. Besonders Sex kann eine Art Dialog sein, eine spezielle Art der Kommunikation; und die Luftzeichen sind äußerst leicht und auch spielerisch.

Venus und Mars in den Luftzeichen können sehr spielerisch sein, sie können aber auch sehr kühl, losgelöst und emotionslos sein. Da Mars mit der Einstimmung auf die sexuelle Energie zu tun hat, trifft dies in besonderer Weise auf Mars zu, der in den Luftzeichen eigentlich keine besonders starke sexuelle Energie hat. Wenn man das in Begriffen von Quantität darstellen müßte, wie oft und wie sehr sie Sex brauchen, so wäre ein Mars im Stier, im Löwen, im Steinbock oder im Skorpion wesentlich energievoller als ein Mars in den Luftzeichen. Die Luftzeichen sind sehr viel mentaler.

Ich habe zwei gute Freunde mit Mars im Wassermann, und keiner von ihnen schien sehr an Sex interessiert. Ich konnte dies nie verstehen, bis ich anfing, mich mit Astrologie zu beschäftigen. Es sieht so aus, als seien sie bereits durch Reden sehr glücklich zu machen. Einer erzählte mir, daß er gerne mit der einen oder anderen Frau essen gehen würde, um sich mit ihr zu unterhalten. Die physische Interaktion versetzt ihn jedoch in Angst und Schrecken, da die meisten Frauen leidenschaftlicher sind als er selbst. Tatsächlich sind diese Menschen sehr behutsam, was Sex anbelangt, doch allein durch Reden und Kommunikation können sie sehr viel Energie in Fluß bringen. Für sie ist Sex mit Kommunikation verbunden, und sexuelle Gefühle werden durch Dialoge geistiger Art stimuliert.

Soweit zu Mars und Venus in den Luftzeichen.

Jetzt zu Mars und Venus in den Feuerzeichen. Erst letzte Woche habe ich darüber etwas interessantes Neues gelernt. Eine Frau mit Mars in Schütze erzählte mir, daß sie viel mehr Lust an Sex hätte und wesentlich verführbarer sei, wenn sie einen netten Abend verbracht und viel gelacht hätte. Das Schlüsselwort war dabei ›Lachen‹. Wenn sie viel mit jemandem zusammen gelacht hatte, war sie viel offener für Sex und Erotik. Und was ist das Merkmal der Feuerzeichen? Geistreich belebendes Verhalten, Spontaneität und ein zielloses Versprühen von Energie.

Die sexuelle Beziehung ist bei Venus oder Mars in Feuer etwas unpersönlich, was dir allerdings nichts ausmacht, wenn du auf Feuer eingestimmt bist. Wenn du eine sehr stark wassergeprägte Persönlichkeit bist, wirst du dem vielleicht nichts abgewinnen können. Möglicherweise fühlst du, daß die andere Person zu unpersönlich und zu sehr auf ihrem eigenen Trip ist. Wie bei der Sonne in den Feuerzeichen, sind diese Menschen etwas egozentrisch. Das ist keine Kritik, sondern so sind diese Menschen. Dazu gehört natürlich auch, daß sie ihre Sexualität und ihre Gefühle sehr direkt zum Ausdruck bringen und dabei fast derb sind. Natürlich kann der Rest des Geburtsbildes dies kompensieren.

Von den drei Feuerzeichen ist Löwe dasjenige, das am stärksten von allen auf eine sexuelle Schwingung eingestimmt ist. Es ist sehr auffällig bei Frauen mit Venus oder Mars im Löwen und bei Männern mit Mars im Löwen. Bei Schütze ist die sexuelle Energie auch sehr stark, wenn sie einmal ins Fließen gekommen ist, doch Schütze ist ein labiles Zeichen und irgendwie unberechenbar. Diese Menschen leben nicht konstant auf einer Schwingung. Widder kann sehr schnell auf Touren gebracht werden, aber ihr wißt ja, wie Widder sind. Sie fangen viele Dinge mit Elan an, doch etwas bis zu Ende durchzuführen, fällt ihnen oft schwer.

Als ich jünger war, habe ich viel durch Freundinnen über die Feuerzeichen erfahren. Viele meiner Freundinnen hatten ihren Mars entweder im Löwen oder im Schützen. Ihre Unbescheidenheit und ›Unanständigkeit‹ hat mich immer wieder überrascht. Sie hatten einfach keinen Sinn für Bescheidenheit, und teilweise hat mich ihre etwas grobe Art ›echt umgehauen‹. Mars ist in den Feuerzeichen sehr grob und direkt. In den Wasserzeichen ist es mehr eine subtile Routine der Verführung. Die Erdzeichen können zu einer sinnlicheren Art der Verführung neigen, für die Feuerzeichen ist die Verführung jedoch eher eine gegenseitige Unterhaltung, ein Spiel.

Feuerzeichen müßt ihr nur zum Essen ausführen, einen netten Abend verbringen, all die üblichen sozialen Geschichten wie Tanzen usw., und sie werden – anfangen zu lachen, Witze reißen und trinken.

FRAGE: Wie ist das, wenn Venus und Mars im selben Zeichen stehen, verstärkt das die Sexualenergie, unabhängig vom Zeichen?

ANTWORT: Bei Venus und Mars im selben Zeichen ist dies unvermeidlich… Das enorme Interesse am anderen Geschlecht ist dann nicht zu übersehen. Damit ist normalerweise auch die Fähigkeit verbunden, das andere Geschlecht geradezu anzuziehen. Doch ist der sexuelle drive nicht notwendigerweise so stark; das hängt vom Zeichen ab. Einer meiner Freunde mit einer Mars-Venus-Konjunktion in den Zwillingen liebt den Flirt mit Frauen über alles, und die Frauen flirten auch die ganze Zeit mit ihm. Er ist ein reizender Stier-Typus. Stiere sind oft so jungenhaft nett, und wenn man dann noch etwas Zwilling hinzufügt, sind sie fast schon widerwärtig nett. Im Laufe seines Lebens – er ist etwa 35 – hat er genügend Erfahrungen gesammelt, um sich selbst kennenzulernen. Er sagt von sich, daß es für die Befriedigung seiner Grundbedürfnisse völlig ausreicht, wenn er ein oder zweimal im Monat mit einer Frau schläft. Schon allein der Umgang und das Gespräch mit dem anderen Geschlecht befriedigt ihn. Sprechen, sprechen und nochmal sprechen, das ist Zwilling. Er bespricht Geburtsbilder und Transite mit ihnen, und er hat dabei keine sexuellen Gefühle. Es ist die Art des Herumflirtens und der Kommunikation, die ihm Freude bereitet. Um ihn zu befriedigen bedarf es dabei keiner körperlichen Intimität.

Mit Venus und Mars im selben Zeichen besteht immer ein starkes Bedürfnis nach Interaktion mit dem anderen Geschlecht. Dies muß nicht unbedingt sexuell sein. Zudem ist es eine sehr kreative Kombination. Venus und Mars im selben Zeichen drückt sich oft in künstlerischer Befähigung aus (je näher es einer Konjunktion kommt, desto stärker). Dabei muß es nicht unbedingt Kunst im engeren Sinne, wie Zeichnen oder Malen sein, sondern diese Kombination sucht sich ihren Ausdruck in allem Möglichen. Ich kenne einen jungen Mann mit Venus und Mars in Widder, der seine künstlerischen Neigungen mit buntem Glas und Metall zum Ausdruck bringt. Mit Venus und Mars in der Jungfrau ist es vielleicht ein ganz exzellentes Kunsthandwerk. Ich habe Menschen gesehen, die ein Musikinstrument von Hand hergestellt oder ein Porträt gezeichnet haben. Auf jeden Fall etwas, wofür eine große Liebe zum Detail und Konzentration notwendig ist.

Eine Venus-Mars-Kombination hat also nicht nur etwas mit Gefühlen und Sex zu tun, sondern ist auch sehr künstlerisch. Tatsächlich erreichen sie eine große emotionale und ästhetische Befriedigung (Venus), indem sie aktiv künstlerisch etwas formen (Mars).

Ich glaube, wir sollten nun mit Venus in den Tierkreiszeichen beginnen, wobei ich einige generelle Dinge erwähnen werde und sie nach Geschlechtern differenzieren will. Je mehr ich über diese Unterschiede rede und je mehr sich heutzutage im Wandel befindet, desto schwieriger wird es natürlich mit diesen Verallgemeinerungen, wie »Das ist für Frauen, und das ist für Männer«, ohne daß sich jemand darüber aufregt. Aber ich werde dieses Risiko auf mich nehmen, da es sich um allgemeine Prinzipien handelt, die wie alles Astrologische natürlich in Verbindung zu einer ganz speziellen und individuellen Situation gebracht werden müssen.

Wie schon gesagt, im Geburtsbild einer Frau hat Venus sehr viel mit der Art, Zuneigung auszudrücken, zu tun. Venus zeigt die Art ihrer Beziehungen, wie sie sich hingibt, aber auch wie sie versucht, andere Menschen anzuziehen.

Auch beim Mann zeigt die Venusstellung, wie er seine Gefühle ausdrückt und wie er wahrnimmt, daß er gemocht wird, und daß man für ihn sorgt. Jedoch hat Venus beim Mann auch immer etwas mit der Vorstellung von seiner Anima zu tun, der Vorstellung einer idealen Gefährtin.

Venus und Widder-Energie

Im allgemeinen liebt jemand mit Venus im Widder immer mehr mit dem Kopf als mit dem Herzen. Diese Menschen sind ziemlich impulsiv und haben die Tendenz, einfach in die Dinge hineinzuspringen. Sie sind dabei sehr direkt, und Subtiles ist ihnen dabei fremd. Wenn sie dich mögen, lassen sie es dich auch sehr direkt wissen. Ich kenne Männer mit Venus im Widder, die hauen dir, wenn sie dich mögen, glatt auf den Hintern. Sie sind auch sehr unabhängig in der Liebe. Menschen mit dieser Venusstellung haben die Tendenz, aus der Unabhängigkeit heraus Dinge zu initiieren. Dabei sind sie ziemlich impulsiv und aggressiv. Wenn ihr als Frauen einen Mann sucht, der eure Unabhängigkeit schätzt, dann versucht, einen Mann mit Venus im Widder kennenzulernen. Denn dieses Image einer Frau törnt ihn an. Einige Männer mit Venus im Widder versuchen sogar, ihre Partnerinnen zu mehr Unabhängigkeit, zu einem ›widderhafteren‹ Verhalten zu drängen. Wenn dies auch ihrem Charakter entspricht, wird sie es begreifen und es als Unterstützung erleben.

Wenn es ihr nicht entspricht, wird sie sich manipuliert fühlen. Eine Widder-Venus im Geburtsbild eines Mannes zeigt, daß er unabhängige, widderhafte Frauen liebt, und er wird ihr diese Art Freiheit erlauben.

Venus und Stier-Energie

Venus im Stier ist für jeden sehr sinnlich, da Stier ein sehr körperliches und sinnliches Zeichen ist. Venus im Stier bedeutet eine doppelte Betonung, da sie dort in Würde steht. Sie ist sich ihrer Erscheinung sehr bewußt, körperliche Annehmlichkeiten und Schönheit, oft auch eine Liebe zum Luxus und ein etwas protziger Geschmack gehören dazu. Frauen mit einer Stier-Venus legen sehr viel Wert auf ihre äußere Erscheinung und haben dabei einen Hang zum Luxus, denn eine schlichte Erscheinung ist nicht ihre Sache. Sie wollen immer ein wenig mehr als das. Zudem hängt dies auch ganz stark von der jeweiligen Generation ab, denn da gibt es riesige Unterschiede.

Menschen mit Venus im Stier wissen, was andere Menschen brauchen, um sich wohl zu fühlen. Dies ist besonders auffällig bei Frauen mit einem Stier-Venus, die, wenn sie jemanden mögen, ganz besonders auf das leibliche Wohl des anderen achten. Ein Mann mit einer Stier-Venus ist dagegen etwas ganz anderes. Auch er steht auf Komfort usw., aber er hängt in den meisten Fällen auch an einem Bild der typischen Stier-Frau. Er liebt keine zu schnellen, zu agilen, zu unabhängigen oder sogar zu intelligenten Frauen. Er braucht mehr die archetypische Erdmutter. Die Venus im

Geburtsbild eines Mannes zeigt nicht notwendigerweise den Typ von Frau, den er heiratet oder mit dem er zusammenleben will. Ähnlich zeigt Mars im Geburtsbild einer Frau nicht mehr als das, was sie physisch anziehend findet.

Es ist das ideale romantische Traumbild und wahrscheinlich nicht der Charakter der Person, mit der du zusammenleben wirst. Männer mit einer Stier-Venus bevorzugen wohlgestaltete Frauen, oftmals recht üppige Typen, und normalerweise bestehen sie bei ihnen auf der üblichen kulturellen Rolle von Passivität, die sie als feminin empfinden.

Venus und Zwillinge-Energie

Venus im Zwilling ist offensichtlich sehr sozial, sehr gesprächig und fühlt das Bedürfnis nach Kommunikation mit anderen immer in sich. Häufig sind diese Menschen im Umgang mit Worten sehr versiert, sei es im Sprechen, Drucken, Herausgeben, Veröffentlichen oder Verkaufen. Oftmals findet man bei Venus im Zwilling eine beachtliche ästhetische Geschicklichkeit. Frauen mit einer Zwillings-Venus sind normalerweise nicht allzu häuslich. Venus zeigt, was dir Vergnügen bereitet und was du gerne tust, und eine Venus im Zeichen Zwillinge liest lieber Bücher, als daß sie Waschbekken saubermacht. Normalerweise sind diese Menschen ziemlich diplomatisch und taktvoll, aber auch sehr, sehr unbeständig. Du kannst dir niemals sicher sein, woran sie gerade wieder denken, und ihre Gefühle wechseln extrem schnell. So können sie einer Beziehung von einem Moment auf den anderen leid werden. Viele Menschen mit einer Venus im Zwilling können mehrere Beziehungen gleichzeitig haben.

FRAGE: Ich habe eine Freundin mit verschiedenen Planeten, einschließlich Venus in Zwillinge, und sie hat das Bedürfnis nach einer längerfristigen Beziehung, die sehr tief gehen soll. Doch ist sie ständig auf dem Tennisplatz und unternimmt alle möglichen Dinge, die es dann unmöglich machen, mit ihr diese Beziehungen zu unterhalten, die sie behauptet zu wollen.

ANTWORT: Das ist es.

Wie steht es nun mit Venus im Geburtsbild eines Mannes? Zum einen fühlt er sich zu Frauen, die irgendwie den Zwillingscharakter in sich tragen, hingezogen. Er mag Frauen, die sehr veränderlich, wandelbar und neugierig sind, die ihm ständig neue Rätsel aufgeben. Auf jeden Fall legt er wesentlich mehr Wert auf Intelligenz als auf die äußere Erscheinung der Frau. Sie sollte intelligent, ziemlich wortgewandt und neugierig sein, eben alles, was zur Vorstellung des Zeichens Zwillinge paßt.

Venus und Krebs-Energie

Mit Venus in Krebs, im Zeichen des Mondes, ist man natürlich höchst sensitiv, mit einem Hang zum Häuslichen. Männer mit einer Krebs-Venus helfen oft ganz spontan im Haushalt. Diese Menschen sind häufig sehr beschützend zu denjenigen, die sie mögen, seien es nun ihre Kinder oder nur jemand, zu dem sie eine Verbindung haben. Bezüglich Liebe sind sie dann auch eher altmodisch, und ihre Vorstellungen über Ehe und Liebe sind zumeist sehr konventionell und ziemlich ›klammernd‹. Dies ist nichts Schlechtes, denn es hält oft die Familie zusammen. Venus im Krebs ist eigentlich nicht sehr leidenschaftlich, und häufig ist es eher Mitleid als Leidenschaft, wenn es dann doch mal leidenschaftlicher wird (dies gilt besonders für Frauen). Ihre Art zu lieben ist eher mütterlich, sie sorgen für einen und sind nett zu dir, doch ist dies alles nicht allzu leidenschaftlich. (Wenn wir dann zu Mars kommen, ist dies oftmals ganz anders, denn Mars im Krebs ist häufig extrem leidenschaftlich. Dafür gibt es einfach keine Gebrauchsanweisung.)

Venus im Krebs ist also sehr sensitiv und empfindet stark die Atmosphäre und die Stimmung des anderen. Es gibt Männer, die den Eindruck eines harten Geschäftsmannes machen, doch wenn sie Venus in Krebs haben, wird diese ganze mütterliche Qualität dann zum Vorschein kommen, wenn sie sehen, daß es dir nicht so gut geht. Unter Umständen geben sie dir sogar Geld, wobei man nicht behaupten kann, daß Venus in Krebs sehr generös ist. Du mußt ihnen nur zeigen, daß ihre Sicherheit durch dich nicht bedroht ist, sondern evtl. sogar noch vergrößert wird. Dann sind sie auch in der Lage, etwas herzugeben. Männer mit einer Krebs-Venus mögen das Krebsimage bei Frauen. Sie wollen eine gute Köchin, eine Frau, die das Heim gemütlich macht und für sie sorgt. Meine Eltern sind dafür ein gutes Beispiel: Die Venus meines Vaters steht in Konjunktion mit dem Aszendenten meiner Mutter. Das ist eine schöne Kombination, denn man könnte sagen, daß er die Wünsche seiner Venus erfüllt hat. Zudem ist sein Widder-Mond in Konjunktion mit ihrer Sonne, so daß er beide Bedürfnisse erfüllt bekommt, Venus und Mond. Es ist ziemlich selten, daß so etwas passiert. Es ist interessant, meine Mutter dabei zu beobachten, wie sie nicht nur uns Kinder, sondern auch ihn bemuttert. Sie suchte viele seiner Anzüge aus, packte seinen Koffer, wenn er verreisen mußte usw.

Venus und Löwe-Energie

Menschen mit Venus im Löwen muß man sich in den engen persönlichen Beziehungen als sehr stolz vorstellen, und ihr Stolz kann sehr leicht durch eine Zurückweisung verletzt werden. Solche Menschen müssen immer das Gefühl vermittelt bekommen, daß sie respektiert werden. Sie haben die Tendenz, in Beziehungen sehr demonstrativ und generös zu sein. Loyalität spielt beim Zeichen Löwe auch immer eine große Rolle, und Venus macht da keine Ausnahme. Löwe ist ein sehr loyales Zeichen, und wenn du ihn oder sie einmal durch dein Verhalten oder Worte so beleidigt hast, daß sie dich nicht mehr respektieren, dann können diese Menschen auch keinerlei Zuneigung mehr zu dir empfinden. Ein Rest dieser Zuneigung mag noch vorhanden sein, doch Respekt ist für die Feuerzeichen eine ganz wichtige Sache.

Wie ihr wißt, will Löwe immer gern am Anfang stehen, zwar nicht immer als Allererster, aber doch ganz oben. Neulich habe ich in einer Beratung wirklich gestaunt: Eine Frau mit Venus im Löwen erzählte mir, daß sie entdeckt hatte, daß ihr Mann seit Jahren eine Beziehung hat und daß sie ihn seither nicht mehr respektieren könne. »Ich habe die Scheidung beantragt, weil ich niemanden mehr respektieren kann, der so etwas tut.« Später im Gespräch fand ich heraus, daß sie zu dieser Zeit ebenfalls eine Beziehung hatte, und die folgende Auseinandersetzung über die doppelte Moral war ziemlich erstaunlich. Sie hatte einen Skorpion-Mond und Aszendent und Venus im Löwen. Ihr verletzter Stolz, das war Venus im Löwen. Venus im Löwen ist besonders bei Männern immer mit irgendeinem Ego-Trip verknüpft. Wenn sie mit einer Frau gesehen werden, soll sie eine Königin sein und nicht irgendeine alte Frau. Sie wollen eine Frau, die man vorzeigen kann, und oft fühlen sie sich von Schauspielerinnen, Tänzerinnen oder öffentlich bekannten Frauen sehr angezogen. Sie lieben Menschen, die irgendwie dramatisch auftreten, und wollen immer besonders bewundert werden. Jeder, egal ob Mann oder Frau, mit Venus im Löwen will wirklich bewundert werden; sie wollen Aufmerksamkeit und immer die Größten sein.

Venus und Jungfrau-Energie

Menschen mit Venus in der Jungfrau sind im allgemeinen ziemlich diszipliniert und gewissenhaft, aber auch oft etwas puritanisch, unnötig geschäftig und ziemlich kritisch.

Traditionell steht Venus in der Jungfrau im Fall, was jedoch nicht heißen kann, daß dies schlecht ist. Einfach gesagt, sollten Menschen mit dieser Venus-Stellung öfter den Mund halten, und wenn sie ihre Zuneigung zu jemandem ausdrücken wollen, sollten sie etwas Praktisches tun, ein Essen kochen oder dem anderen den Rücken massieren und nicht anfangen zu kritisieren. Venus in der Jungfrau kann etwas sehr Kritisches sein.

FRAGE: Ich habe gehört, daß Frauen mit Mond oder Venus in der Jungfrau niemals dreckige Hände haben sollen.

ANTWORT: Sie sind sehr auf Sauberkeit bedacht. Jungfrau ist ein Zeichen, das sich seiner selbst sehr bewußt ist. Dies wird bei Menschen mit einem Jungfrau-Aszendenten besonders deutlich. Sie machen alles auf die ihnen eigene Art und stellen sich dabei doch oft hinten an. Die Liebe von Menschen mit einer Jungfrau-Venus ist sehr vertrauensvoll, wirkungsvoll, ehrenhaft und methodisch. Sie können für dich wirklich die große Liebe sein, wenn du Menschen magst, die sehr tüchtig, verläßlich und sauber sind. Wenn sie dich mögen, machen sie ein großes Bohai mit dir und bevorzugen ein etwas dienendes Verhalten.

Im privaten Rahmen sind sie sehr viel sinnlicher als sie es in der Öffentlichkeit zeigen können. Oftmals macht es den Eindruck, als seien sie ziemlich frostig und kontrolliert. Es ist dies schon immer die puritanische Art gewesen, in der Öffentlichkeit so – und privat ganz anders.

Männer mit einer Jungfrau-Venus wollen eine anständige Frau. Sie fühlen sich von Frauen angezogen, die in das Bild von Jungfrau passen: intellektuell, intelligent, nett, sauber, diszipliniert und anständig. Nach einem dreistündigen Unterricht bin ich im allgemeinen so erschöpft, daß ich nicht gleich nach Hause fahren will. Da lernte ich nach dem Unterricht vor kurzem ein Paar kennen, die mir anboten, daß ich mich bei ihnen zuerst etwas erholen könne. (Beide haben die Sonne in Jungfrau.) Ich konnte mich einfach bei ihnen auf die Couch legen und sie brachten mir einen Kräutertee und etwas zu essen. Natürlich alles Naturkost. Ich blieb eine Stunde, erholte mich, wurde von ihnen bedient und fuhr dann nach Hause. Es war einfach phantastisch.

Venus und Waage-Energie

Menschen mit Venus in der Waage können wie alle Luftzeichen oftmals recht kühl und nicht unbedingt leidenschaftlich sein, obgleich sie anderen Menschen gegenüber auch sehr großzügig sind. Sie sind in der Lage, dem anderen Menschen auf dessen Ebene zu begegnen, wobei Fairness und Gerechtigkeit eine große Rolle spielen. Wie ihr wißt, steht Venus jetzt in ihrem eigenen Zeichen, und alles sollte irgendwie fair zugehen. Sie bevorzugen bei ihren Liebeserfahrungen Friede und Harmonie und sind deshalb von Leidenschaft nicht unbedingt beglückt. Jedoch macht es ihnen dann nichts aus, wenn es trotz Leidenschaft friedlich und schön bleibt. Wenn du beispielsweise zu jemandem mit einer Waage-Venus nett sein willst...

(Wenn du zu jemandem nett sein willst, dann kann die Stellung von dessen Venus viel über die Art sagen, wie und was er gern hätte... das sollte man einfach wissen.)

Wenn du also zu jemandem mit einer Venus in Waage nett sein willst, sei einfach nett zu ihm. Das kann bedeuten, denjenigen zu ignorieren oder völlig oberflächlich zu ihm zu sein, wenn es ihm nur angenehm ist. Alles was harmonisch, freundlich und entspannend ist...

Frauen mit Venus in der Waage haben im allgemeinen eine sehr feminine Erscheinung und sind dabei überraschend kühl und distanziert, oft intelligent und bezüglich Liebe und Sex häufig ziemlich konventionell. Das ist etwas, was in den meisten Büchern zu wenig zum Ausdruck kommt. Waage ist in den meisten Dingen eher etwas konventionell und kommt dabei gleich nach Steinbock an zweiter Stelle. Beide sind sich ihrer Reputation und ihres öffentlichen Erscheinens sehr bewußt und neigen daher leicht zur Konventionalität. Alles soll zumindest an der Oberfläche freundlich sein. Saturn steht in Waage erhöht, und zwischen den Charakteristika von Waage und Steinbock besteht eine große Ähnlichkeit. Eine Waage-Venus ist nicht sehr emotional, doch hat sie eine Tendenz zur Sentimentalität. Beispielsweise kann es einem so vorkommen, als hätte eine Frau mit Venus in der Waage nicht eine Faser Gefühl im Leib, doch wenn du Ihren Geburtstag vergißt, wird sie in Tränen ausbrechen. Normalerweise sieht Venus in Waage auch sehr gut aus, und Frauen mit dieser Stellung haben oft einen fast archetypisch symmetrisch geformten Körper, wie die Venus-Statue von Milo.

Auch Männer mit einer Waage-Venus bestehen, wie die Frauen, in den Beziehungen auf Harmonie und sind ebenfalls in der Liebe sehr idealistisch. Von welchen Frauen fühlen sie sich angezogen? Eine echte Lady sollte es sein und nicht irgendein Mädel. Sie sollte ein gutes Benehmen haben, kultiviert sein, aber doch realistisch und aufrichtig; eine Frau, die nicht so einfach zufriedenstellend ist. Aber am meisten bevorzugen sie Aufrichtigkeit.

Mit den Waagen ist es ganz lustig, da sie so widersprüchlich sind. Einerseits sehnen sie sich nach Aufrichtigkeit und hassen es, wenn jemand einem anderen nach dem Mund redet und nicht seine eigene Meinung sagt. Andererseits werden sie oft genau dieses Verhaltens beschuldigt, weil sie immer versuchen, freundlich zu sein und alles möglichst glatt über die Bühne zu bringen.

Venus und Skorpion-Energie

Menschen mit Venus im Skorpion sind immer ziemlich emotional, höchst sensibel und sehr, sehr leidenschaftlich; gleichgültig, ob es dabei um Gefühle für eine Person, Geld oder ihre Arbeit geht. All ihre Gefühle kommen mit großer Intensität zum Ausdruck; sie sind explosiv geladen mit dieser Leidenschaft. Wenn Leidenschaft in ihrem Leben keinen Platz mehr hat, sind sie wie abgestorben und laufen herum wie Roboter.

Zu allem, was sie machen, müssen sie eine Leidenschaft verspüren, und mit Beziehungen ist das natürlich auch so. Es muß einen Weg für diese Leidenschaft geben, damit sie zusammen mit einem anderen Menschen zufrieden sein können, damit es zu einem intensiven Austausch von Gefühlen kommen kann.

Die Skorpion-Venus ist dabei äußerst sexuell orientiert. Sie ist sehr verschwiegen und nicht gerade sozial eingestellt. Menschen mit Venus im Skorpion sind häufig unsozial und sehr unkonventionell, auch wenn dies nicht so offensichtlich ist. Pluto ist der Herrscher von Skorpion und hat auf vielfältige Weise mit unsozialem Verhalten zu tun.

Venus im Skorpion ist oft sehr eifersüchtig und besitzergreifend. Wenn noch viel Wassermannenergie oder etwas ähnliches hinzukommt, ist dies weniger stark ausgeprägt. Doch auf jeden Fall hat sie in ihren engen Beziehungen einen starken Sinn für das Überleben. Mit anderen Worten, sie achten stark auf ihr Bedürfnis nach Sicherheit.

Wenn es so aussieht, daß sich der Partner möglicherweise mit jemand anderem einläßt, ist ihr ganzes Überleben auf einmal bedroht, zumindest trifft dies auf der Gefühlsebene zu.

Venus im Skorpion kann sehr loyal sein, obwohl viele Bücher ziemlich das Gegenteil behaupten.

Diese Loyalität ist jedoch mehr eine gefühlsmäßige Konstanz als etwas, das sich in ihrem realen Verhalten ausdrückt. Skorpion ist ein fixes Zeichen und mag von daher Veränderungen nicht allzusehr.

Männer mit einer Skorpion-Venus stehen auf Frauen mit viel Feuer und Mumm, Frauen mit einem Widder- oder Skorpion-Verhalten. Sie mögen kraftvolle Frauen und nicht so den passiven Wischi-Waschi-Typ. Das langweilt sie. Venus im Skorpion will in Beziehungen Leidenschaft und Intensität. Männer mit einer solchen Venus wollen Intensität bei jeder Frau, die sie interessiert.

Bei Frauen mit einer Skorpion-Venus gibt es diesen gewissen sexuellen Stolz, einen Stolz auf ihren sexuellen Mut oder ihre sexuelle Attraktivität. Dies stimmt auch für Männer mit Mars im Skorpion. Denn Mars zeigt ja das männliche Ego.

Das weibliche Ego einer Frau mit Venus im Skorpion hat oft viel mit ihrer Sexualität zu tun.

Venus und Schütze-Energie

Menschen mit Venus im Schützen sind in ihren Beziehungen sehr idealistisch und schwer zufriedenzustellen. Schütze ist ein höchst unbeständiges Zeichen, was aber von den meisten Büchern verschwiegen wird, die nur davon reden, daß alle großen Philosophen so ehrenhaft seien. In vielen Fällen können diese Menschen nur schwer mit der Realität umgehen; sie hassen es, in der Gegenwart zu leben und den Tatsachen ins Auge zu blicken. So ist es auch mit Venus im Schützen. Solche Menschen haben Gefühle von großem Idealismus und reden viel und häufig über die Beziehungen, die sie sich vorstellen, über all die wundervollen Ideale, die sie im Kopf haben. Es ist sehr hart für sie, eine Beziehung wirklich zu leben, mit dem Müll, der darin vorkommt, und nicht nur mit den schönen Seiten umzugehen. Fische und Schütze, die beide in der alten Astrologie von Jupiter beherrscht wurden, haben sehr viel gemeinsam, unter anderem auch den Wunsch, oftmals der momentanen Gegenwart entfliehen zu wollen; beide haben leichte Fluchttendenzen.

Wenn Menschen mit Venus im Schützen erstmal eine Beziehung zu jemandem haben, sind sie mit ihrer Zuneigung ziemlich großzügig. Sie lieben das Spiel des gemeinsamen Ausritts; Schütze ist das Zeichen des Zentaurs. Sie haben auch Humor wie ein Pferd und ein wieherndes Lachen. Aufrichtigkeit ist in einem groben Sinne für sie sehr wichtig, und sie sind offen und direkt, daß es schon beinahe taktlos ist. Wenn sie einen mögen, kannst du also weder Lob noch Schmeichelei erwarten. Sie werden dir geradeheraus sagen, was sie fühlen. Sie werden dir deine Fehler, Schwächen und alles andere an den Kopf werfen, aber: »Obwohl du so bist, mag ich dich immer noch!« Sie sind wirklich direkt und aufgeschlossen. Was suchen nun Männer mit einer Venus im Schützen in den Frauen? Sie suchen eine Frau, die diese Schütze-Eigenschaften verkörpert, eine Frau, die verläßlich ist, eine Kameradin, mit der sie viel unternehmen können oder eine Frau, die sehr philosphisch und idealistisch ist. Sie wünschen sich Menschen, die aufrichtig und direkt sind. Wahrscheinlich wollen sie niemanden, der ihnen zu verschmitzt, verwässert oder zu heimlichtuerisch ist.

FRAGE: Wie meinst du ›verläßlich‹?

ANTWORT: Ich meine ›verläßlich‹ in einem Sinne von aufrecht oder aufrichtig, so daß sie auf die Bereitschaft und auf die Absichten des anderen zählen können.

Venus und Steinbock-Energie

Menschen mit Venus im Steinbock sind sich der Notwendigkeiten ihres Ansehens und ihrer materiellen Sicherheit sehr bewußt. In der Liebe und überhaupt in Beziehungen sind sie äußerst ernsthaft und haben im allgemeinen nicht allzuviel Humor, und wenn, dann ist er höchstens trocken und vielleicht etwas bissig. Venus zeigt ja an, was dich beglückt und erfreut. Ich habe Menschen mit Venus im Steinbock kennengelernt, die niemals gelacht haben, weil sie so ernsthaft mit allem und nicht nur in ihren Beziehungen waren.

Die Steinbock-Venus hat in Beziehungen die Tendenz, sehr vorsichtig zu sein, und sie braucht fast immer feste Zusagen, bevor sie ihre Gefühle zeigt oder zuläßt. Der äußere Panzer, die Kruste, der Schutzwall von Saturn muß erst durchbrochen werden, bevor du ihre wahren Gefühle und Leidenschaften erkennen wirst.

Frauen mit Venus im Steinbock sind leidenschaftliche Krittler mit einem starken Hang zum Erdelement, haben enorme sexuelle Energien und sehr viel Ausdauer. Sie werden dir erst dann erzählen, wie es ihnen gefühlsmäßig oder sexuell geht, wenn sie sich ganz sicher fühlen. Sie brauchen hierzu fast eine verbindliche Absprache, was manchmal auch die Ehe bedeuten kann. Dies trifft auch für Männer mit einer Steinbock-Venus zu. Um es noch einmal zu sagen: Die Zeichen Steinbock und Waage legen sehr viel Wert auf Konventionen und ein eher konventionelles Verhalten. Darauf sollte man achten, um kein falsches Bild zu gewinnen, denn oft sieht es, ähnlich wie bei Venus in Jungfrau, sehr ehrlich und sauber aus, doch weißt du nie, was sich in ihrem Inneren abspielt und welche Gefühle sie haben. Diese zeigen sie in der Öffentlichkeit fast nie. Selbstkontrolle und eine bestimmte Verschlossenheit spielen bei Venus im Steinbock eine große Rolle. Sie wollen in der Öffentlichkeit weder umarmt noch gedemütigt werden. Sie können ihren Gefühlen tatsächlich nur sehr schwer Ausdruck verleihen. Am besten ist dies für sie auf eine ganz praktische und ehrliche Art möglich, indem sie dem anderen beispielsweise bei dessen beruflichem Fortkommen behilflich sind. Das Verbalisieren ihrer Gefühle ist für sie sehr problematisch.

Männer mit Venus im Steinbock fühlen sich natürlich von Frauen mit einem Steinbockcharakter angezogen und wünschen sich eine Frau, die ziemlich formal und etwas distanziert ist. Manchmal kommt es vor, daß solche Männer sozial über ihnen stehende Frauen heiraten, die ihrer Karriere dann einen Aufschwung geben können, evtl. auch durch ihr Geld. Ich sage nicht, daß dies bei allen so ist, aber ernsthaft daran gedacht haben sie alle schon mehr als einmal, darauf würde ich wetten. Viele bleiben auch weiterhin wegen des Geldes verheiratet, wenn die Scheidung finanzielle Unsicherheiten mit sich bringen würde, obwohl sie mit ihrer Ehe nicht mehr zufrieden sind. Sie verschieben diesen Schritt dann unter Umständen um 30 oder 40 Jahre nur wegen dieser materiellen Unsicherheit. Venus im Steinbock braucht ganz besonders diese ›tiefe‹ Liebe, und Veränderungen werden um so schwerer, je mehr eine Beziehung nur auf Sicherheit basiert.

Venus und Wassermann-Energie

Menschen mit Venus im Wassermann sind natürlich sehr offen, unkonventionell und sehr frei in ihren Einstellungen gegenüber der Liebe. Sie hassen Eifersucht und sind den Energien von Venus im Skorpion diametral entgegengesetzt (Skorpion und Wassermann stehen im Quadrat zueinander). Sie halten Eifersucht nicht aus und bestehen darauf, so viele Freunde beiderlei Geschlechts zu haben, wie sie wollen. Auch sexuell und in der Liebe sind sie nie besonders stark an einen festen Partner gebunden und sogar sehr experimentierfreudig. Es hat mich aus diesen Gründen auch keineswegs überrascht, daß Linda Lovelace, die Pornokönigin, Venus im Wassermann hat. Ihr öffentliches Ansehen war völlig bestimmt von ihrer unkonventionellen Art und ihrer Bereitschaft, damit aufzutrumpfen.

Wassermann kann sehr unbeschwert sein, und um solche Filme zu machen, war dies für sie sicher notwendig. Du könntest solche Pornofilme, wenn du Venus und Mars in den Wasserzeichen hättest, sicher nicht auf diese Art machen. Möglicherweise willst du sie anschauen, aber nicht mitspielen! (Hier könnte man noch erwähnen, daß auch Hugh Hefner eine Mars-Jupiter-Konjunktion im Wassermann hat.)

Eine Wassermann-Venus im Geburtsbild eines Mannes läßt darauf schließen, daß er Frauen mit einem gewissen Wassermann-Charakter attraktiv findet. Sie sollten unkonventionell, intelligent, sehr aktiv, experimentierfreudig und sehr unabhängig sein. Sie sollten ihn vor immer neue Rätsel stellen und nicht zu leidenschaftlich sein. Jeder mit einer Wassermann-Venus liebt die emotionale Intensität nicht wirklich, wie dies für Wassermann überhaupt der Fall ist. Wassermann hat die Tendenz zu großer Liberalität und Unbeschwertheit. Diese losgelöste Unbeschwertheit ist oft der Grund für Probleme in den engen persönlichen Beziehungen, denn sie wirkt auf andere unbeteiligt und unpersönlich. Besonders Männer können dies bei Frauen mit einer Wassermann-Venus kaum verstehen.

Venus und Fische-Energie

Mit Venus im Zeichen Fische bist du extrem sensitiv und hast Gefühle, Gefühle und nochmals Gefühle. Das kann man als sehr hingebungsvoll, zärtlich und auch heilend beschreiben. Viele Menschen mit einer Betonung im Zeichen Fische verfügen über ganz natürliche Heilungskräfte. Jeder mit einer Fische-Venus ist irgendwie romantisch und idealistisch, denn es ist ein labiles Zeichen und wird von Neptun beherrscht. Zweifellos wird Fische durch eine etwas unbeständige Energie gekennzeichnet, wenn feste Zusagen gegeben werden sollen. Tatsächlich sind sie oft nicht genügend wählerisch. Fische ist das Oppositionszeichen zu Jungfrau, das ja besonders in Beziehungen einen Hang zu übermäßiger Kritiksucht hat. Venus im Zeichen Fische verhält sich genau entgegengesetzt, besonders wenn diese Menschen Alkohol trinken oder Drogen nehmen. In der Regel ist ihr Unterscheidungsvermögen nicht allzu gut entwickelt. Dies gilt auch für Venus im Aspekt zu Neptun, besonders bei Quadrat, Opposition oder Konjunktion. Diese Menschen geraten dann in einen leicht umbenebelten Zustand geistiger Unschärfe, in dem sie oftmals selber nicht so recht wissen, warum sie tun, oder ob sie das tun sollten, was sie gerade tun. Venus oder Mars im Zeichen Fische oder ein gespannter Neptun-Aspekt deuten oft auf leicht verführbare Charaktere hin; denn da sie nicht so ganz wissen, was sie tun, werden sie oft in obskure Dinge verwickelt.

Venus im Zeichen Fische verhält sich gerne sehr unverbindlich, wenn es um Emotionen geht. Wenn man versucht, sie bezüglich ihrer wirklichen Emotionen festzulegen, entschwinden sie ins Ungewisse. Man weiß zwar, ob sie einen mögen, aber sie haben Schwierigkeiten, dies mit Worten auszudrücken. Das ist eine mysteriöse, nicht so recht faßbare Geschichte. Im besten Fall, zum Beispiel mit Fische-Sonne, können sie einem Menschen sehr ergeben sein. Das bedeutet nicht immer sexuelle Treue, aber sie verfügen über eine bestimmte verinnerlichte Hingabe, auf die du dich verlassen kannst, wenn die Beziehung in Ordnung ist. Venus steht im Zeichen Fische erhöht, und am positiven Ende der Entwicklungsskala besitzt man eine Art universelles Mitgefühl für alle menschlichen Wesen. Das einzige Problem bei Venus im Zeichen Fische besteht darin, daß die Betreffenden soviel Mitempfinden für die Leiden des jeweils anderen Geschlechts entwickeln, daß sie sich in den Kopf setzen, sie selbst müßten sich um all dieses Leid kümmern.

Venus im Zeichen Fische schwankt zwischen Selbstzentriertheit und Selbstlosigkeit. Manchmal scheinen Menschen mit dieser Stellung so unheimlich gebend und voll Mitempfinden zu sein, und bei anderer Gelegenheit suhlen sie sich in ihrem emotionalen Elend und ihrer Isolierung. Ein Mann mit Venus in den Fischen wird sich natürlicherweise eher von einem Fische-Charakter angezogen fühlen. Er wird wohl nach jemandem suchen, der sehr emotional, sensitiv und hingebungsvoll ist; und dieses mysteriöse Verhalten, daß man oft an Fische-Menschen beobachten kann, wird sein Interesse unbegrenzt wachhalten.

Mars und Widder-Energie

Die Energie von Mars im Widder ist für jeden etwas Grobes an sich. Diese Menschen sind oft sehr direkt und legen ein starkes Konkurrenzverhalten an den Tag. Eine Frau mit Widder-Mars hat nicht nur selbst diese etwas aggressiven Qualitäten, sondern fühlt sich auch von Männern angezogen, die diese Qualitäten verkörpern. Ihr Mars wird durch jemanden mit Widder-Qualitäten aktiviert und darauf spricht sie an. So wünscht sie sich jemanden, der das Abenteuer liebt und verwegen und mutig ist. Aus irgendeinem Grund entsteht bei vielen Frauen mit Mars im Widder dann eine persönliche Beziehung zu Männern in Uniform – Soldaten, Polizisten etc. Ein Widder-Mars im Geburtsbild eines Mannes macht ihn, soweit ich das bisher sehen konnte, zu einem stürmischen Liebhaber, der die Jagd liebt und sich nach der Heirat oftmals langweilt. Doch Langweile ist allgemein ein weitverbreitetes Symptom unserer Zeit.

Mars und Stier-Energie

Männer mit Mars im Stier zeigen ihre Achtung gerne sehr fühlbar. Mars als das männliche Ego versucht sich im Stier häufig dadurch zu beweisen, daß er in der Lage ist, viel zu kaufen, oder daß er sehr gut in der Lage ist, jemanden zu versorgen. Ich kenne eine Menge Männer mit Mars im Stier, die ihre Heirat lange aufschieben, hauptsächlich weil sie das Gefühl haben, dazu noch mehr Geld besitzen zu müssen. Sie würden nie an eine Heirat denken, solange sie noch kein gutes und gesichertes Einkommen haben. Männer mit einem Stier-Mars können sehr bullig, besitzergreifend, eifersüchtig und manchmal auch wirklich grausam sein. Manchmal bekommen sie wie Kinder einen Koller.

Eine Frau mit Mars im Stier will im allgemeinen gerne von einem Mann dominiert werden, obwohl sie selbst einen sehr stark ausgeprägten Willen besitzt. Zudem genießt sie gerne und fühlt sich zu Männern mit Stier-Charakteren hingezogen, die ja wiederum die Rolle des dominierenden Mannes lieben. Für beide Geschlechter bedeutet Stier-Mars eine sexuelle Schwingung und starke sinnliche Triebkräfte, die jedoch normalerweise ziemlich kontrolliert werden.

Mars und Zwillinge-Energie

Ein Mann mit Mars im Zeichen Zwillinge wird, wenn er dich mag, versuchen, dich die ganze Zeit mit seinem Quatschen zu beeindrucken. Er wird versuchen, dir alles Mögliche zu erzählen, um damit zu zeigen, wie toll, smart, lustig und geistreich er ist. Wenn du Venus auch im Zwilling oder den anderen Luftzeichen hast, wird dir das gefallen. Wenn deine Venus oder dein Mars in den Erdzeichen stehen, wirst du ihn für einen völligen Idioten halten. Eine Frau mit einem Mars in Zwillinge wird sich zu einem Mann mit Zwillinge-Charakter hingezogen fühlen, zu jemandem, der clever, geistig beweglich und nicht so festgelegt ist. Mars im Zeichen Zwillinge signifiziert für sich alleine genommen keine besonders starke sexuelle Energie. Dies trifft für beide Geschlechter zu.

Mars und Krebs-Energie

Mars im Krebs bedeutet, wie ich schon kurz erwähnte, sehr starke sexuelle Energie, mit einer starken sexuellen Ausstrahlung. Die meisten Bücher schreiben dem Krebs nur mütterliche Eigenschaften zu. Menschen mit Mars im Krebs sehnen sich danach, vom anderen gewollt zu werden. Sie möchten wirklich gebraucht und gewollt werden. Männer mit einem Mars im Krebs sind im allgemeinen beschützend und besitzen ein ziemlich großes Verständnis und Einfühlungsvermögen für Frauen. In einem ähnlichen Workshop wie diesem erzählte eine Frau, daß der beste Liebhaber, den sie jemals gehabt hatte, seinen Mars im Krebs hatte. Er sei sehr verständnisvoll und sanft gewesen. Frauen mit Mars im Krebs fühlen sich zu Männern hingezogen, die die Charakteristika von Krebs verkörpern, wie beispielsweise den starken Wunsch nach Sicherheit und Schutz, und einen Hang zum Häuslichen haben.

Mars im Krebs ist eine ziemlich komplexe Angelegenheit, denn Mars zeigt ja eigentlich, was du willst; Krebs ist jedoch seiner Natur nach ziemlich unbewußt. Menschen mit dieser Mars-Stellung machen noch mehr als bei Mars im Skorpion oder in den Fischen den Eindruck, als wüßten sie nicht so richtig, was sie tun und was sie wollen. Es existiert ein sehr starker sexueller Trieb, häufig verbunden mit schnellen sexuellen Reaktionen, die jedoch in Beziehungen zu Männern etwas archetypisch Weibliches an sich haben. Frauen mit Mars im Krebs können sich emotional und physisch sehr gut auf Männer einstellen. Sie mögen das Gefühl völliger Sicherheit, wenn es um Sexualität geht. Sexualität kann für sie kein Spiel sein, es muß emotional immer sehr tiefgehen.

Mars und Löwe-Energie

Auch Mars im Löwen besitzt eine recht starke, kontinuierliche sexuelle Ausstrahlung. Ein Mann mit Mars im Löwen versucht, andere mit einer gewissen Großzügigkeit und einem dramatischen Flair zu beeindrucken. Dabei überzieht er manchmal und demonstriert dann einen Drang ins Luxuriöse, verschenkt Schmuck und sonstige teure Sachen. Das hängt davon ab, wie sehr er den anderen begehrt. Menschen dieser Konstellation sind dabei im allgemeinen sehr wahrhaftig und erwarten auch vom anderen viel Ehrlichkeit. Mars im Löwen deutet ein sehr hitziges Temperament an, mindestens so feurig wie Widder.

Widder ist dabei in den meisten Fällen eher harmlos, denn diese Menschen lassen nur Dampf ab, und dann ist es aber auch vorbei. Wenn dagegen Mars im Löwen explodiert, dann kann er wirklich sehr verärgert sein.

Frauen mit einem Löwe-Mars lieben es, im Ruhm des Mannes zu erstrahlen. Auch sind sie immer sehr stolz auf den Mann, mit dem sie gerade zusammen sind. Sie fühlen sich sehr angezogen von jemandem, der demonstrativ und warm ist. Er sollte viele Löwe-Charakterzüge aufweisen und über den ›Geringfügigkeiten des Lebens‹ stehen. Wenn du dich beispielsweise einer Frau mit einem Löwe-Mars näherst wie eine Jungfrau, kleinlich und gründlich, dann wird sie das sehr schnell leid sein. Demütigungen kann sie in keiner Weise ertragen.

Mars und Jungfrau-Energie

Mars in der Jungfrau zeigt oftmals sehr außergewöhnliche Leistungen, wenn es um Liebe zum Detail geht, wie beispielsweise beim Kunsthandwerk. Jungfrau war immer schon bekannt als ein sehr analytisches Zeichen. Bedeutet nun eine Jungfrau-Mars im Geburtsbild einer Frau, daß sie Männer und Sex analysiert? In einem Workshop erzählte eine Frau mit Jungfrau-Mars folgendes: »Ich habe so eine kleine Punktetabelle in meinem Kopf, die von 1 bis 10 geht.« In ihrem Umgang mit Männern, und sie hatte einige, legte sie dann immer ihre Tabelle an, um die Männer einzuordnen. Das ist Mars in Jungfrau, sehr sehr analytisch und manchmal sehr kritisch. Oft werden sie deine Art der Sexualität bewerten und dir dann erzählen, was du genau getan hast. Mars in der Jungfrau ist keine besonders sexuelle Erscheinung, wenn man überhaupt von Sexualität sprechen kann. Ich hatte einmal eine Beratung mit einem Mann, der Mars/Jupiter-Konjunktion in Jungfrau hat, und der ein ziemlich unfreies Leben führte. Ich sagte damals: »Es würde mich interessieren, ob Jupiter sich mit der etwas gemäßigten physischen Energie abfindet, die Mars in der Jungfrau haben sollte.«

Doch scheinbar hatte er auch mit dieser Konjunktion von Jupiter und Mars nicht allzuviel sexuelle Energie, denn seine Frau erzählte mir im Vertrauen, daß es seine heimliche Sorge sei, vielleicht homosexuell zu sein, da er so wenig sexuellen Antrieb habe.

Für Mars in Jungfrau ist dies jedoch eigentlich normal, und deshalb sollte ihn das überhaupt nicht beunruhigen. Doch unsere gesamte Kultur und besonders Männer neigen dazu, diese Dinge – was die Quantität angeht – überzubewerten. So verfing er sich im Anspruch an Männlichkeit und machte sich eine Menge Probleme.

Mars und Waage-Energie

Mars in der Waage ist nicht besonders leidenschaftlich. Kommunikation, verbales Geschick und ein sehr verfeinerter sexueller Ausdruck spielen eine große Rolle. Es gibt ja alle möglichen Bücher auf dem Markt, die dir die verschiedenen Beischlafpositionen nahebringen wollen. Mars in Waage jedoch will davon oft überhaupt nichts probieren und bleibt beim Traditionellen.

Ich weiß dies von einer ganzen Anzahl von Menschen, die Mars in der Waage haben. Das beste Beispiel ist ein Mann mit Skorpionaszendent in Konjunktion mit seiner Sonne und einem Waage-Mars. Er lebt in Los Angeles und hat dort echte Probleme. Er sagt: »Ich fühle mich immer zu all diesen Frauen hingezogen, doch die stehen auf all diese verrückten Sachen.« Er ist wirklich direkt, wenn es zum Sex kommt, doch er ist dabei auch sehr verfeinert und traditionell. Mit seiner ganzen Skorpionenergie zieht er aber diese skorpionischen Menschen an, die auf die ausgefallensten Positionen abfahren. Damit kann sein Waage-Mars dann wiederum nicht richtig umgehen. Menschen mit Mars in der Waage bevorzugen einen sehr persönlichen und romantischen sexuellen Austausch, der sogar etwas förmlich und höflich sein soll.

Mars und Skorpion-Energie

Alle Menschen mit Mars im Skorpion haben ein starkes sexuelles Verlangen. Dies ist nicht nur auf der physischen Ebene der Fall, sondern auch eine sehr emotionale Angelegenheit. Es besteht ein Bedürfnis, emotionale Nähe und Leidenschaft gemeinsam mit jemandem zu erleben und dies auch sexuell auszudrücken. Sex ist dabei die äußere Form für das Erlebnis von Nähe und Leidenschaft. Ein Mann mit Mars im Skorpion ist zumeist sehr leidenschaftlich und irgendwie von magnetischer Ausstrahlung. Einige Menschen mit Mars im Skorpion sind dabei charismatisch, wobei dies bei jedem Planeten im Skorpion der Fall sein kann. Sie haben ein spezielles Energiefeld um sich. Das beste Beispiel ist Robert Kennedy, dessen Sonne und Mars im Skorpion standen. Ich habe ihn einmal persönlich erlebt, und seine energetische Ausstrahlung war geradezu unglaublich. Er hatte eine enorme Aura. Skorpion im allgemeinen und Mars im besonderen fordern starke Reaktionen von anderen geradezu heraus, da die eigene Ausstrahlung so stark ist. Diese Menschen wirken auf den einen so schnell abstoßend, wie sie auf den anderen sofort anziehend wirken. Eine Frau nannte Mars in Skorpion einmal ›eine von sich selbst überzeugte Seele‹. Ich halte dies für eine sehr zutreffende Beschreibung. Diese Menschen wollen nicht von anderen verändert werden und werden dies niemals zulassen. Sie können im Laufe der Zeit vielleicht etwas gezähmt werden oder sich selbst verändern und wachsen, doch sie werden nie erlauben, daß jemand anderes sie manipuliert. Allerdings müssen sie es erst merken... Sie sind sehr ungeduldig und können auch sehr eifersüchtig sein. Eine Frau mit einem Skorpion-Mars fühlt sich zu jemandem hingezogen, der ziemlich leidenschaftlich ist und etwas Eifersucht auch als ein Zeichen von Zuneigung verstehen kann. Diese Menschen können sich leidenschaftlich verlieben und sehr körperlich sein. Manchmal haben sie dieses Magnetische, über das wir gesprochen haben, doch immer strahlen sie große Willensstärke aus. Ich weiß nicht, ob es zutrifft, aber ein Autor behauptet, daß Frauen mit einem Skorpion-Mars nicht wirklich sehr unabhängig sein wollen. Sie bräuchten das Gefühl, von jemandem gebraucht zu werden, doch dies trifft wohl auf sehr viele Menschen zu.

Mars und Schütze-Energie

Männer mit einem Schütze-Mars lieben philosophisch. Wenn sie versuchen, dich zu beeindrucken, versuchen sie es mit ihrer Ehrlichkeit, mit ihrer Zukunftssehnsucht, ihrem Idealismus oder indem sie dich zu ihren Unternehmungen, Späßen und Spielen mitnehmen. Einen Mangel an Wahrhaftigkeit können sie nicht ertragen. Sie werden immer wieder versuchen, ihre Partner zu Charaktermodifikationen anzuregen. Männer und Frauen mit Mars im Schützen sind bezüglich Sexualität ziemlich ungeschliffen und realistisch. Sie denken darüber nach, und wenn sie zu dem Entschluß kommen, sich weiter einzulassen, setzen sie es dann sehr direkt um. Selbstverständlich ist dazu ein bestimmter ethischer und moralischer Standard für sie erforderlich. Alle Feuerzeichen haben die Tendenz, ziemlich moralisch zu sein. Zumindest sind ihre jeweiligen moralischen Vorstellungen fest definiert. Die Luftzeichen dagegen sind Genies im Rationalisieren. Mars im Schützen zeigt bei einer Frau, daß sie sich zu jemandem hingezogen fühlt, der diese Schütze-Qualitäten verkörpert. Sie fordert von einem Partner hohe moralische Wertvorstellungen, andernfalls ist sie nicht in der Lage, ihn zu respektieren, wenn er ihre Ideale von Ehrlichkeit und Moral nicht zu erfüllen vermag. Sie fühlt sich auch zu jemandem hingezogen, der ihr etwas beibringen kann, der ihr als ein moralischer oder spiritueller Führer dienen kann, einfach zu jemandem, der ihr hilft, sich weiter zu entwickeln und zu verbessern.

Mars und Steinbock-Energie

Mars im Steinbock ist stark sexueller Natur, doch hat er sich ständig so unter Kontrolle, daß du dies nie erraten würdest, bis du mit solchen Menschen intimen Kontakt gehabt hast. Für den Steinbock ist Kontrolle eine ganz wichtige Sache. Bei Mars im Steinbock wird das jetzt zur Kontrolle sexueller Energie, wozu diese Menschen wirklich in erstaunlicher Weise fähig sind. Ich habe Menschen mit einem Steinbock-Mars kennengelernt, die viele Jahre lang im Zölibat gelebt haben. Zu anderen Zeiten waren diese Menschen in höchstem Maße sexuell aktiv.

Männer mit Mars im Steinbock sind sehr vorsichtig beim Behaupten ihrer selbst. Mars – Selbstbehauptung, Steinbock – Vorsicht. So wird er sich selbst nie *zu* stark oder *zu* sexuell einbringen, bis er genau weiß, daß es sicher ist. Er will keine Zurückweisung einstecken und haßt die Vorstellung, sich der Lächerlichkeit preiszugeben. Mars in Steinbock versucht sich oft mit dem anzupreisen, was er in der Lage ist zu verschaffen, insbesondere auf der materiellen Ebene. Es ist sehr schwierig für diese Menschen, ihre Zuneigung auszudrücken und die sexuelle Energie in Fluß zu bringen. Doch wenn dies möglich ist, wird es kaum langweilig werden, es ist dann sehr, sehr ›erdig‹.

Auch bei Frauen mit Mars im Steinbock sind oft starke sexuelle Energien anzutreffen. Sie sind oft sehr starke, entschlossene und fähige Persönlichkeiten. Mars zeigt auch hier den Typ von Mann, zu dem sie sich hingezogen fühlen, zu jemandem mit einem Steinbock-Charakter. Sie würden sich von jemandem, der sehr seriös, einzelgängerisch und unergründlich ist, verführen lassen.

Mars und Wassermann-Energie

Menschen mit Mars im Wassermann haben zur Sexualität oft ultramoderne und experimentierfreudige Einstellungen. Gewöhnlich sind sie sehr offen und unkonventionell, doch haben sie für ihr Verhalten keinen besonders starken sexuellen Antrieb. Ihr Interesse kommt oft aus einer Neugier oder um etwas zu erforschen. Männer mit einem Wassermann-Mars lieben intellektuelle Aktivität, und wenn sie versuchen, dich zu beeindrucken, werden sie mit einem intellektuellen Paukenschlag beginnen, um ihre Intelligenz zu beweisen. Mit einem Wassermann-Mars sind die sexuellen Gewohnheiten unvorhersehbar. Gewöhnlich lieben sie das Experiment und werden besonders durch das Ungewöhnliche verführt.

Für eine Frau bedeutet diese Mars-Stellung, daß sie sich zu jemandem mit Wassermann-Qualitäten hingezogen fühlt. Sie ist ›treu, doch dabei nicht starr oder streng‹, wie es ein anderer Autor ausgedrückt hat. Ich glaube, daß dies gut getroffen ist.

Mars und Fische-Energie

Menschen mit Mars in den Fischen lieben besondere Sinneseindrücke. Es ist schwer in Worte zu fassen, nach was sie sich sehnen. Für die Sexualität bevorzugen sie häufig ein Aphrodisiakum, wie beispielsweise Marihuana. Auf jeden Fall hegen sie eine Vorliebe für besondere sinnliche Erfahrungen. Sie entwickeln einen beachtlichen Drang zu entfliehen. Liebe und Sex sind für sie häufig ein angenehmer Weg, sich dieser Sinneserfahrung zu öffnen. Selbstverständlich kann dieser Drang zu entfliehen auch als spirituelles Bestreben zum Ausdruck kommen. Oftmals fühlen sie sich aber auch von geheimen Beziehungen und Liebesaffären, von einer Beziehung im Verborgenen, angezogen. Venus im Zeichen Fische und Venus oder Mars im zwölften Haus, dem Fische-Haus, haben einen ähnlichen Hang. Mars in den Fischen symbolisiert eine sehr phantasiereiche Persönlichkeit mit einer stark ausgeprägten psychischen Sensitivität. Du wirst oft Männer mit einem Fische-Mars finden, die in der Lage sind, eine bestimmte Weichheit und Sensibilität auf eine sehr energiereiche und behauptende Art zum Ausdruck zu bringen. Ein Fische-Mars im Geburtsbild einer Frau ist wieder ein Hinweis, daß sie sich zu Männern mit dominanten Fische-Qualitäten hingezogen fühlt. Diese können sich entweder auf eine spirituelle Art äußern oder auch als weich und hilfebedürftig, musikalisch oder artistisch. Vielleicht ist es auch ein etwas verrückter, abgefahrener, verwirrter und träumerischer Phantast...

Alle Menschen mit Mars in den Fischen haben die Tendenz, sehr romantisch und in Phantasiegebilde verstrickt zu sein. Das kann sogar so weit gehen, daß sie in einer Traumwelt leben oder dies zu anderen Zeiten durch ein artistisches oder literarisches Talent zum Ausdruck bringen, das seinen Ursprung in den Aktivitäten ihrer Phantasie hat.

Techniken des astrologischen Partnervergleichs

Was ich beim Partnervergleich betonen möchte, sind zwei Dinge: Zum einen müssen die Aspekte zwischen den beiden Geburtsbildern betrachtet werden. Dies ist die traditionelle Methode. Das ist besonders dann notwendig, wenn sie eng sind.

Unter eng verstehe ich in diesem Falle einen Orbis von höchstens vier Grad, wenn mindestens ein persönlicher Planet (Sonne, Mond, Merkur, Venus oder Mars oder der Aszendent) davon betroffen ist.*

Je enger der Aspekt zwischen zwei Planeten der Geburtsbilder zweier Menschen ist, desto stärker wirkt er, und alle Aspekte unter vier Grad Orbis sind hier wichtig.

Im Zusammenhang damit möchte ich im Laufe des Tages zudem noch auf ein allgemeineres Thema zu sprechen kommen:

Den Gebrauch der Elemente, um dadurch eine Vorstellung und ein Gespür für die Mischung von Energien zu vermitteln, mit denen die beiden Menschen sich gegenseitig erfahren. (Arbeitspapiere werden ausgeteilt – vgl. Teil 2 der Arbeitspapiere.)

---

* Mit dieser Feststellung will ich betonen, daß diese engen Aspekte, an denen mindestens ein persönlicher Planet oder der Aszendent einer Person beteiligt ist, als besonders wichtig erachtet werden sollen. Die engen Aspekte zwischen den fünf äußeren Planeten sind für sich selbst genommen nur dann von besonderer Bedeutung, wenn sie einen Planeten betreffen, der der Geburtsherrscher eines Geburtsbildes oder auf eine andere Art von ganz besonderem persönlichen Einfluß ist.

Worauf achtest du zuerst, wenn du einen astrologischen Partnervergleich machst? Man könnte sagen, daß du zwei ›Landkarten‹ von zwei menschlichen Energiefeldern vor dir liegen hast und nun versuchst zu analysieren, wie sich die beiden gegenseitig beeinflussen. Dabei solltet ihr sehr sorgfältig sein und nicht, wie viele andere Astrologen, allein die Aspekte beachten. Wenn ihr nur die engen Aspekte heranzieht, werdet ihr eine ganze Menge nicht erfassen können, wenn ihr die Elemente nicht beachtet. Ähnlich gibt es auch Astrologen, die es gerade andersherum machen, was eine genauso wenig verläßliche und unvollständige Methode ist. Einige Leute sagen nur: »Oh, paßt deine Sonne zu meiner?« und meinen damit, daß sich Luft mit Feuer bzw. Erde mit Wasser verträgt. »Verträgt sich dein Mond mit Soundsos Mond, Merkur mit Merkur, Venus mit Venus usw.« Dies ist ein wichtiger Schritt, doch wenn du nur das betrachtest, wirst du in vielen Fällen falsch liegen, da eine Vielzahl von Aspekten zwischen den Planeten die Beziehung doch sehr schwierig gestalten kann, auch wenn Sonnen und Monde usw. sich in Harmonie befinden. Alles kann sich in zueinanderpassenden Elementen befinden, wenn du nur jeweils die beiden persönlichen Planeten miteinander vergleichst. Jedoch mußt du jeden nur möglichen Aspekt betrachten, dann kann es ganz anders aussehen.

Als ein Beispiel habe ich oft die Geburtsbilder eines mir bekannten Ehepaares verwendet. Sie haben den Aszendenten im selben Zeichen, ihre Sonnen stehen im Sextil, die beiden Monde sind harmonisch zueinander, Merkur steht bei beiden im selben Zeichen, die Venus ebenfalls, und Mars steht im Sextil zum Mars des Partners. Alle persönlichen Planeten und ihre Aszendenten standen zueinander verträglich, doch ihre Ehe war ein Desaster. Wenn du die engen Aspekte der beiden Geburtsbilder untereinander vergleichst, kannst du auch erkennen, wieso. Einmal gab es ein Quadrat zwischen Venus und Saturn und im anderen Vergleich eine Opposition dieser beiden Planeten. Ich will damit nicht sagen, daß jedes Paar mit einem Quadrat zwischen der Venus des einen mit dem Saturn des anderen Probleme haben wird und eine zerbrochene Ehe erleben muß. Diese beiden Menschen haben jedoch eine Opposition und ein Quadrat zwischen Venus und Saturn, was eine – wie ich es nenne – ›Doppelbetonung‹ (double-whammy) ist. Wenn dasselbe zweimal auftaucht, sei es in einem Geburtsbild oder einem Partnervergleich, ist dies immer ein sehr machtvolles Thema für die Person oder für die Beziehung. Darauf sollte immer besonders geachtet werden. Zudem hat dieses Paar noch eine Sonne-Uranus-Opposition und ein Quadrat dieser beiden Planeten zwischen ihren Geburtsbildern. Dies ist eine andere Doppelbetonung, die immer anzeigt, daß die Beziehung ›irgendwo in der Luft‹ schwebt.

Mit einem dieser Aspekte kann man manchmal noch gut leben, doch mit zweien erscheint es sehr zweifelhaft, ob diese Menschen auf längere Zeit zusammenbleiben, weil sie sich nicht im geringsten aufeinander verlassen können. Sie haben die Tendenz, dem anderen gegenüber ziemlich unzuverlässig zu sein.

Ich fange immer erst dann mit dem Partnervergleich an, wenn ich mich mit den einzelnen Geburtsbildern beschäftigt habe. Darauf habe ich im ersten Workshop besonderen Wert gelegt, denn manchmal muß ich in der Beratung sagen:

»Für dich ist eine enge persönliche Beziehung immer problematisch, ganz egal zu wem. Zu allererst mußt du an dir selbst arbeiten!« Anders ausgedrückt: Bist du in der Lage, die Situation für dich vorteilhaft zu nutzen, wenn du einen Menschen treffen würdest, dessen Geburtsbild mit dem deinen verträglich ist? Vielfach ist es dieser Mensch dann nicht. Verträglichkeit ist zudem sehr stark eine Sache der Einschätzung. Du mußt die individuelle Natur dieses Menschen, wie sie sich im Geburtsbild zeigt, wirklich verstehen, um ein Gefühl dafür zu bekommen, was für diesen Menschen ›Verträglichkeit‹ bedeutet. Die ganzen alten Astrologiebücher haben die Tendenz, Spannungsaspekte und alle

Unterschiedlichkeiten als ›schlecht‹ anzusehen. »Quadrate sind schlecht, Oppositionen sind schlecht.« Beim Partnervergleich, das ist richtig, sind Oppositionen und insbesondere Quadrate in der Regel meist problematisch. Gibt es jedoch keine solchen Spannungsaspekte, ist die Beziehung häufig stumpf und wirklich langweilig. Deshalb ist es mitunter sehr positiv, wenn beim Partnervergleich ein paar dieser Aspekte auftreten.

Wenn allerdings etwa 60–70% aller Aspekte solche Spannungsaspekte sind, ist es fraglich, ob die Beziehung für beide überhaupt noch Vergnügen beinhaltet. Das ist eben eine Frage der Beurteilung. Damit meine ich, daß einige Menschen Anregung mögen; einige mögen es etwas kämpferisch, und andere bevorzugen Herausforderungen. Ein starker Widder- oder Skorpion-Charakter wird vor Langeweile in einer Beziehung sterben, wenn er nicht ab und zu kämpfen oder zumindest den anderen anschreien oder etwas anderes leidenschaftlich Energisches machen kann. Ähnlich verabscheut ein Schütze-Typus die trockene Routine. Die Venuszeichen, ein typischer Stier- oder Waage-Mensch beispielsweise, wird sich durch Spannungsaspekte wahrscheinlich offensichtlicher belästigt fühlen, da er einen leichten, bequemen und harmonischen Modus bevorzugt. Einige Menschen können mit Streß einfach besser umgehen. Andere sind sehr viel aufgeschlossener. So sind beispielsweise Zwillinge aufgeschlossen und neugierig, andere Menschen kennenzulernen, die sich von ihnen selbst sehr unterscheiden. Wieder andere vertragen sich besser mit Menschen, die ihnen ähnlich sind. Doch ich glaube, daß Zwillinge und die anderen labilen Zeichen Verschiedenartigkeit bevorzugen und sich oft hervorragend mit Menschen vertragen, die ganz anders sind als sie selbst. Es benötigt ziemlich viel Einsicht und Verständnis für die Bedeutung der labilen Zeichen, um Beziehungen zu analysieren, die gut zu ihnen passen. Der astrologische Partnervergleich, wie auch jede andere Methode der Astrologie, beinhaltet die Gefahr, in ein rigides Denken und ein starres Schema menschliche Beziehungen betreffend zu geraten.

Dies betrifft nicht nur dein eigenes Leben, sondern auch das anderer Menschen, und du beginnst Dinge zu sagen, die nicht den Tatsachen entsprechen.

In den vielen hundert Partnerschaftsberatungen, die ich bisher gemacht habe, erlebte ich nur wenige Fälle, wo beide wirklich glücklich miteinander waren. Solche Beziehungen sind sehr selten im Leben. Ich werde im weiteren über Beziehungen zwischen Mann und Frau sprechen.

Die Methode des Partnervergleichs ist zwar auf alle Arten von Beziehungen anwendbar, jedoch erweist sie sich für die Eltern-Kind-Beziehung am wertvollsten. Manchmal habe ich Partnerschaftsvergleiche von Eltern mit ihren Kindern gemacht, und dies war eine wirkliche Offenbarung.

Du wirst dabei immer etwas über das Maß herausfinden, in dem sich die beiden Menschen lieben. So ist es dann möglich, daß die Eltern sich schon darauf einstellen und anpassen können, solange das Kind noch jung ist.

Ich glaube, ich habe noch keinen Fall gesehen, wo die Partner die Beziehung als angenehm empfunden haben und mit ihr zufrieden waren, wenn die Mehrzahl der Aspekte sehr gespannt waren. Das habe ich noch nie erlebt. Ich sollte jedoch auch betonen, daß ein paar Spannungsaspekte keineswegs schlimm sind, da es – um es nur einmal statistisch zu betrachten – eine Unzahl von Möglichkeiten gibt, wenn man die zehn Planeten und die Aszendenten miteinander kombiniert. Die Wahrscheinlichkeit, daß einige Spannungsaspekte dabei sind, beträgt gut über 90%. In der Realität ist etwas Streß und Herausforderung zu begrüßen, da die Beziehung sonst möglicherweise tödlich langweilig werden kann. Ich betone immer, daß sowohl die engsten Aspekte als auch die Elemente betrachtet werden müssen. Du mußt das betrachten, was in den Geburtsbildern vorhanden ist. Das ist wahrscheinlich eine der besten Regeln astrologischer Interpretation, sei es beim Partnerschaftsvergleich oder bei einem

Geburtsbild: Beunruhige dich nicht über das, was *nicht* vorhanden ist. Rege dich nicht über leere Häuser und unbesetzte Zeichen auf. Schau das an, was wirklich da ist. In welchen Zeichen und Häusern stehen die Planeten? Und bezogen auf die Elemente: Kann der Betreffende zum anderen eine Beziehung auf allen vier Ebenen der Elemente haben?

Wie ›ernähre‹ ich mein Energiefeld

Die Grundlage meiner Philosophie zum Partnerschaftsvergleich ist die Ansicht, daß menschliche Wesen aus funktionierenden, aktiven Energiefeldern bestehen. Wir sind aus vielen gleichzeitig wirksamen Energiefeldern zusammengesetzt, die vielfältig miteinander verkoppelt sind. Jeder von euch, der ›BORN TO HEAL‹ von Ruth Montgomery gelesen hat, hat über diese Energiefelder doch die eine oder andere Einsicht gewonnen. Dies ist eines der besten Bücher, um Menschen nicht nur mit der Tatsache vertraut zu machen, daß alle Individuen aus diesen dynamischen Energien aufgebaut sind, sondern auch, daß diese Energiefelder sowohl durch verschiedene Heilmethoden als auch durch Beziehungen aktiviert werden können.

Dieser ›Herr A.‹, der in diesem Buch erwähnt wird, spricht darüber, wie Menschen sich gegenseitig ›nähren‹. Er spricht ausdrücklich von einem Hunger des Nervensystems oder einem Hunger deines Energiefeldes. Jeder muß sich auf allen Ebenen der Luft, des Wassers, der Erde und des Feuers selbst ernähren. Ein Weg, dies zu versuchen, ist eine enge zwischenmenschliche Beziehung.

Dies wird schon aus den astrologischen Grundstrukturen heraus verständlich, denn das erste Haus, das dein Selbst und deine Individualität symbolisiert, steht immer in Opposition zum siebenten Haus, das deine Beziehungen zu einem anderen Menschen, diesen dynamischen Austausch, beschreibt. Deshalb ist diese Art der ›Ernährung‹ für jeden

Menschen notwendig, selbst wenn er an der Oberfläche sehr kühl erscheint. Diese ›kühlen‹ Menschen werden leicht einsam, und Einsamkeit ist wohl eines der größten menschlichen Probleme in einer urbanen Zivilisation, wo jeder von Menschen umgeben ist, die zu niemandem eine Beziehung haben.

Was bedeutet nun diese ›Ernährung‹? Wenn jemand mein Buch über die vier Elemente gelesen hat, wird er über die Elemente bereits etwas wissen. Beispielsweise mußt du deinen Verstand (Luft) füttern, und zwar besonders dann, wenn du eine sehr luftige Persönlichkeit bist; du mußt deine intellektuelle Natur befriedigen.

Wenn du sehr viel Luft hast in deinem Geburtsbild, brauchst du in deinen Beziehungen ständig eine intellektuelle Auseinandersetzung, einen Kommunikationsfluß mit dem Partner, sonst wird er anfangen, dich zu langweilen. Die Luftzeichen sind leichtsinnig und flüchtig in ihrem Wesen, und deshalb wird es ihnen sehr schnell langweilig.

Dies gilt für alle, auch für Waage; bei Wassermann und Zwillingen passiert das extrem schnell. Sie sehnen sich nach Erregung und neuen Eindrücken. Wenn du nun in deinem Geburtsbild viel Luft hast und zu jemandem mit wenig Luft in Beziehung stehst, wirst du immer denken: »Oh, Mann, ist der langsam!« Derjenige hat dann nicht diese intellektuelle Geschwindigkeit, die für dich interessant ist.

Wenn du in deinem Geburtsbild sehr viel Feuer hast, was brauchst du dann vom anderen? Er soll dir eine ganze Menge Energie geben können. Er sollte für dich ziemlich belebend und energetisch sein, aber auch Ausdauer und Initiative zeigen. Das allerletzte, was du dir als sehr feurige und dynamische Persönlichkeit als Partner vorstellst, ist ein träger und fauler Mensch. So ein Verhalten zieht dich immer herunter und stört dich in deinem Lebensstil und Selbstausdruck. Damit meine ich nicht, daß es keine Möglichkeiten zur Kompensation gibt, sowohl im individuellen Geburtsbild wie auch beim Partnervergleich. Viele, viele Menschen fühlen sich gerade zu dem hingezogen, was ihnen selbst etwas abgeht. Das ist jedoch auch immer eine etwas fragwürdige Angelegenheit. In einigen Fällen scheint es hervorragend zu funktionieren, und zwar dann, wenn beide Partner sehr aufgeschlossen und freimütig sind und sich deshalb gut auf den anderen einstellen können. Wenn du beispielsweise sehr viel Wasser in deinem Geburtsbild hast und zu einem Menschen, der gar kein Wasser hat, in Beziehung trittst, wird das wahrscheinlich nur gelingen, wenn derjenige sehr viel Erde aufweist. Zwischen diesen beiden Elementen gibt es die Möglichkeit der Verschmelzung. Hast du jedoch weder Wasser noch Erde, dann wird die Beziehung zu diesem Menschen, der hauptsächlich aus Wasser oder Erde besteht, wahrscheinlich doch recht problematisch, da es zu wenig zueinander paßt.

Dies sind jedoch nur allgemeine Prinzipien, die mit dem spezifischen Geburtsbild verglichen werden müssen. Dies ist immer sehr viel schwieriger, und deshalb ist Vorsicht immer notwendig.

Nach meinen bisherigen Erfahrungen fühlen sich Menschen zu dem, was ihnen selbst fehlt, auf eine von zwei Arten hingezogen. Entweder sind sie ziemlich jung und in Beziehungen recht unerfahren, dann fühlen sie sich unbewußt zu den Menschen hingezogen, die dem Ausdruck verleihen können, was ihnen selbst abgeht. Jedoch sind diese Beziehungen oft nur Möglichkeiten, um zu lernen, und wenn du das, was du mit diesen Menschen erfahren solltest, gelernt hast, sterben die Beziehungen.

Die andere Art ist dann möglich, wenn die Betreffenden in fortgeschrittenem Alter bereits einige Beziehungen hinter sich haben. Sie sind dann objektiver. Zumindest sollte man dies hoffen. Wie dies auch unser ›alter Saturn‹ von uns immer wieder fordert, indem er uns auf Verhaftungen aufmerksam macht, damit wir uns von ihnen lösen können.

In diesem Falle kannst du bei anderen Menschen auch die Qualitäten schätzen, die du in jüngeren Jahren abgelehnt hast, weil du nicht so objektiv sein konntest und meintest, dich davor schützen zu müssen. Jedoch ist auch das keine Definition von ›Verträglichkeit‹. Nur weil du heute in der Lage bist, die Qualitäten eines anderen Menschen zu bewundern, heißt das noch lange nicht, daß du mit ihm zusammenleben oder eine enge Beziehung zu ihm haben könntest. Ich wiederhole es noch einmal: Das individuelle Geburtsbild bedarf größter Aufmerksamkeit.

Wenn du ein sehr praktisch veranlagter Mensch bist, vielleicht viel Erde hast, und die äußeren Lebensbedingungen für dich eine große Rolle spielen, Intimität und Vertrautheit selbst also weniger wichtig und mehr eine Frage der Bequemlichkeit sind, dann kannst du mit jemandem auch dann zusammenleben, wenn Vertrautheit und Intimität keine große Rolle spielen. Hast du jedoch das Verlangen nach intensiver Nähe (bei viel Wasser im Geburtsbild), gibt es dafür keinen Ersatz. Du brauchst diese Art der Nähe, und deine Beziehung muß deshalb sehr tiefgehend, sehr vertraut und zueinander passend sein, damit du dich zufrieden fühlen kannst.

Wenn du beispielsweise eine Waage-Betonung hast, dann brauchst du eine enge Beziehung, die sehr viel Kommunikation mit einschließt, andernfalls wird es dir langweilig. Die Wassermann-Energie ist sehr unbeschwert und in vielen Fällen reichlich kühl. Sie ist jedoch, wie auch die Steinbock-Energie, in der Lage, mit bestimmten Beziehungen, Ehen oder Geschäftspartnerschaften umzugehen, die eigentlich nicht so sehr zu ihr passen. Auch bei Schwierigkeiten auf der Kommunikationsebene können solche Menschen oft damit umgehen; sie können sich darüber erheben und sich davon lösen.

Wenn du eine Menge Wasser hast, was brauchst du also, um dich selbst, um dein Energiefeld zu ›nähren‹, damit deine Gefühle keinen ›Hunger‹ leiden? Zuallererst brauchst du Gefühl. Du brauchst in deinem Leben intensive Gefühlserfahrungen und Verbundenheit. Das brauchst du auch in deinen Beziehungen. Deshalb stellt sich die Frage, ob der Partner mit deinen Gefühlen umgehen kann. Letzten Sommer lernte ich einen interessanten Fall kennen: Jemand mit sehr viel Wasser fühlte sich ganz stark mit jemandem verbunden, dessen Horoskop sehr viel Erde aufwies. Dieser sehr erdbetonte Mensch hatte überhaupt kein Wasser und war eine eher kalte, nicht sehr sensible und auf keinen Fall überschwengliche Persönlichkeit. Sie hatte Sonne im Steinbock und den Mond im Stier und war daher recht erdbetont. Erde ist für Wasser wie ein Behälter, und deshalb hatte jener sehr wasserbetonte Mensch das Gefühl, daß er all seine Gefühle bei dieser Frau abladen könne. Die Frau wirkte deshalb auf ihn sehr stabilisierend. Sie selbst akzeptierte seine Gefühle einfach, ohne darauf wie die Wasserzeichen zu reagieren, die sehr mitfühlend sind in der Art wie »Oh, mein armer Liebling« oder so ähnlich. Sie dagegen hat einfach alles angenommen und verstanden, als sei es ein Bericht. Das war eine wichtige Erfahrung für mich. Sie hatte kein Wasser, er dagegen jede Menge, aber dafür keine Erde. Jeder hatte genau das, was dem anderen fehlte. Da Erde und Wasser jedoch zueinander passende Elemente sind, war es für die beiden möglich, auf einer zueinander passenden Ebene zu verschmelzen. Ich weiß nicht, wie die Beziehung zwischen diesen beiden Menschen längerfristig weitergehen wird, das werde ich erst noch erfahren, denn die beiden haben gerade erst angefangen, gemeinsam zu leben. Wie ihr seht, ist Erde ein Gefäß für Wasser; ohne Erde, die ja eine greifbare Form schafft, ist Wasser völlig formlos und fließt überallhin. Es ist wie ein kosmischer Fische-Archetyp, überallhin schwappend. Erde ist formgebend.

Was suchen die Erdzeichen in ihren Beziehungen? Das ist eine gute Frage, und ich weiß nicht, ob ich sie wirklich beantworten kann. Wahrscheinlich wollen sie von jedem etwas. Sicherheit ist jedoch ein Aspekt, der sie auf jeden Fall motiviert. Sie brauchen in ihren Beziehungen immer eine Art Sicherheit und Stabilität. Es sollte hier noch erwähnt werden, daß Feuer, Wasser und Luft die drei dynamischen Elemente sind. Erde selbst ist nicht dynamisch. Dies ist bis jetzt, soweit ich weiß, noch in keinem astrologischen Buch erwähnt worden.

Deshalb ist es notwendig, bei Geburtsbildern mit einer besonders starken Erdbetonung, insbesondere bei Sonne in einem der Erdzeichen, dem Rest noch mehr Aufmerksamkeit als üblich zu schenken, um herauszufinden, welche anderen Energien das Verhalten aktivieren... Erde produziert die trägste Form von Energie. Wenn du mit der Therapieform von Polarity* vertraut bist, kannst du sehen, wie dynamisch die Energien von Wasser, Feuer und Luft arbeiten. Die Erdenergien dagegen kannst du weder beobachten noch fühlen, außer in einer Art ›grounding‹. Ich bekam einmal eine Polarity-Behandlung von jemandem mit Sonne im Steinbock. Er hat viel mit meinen Körper-Energien gearbeitet, doch erst in dem Moment, als ich nach der Behandlung die Liege verließ, gab es dieses völlige Abfließen der Energien – durch meine Beine hindurch, direkt in den Boden. Das war eine gute Erfahrung, da in meinem Horoskop Erde nicht vertreten ist und ich so etwas noch nie gefühlt hatte. Leider habe ich so etwas seither nicht wieder erlebt. Das ist auch das Problem mit vielen dieser Therapien: Sie haben für ein oder zwei Stunden Erfolg, doch dann kehrst du zu deinem Karma, zu deiner geburtsbestimmten Einstimmung zurück und mußt wieder mit deinen Beschränkungen leben. Es ist der elementspezifische Energiefluß, so könnte man sagen, der die Art der Beziehung gestaltet. So denke ich es mir wenigstens.

Welche Elemente dominieren in den beiden Geburtsbildern? Gibt es viel Wasser, viel Luft oder viel Feuer? An welchem Punkt können die beiden Menschen wirklich aufeinander eingehen?

---

* Eine sehr gute Einführung zu diesem Thema gibt Thomas Gordon in: ›Heilende Hände‹ (Hugendubel, München 1980)

FRAGE: Du hast erzählt, wie die Energien von Erde und Wasser miteinander verschmelzen. Besprechen wir auch, wie sich die anderen Elemente von ihrer Tendenz her vermischen?

ANTWORT: Ich kann euch noch etwas über Luft und Feuer erzählen. Luft und Feuer brauchen sich dringend, da Luft ohne Feuer intellektuellen Dilettantismus andeutet. Luft ist immer erfüllt von Gedanken und Ideen, jedoch nicht in der Lage, etwas zu unternehmen.

Feuer ohne Luft kann eine Person sein, die sehr verloren ist. Diese Menschen sind immer beschäftigt und noch einmal beschäftigt, wissen jedoch oft nicht, was sie wirklich tun. Sie haben keinerlei Perspektive in ihren Aktivitäten und überhaupt kein Verständnis für die Implikationen, die ihr Tun beinhaltet. Deshalb benötigen Feuer und Luft sich gegenseitig, denn die Luftzeichen leben in ihrem Kopf, und ihre Luft kann durch einen Kontakt mit einer feurigen Persönlichkeit (wenn sie zueinander passen) energetisiert werden. Feuer braucht Sauerstoff, Feuer braucht zum Brennen Luft. Die Luftzeichen allein sind voller Gas, heißer Luft, bis sie durch eine geistige Aktion gezündet werden, wie Feuer dies ermöglicht. Feuer und Luft brauchen sich also; jedoch ist dies nur auf der theoretischen und archetypischen Ebene uneingeschränkt richtig. Beim alltäglichen Zusammenleben kommt es vor, daß sie sich eher irritieren. Die Luftzeichen haben ein sehr feines Nervensystem, was bei den Feuerzeichen nicht der Fall ist. Die Feuerzeichen sind häufig bei der Art ihres Selbstausdrucks recht grob und irritieren und überwältigen damit die Luftzeichen.

Im übrigen hatte ich häufig die Gelegenheit, mit luftbetonten Menschen zu sprechen, deren Mütter sehr widderbetont waren. Wahrscheinlich haben solche Mütter immer die Fähigkeit, ihre Kinder zu reizen, und nicht nur die luftbetonten. Ihr wißt, wie (be)drängend Widder ist. Die Luft-Zeichen bevorzugen es, sich zurückzulehnen und die Sache erst einmal zu überdenken. Wenn sie einen anstrengenden Tag hinter sich haben, setzen sie sich gern erst einmal hin, entspannen sich und lesen vielleicht eine Illustrierte oder etwas ähnliches. Auf diese Weise ziehen sie sich aus der Welt der Aktivität zurück und leben für einen Moment nur im Kopf. Sie schwelgen dann in ihren gedanklichen Aktivitäten und versorgen sich dadurch mit frischer Energie. Wenn du jedoch mit einem Widder zusammenlebst, ist es schwer, sich so zu entspannen, da sie immer in Bewegung sind und dir diesen, ihren Stil aufdrängen wollen. Auf der theoretischen Ebene brauchen die Luftzeichen immer einen Anstoß, den die Feuerzeichen in der Lage sind zu geben.

Auf der Ebene des täglichen Zusammenlebens jedoch ist es den Luftzeichen dann doch zuviel. Ähnlich geht es den Feuerzeichen, die dann das Gefühl bekommen, daß die Luftzeichen unpraktische Träumer seien, was ihnen schwerfällt zu tolerieren, da sie so aktivitätsorientiert sind.

FRAGE: Wie ist es mit Feuer und Wasser?

ANTWORT: Hast du mein Buch nicht gelesen?* Das steht alles in meinem Buch... Du kannst dir wirklich eine Vorstellung von den Elementen verschaffen, wenn du sie dir in ihrer physischen Natur vorstellst. Stell dir vor, was passiert, wenn zwei sich treffen, welche Reaktionen dann ablaufen. Ich habe einmal mit einer Frau zusammengelebt, die eine starke Betonung auf Krebs-Energie hatte. Sie hatte Sonne im Krebs, und ich bin ziemlich luftig mit Sonne und Mond im Luftelement. Dazu kommt noch, daß Krebs im Quadrat zu meiner Waage-Sonne steht. Ich habe nie gewußt, wieviel von mir ich unten halte. Seht ihr, Luft und Wasser. Du kannst die Luft unter Wasser anhalten, doch wirst du bald nach Luft schnappen. Es ist wie: »Immer all diese Gefühle... ! Ich muß irgendwie raus aus all dem Wasser.« Die

---

* ›Astrologie, Psychologie und die vier Elemente‹ (Hugendubel, München 1981)

Krebsfrau bekam das natürlich mit und dachte, daß ich immer irgendwo in den Wolken schwebe. »Ojemine, er beschäftigt sich immer nur mit so blöden Sachen und Ideen. Das bringt mir überhaupt nichts.« Als sie schließlich letztendlich auszog, was war das für eine Erleichterung! Ich hatte das Gefühl, als sei ein großer Ozean, der sich in meinem Kopf festgesetzt hatte, endlich abgeflossen. Ich konnte plötzlich ganz anders atmen, und meine Energie verdoppelte sich in drei oder vier Tagen. Ich fühlte mich fantastisch und realisierte, daß mich das ganze Wasser erschöpft hatte.

Sonne und Mond

Beim Partnervergleich sollten Sonne und Mond sehr stark beachtet werden. Beide sollten als Paar betrachtet werden. Sie sind eine Polarität, der positive und der negative Pol deiner gesamten Natur, deiner gesamten Persönlichkeit, und besonders dann sehr nützlich, um einzuschätzen, ob zwei Menschen zueinander passen, wenn sie eine sehr intime Partnerschaft anstreben. Doch auch hier existieren verschiedene Arten von Verträglichkeit. Für einen Partnervergleich im Geschäftsbereich ist lange keine so breitgefächerte Verträglichkeit vonnöten, wie dies für eine Ehe oder ein Zusammenleben ideal wäre. Für Geschäftspartnerschaften ist die Beachtung von Saturn, Jupiter und Merkur in ihren Aspekten vorrangig. Wie steht es mit der Kommunikation, können sich die beiden gut verständigen? Jupiter-Aspekte können darüber Auskunft geben, ob sie finanziell voneinander profitieren, aber auch, ob sie sich wirklich vertrauen können. Problematische Neptun-Aspekte sollten geprüft werden, da mit ihnen alle Arten von Mißverständnissen, Betrug usw. verknüpft sind. Auch bei Geschäftspartnerschaften sollte der gesamte Vergleich analysiert werden, jedoch wird eine Verträglichkeit auf sexuellem Gebiet in den meisten Fällen nicht notwendig sein. Sonne und Mond müssen nicht so sehr zueinander passen, obwohl dies natürlich auch dort für die Beziehung hilfreich sein kann.

In den meisten Fällen, wo ein Partnervergleich gewünscht wird, wo eine sehr viel vollständigere Art der Beziehung angestrebt wird, mußt du Sonne und Mond stark mit einbeziehen; denn diese Beziehungen symbolisieren immer die Verschmelzung von männlich und weiblich; hier wollen sich die beiden Extreme kosmischer Polarität austauschen und alltäglich zusammenleben. Meiner Erfahrung nach sind miteinander verträgliche Sonnenzeichen wirklich schön. Es ist so, wie es in all diesen Tierkreiszeichen-Büchern gesagt wird, und ich glaube, daß das gut ist. Für eine gute Beziehung ist das jedoch nicht notwendig. Idealerweise sollte mindestens Sonne oder Mond mit der Sonne des anderen in Harmonie stehen. Es sollte also wenigstens ein harmonischer Austausch zwischen der Sonne des einen mit Sonne oder Mond des anderen vorhanden sein. Das wäre ideal.

Es muß etwas in dieser Richtung geben, wobei ein exakter Aspekt allerdings nicht notwendig ist. Zueinander passende Elemente reichen aus. Wenn beispielsweise die Sonne des einen im Zwilling steht und der Mond des anderen im Wassermann, bereits dann besteht der Kommunikationsfluß und ein gegenseitiges Bedürfnis nach Gespräch.

Erfahrungsgemäß besteht bei harmonischen Sonne-Mond- oder Sonne-Sonne-Aspekten eine gemeinsame Identität. Du kannst dich mit der anderen Person und ihrer Natur identifizieren.

Die Mond-Aspekte sind für ein gemeinsames Zusammenleben besonders wichtig (insbesondere die Mond-Mond-Aspekte wie Mond Quadrat Mond, Mond Sextil Mond), aber auch wenn kein enger Aspekt vorhanden ist, muß man auf die Verträglichkeit der Elemente achten.

Ich habe oft Menschen gesehen, deren Partnervergleich sehr harmonisch in den meisten Bereichen war. Etwa 80% der Aspekte waren harmonisch, jedoch ihre Monde standen im Quadrat oder sogar nur im Quincunx zueinander, und es war für beide sehr schwierig, im Alltag miteinander auszukommen.

Manchmal sind es die besten Freunde oder Liebespaare, bei denen alles wundervoll klappt, doch zusammenleben können sie nicht. Oftmals ziehen sie dann einfach auseinander und haben aber noch über Jahre eine gute Beziehung zueinander. Das passiert sogar bei Menschen, die verheiratet sind und diese disharmonischen Mond-Mond-Aspekte haben. Sie finden heraus, daß sie nicht zusammenleben können, da Mond hauptsächlich die alltäglichen Stimmungen und Reaktionsweisen auf vieles anzeigt. Wenn du und ein Partner auf völlig verschiedene und sogar konfliktträchtige Weise reagieren, fangt ihr an, euch gegenseitig das Leben schwerzumachen. Kleine, winzige Verärgerungen häufen sich, bis es zu großen emotionalen Spannungen kommt. In diesen Fällen kannst du mit dem anderen einfach nicht auf eine angenehme Art und Weise zusammenleben. Wenn der Partnervergleich nach einer wirklich guten Freundschaft aussah, die beiden jedoch verheiratet waren, zogen sie einfach auseinander, ließen sich manchmal scheiden, manchmal auch nicht. Doch hatten sie für den Rest ihres Lebens miteinander eine sehr verträgliche und harmonische Beziehung, auf die ihnen mögliche Art und Weise.

Aspekte beim astrologischen Partnervergleich

Das Konzept der ›gemeinsamen Erfahrung‹, das ich bereits im ersten Teil erwähnt habe, ist einer der Gründe für die Wichtigkeit der engen Aspektverbindungen. Bei diesen Verbindungen unter etwa zwei Grad Orbis, die in deinem Geburtsbild mit den Planeten im Geburtsbild des Partners bestehen, tritt häufig etwas auf, das manchmal ›gemeinsame Erfahrung‹ genannt wird. Dies wird bei engen Konjunktionen und Oppositionen besonders deutlich. Um es noch einmal mit anderen Worten zu verdeutlichen: Bei diesen engen

Aspekten werden beide angesprochenen Planeten gleichzeitig durch Transite bei den Partnern ausgelöst. Deshalb wird dieser Aspekt, egal, was er in der Beziehung anspricht, für beide gleichzeitig aktiviert. Uranus steht zur Zeit Anfang Skorpion. Wenn beispielsweise die Sonne von A auf 6° Skorpion und die Venus von B auf 7° Skorpion steht, wird gleichzeitig sowohl die Sonne von A als auch die Venus von B unter Uranuseinfluß geraten. Das ist dann in vielen Fällen auch eine ›gemeinsame Erfahrung‹. Der uranische Einfluß wird nicht nur ein Individuum betreffen, sondern da beide davon betroffen sind, ist es ziemlich wahrscheinlich, daß auch die Beziehung als Ganzes eine Veränderung erfahren wird. Jeder wird den anderen so mit Veränderungen konfrontieren, daß die Beziehung einen Prozeß der Wandlung durchlaufen muß, eine Art von Erweckung hoffentlich, die mit dem Uranus-Aspekt zu tun haben sollte.

Wie ihr wißt, ist Uranus der Planet des ›Erwachens‹. Unter einem starken Uranus-Einfluß fällt es schwer zu schlafen und zur Ruhe zu kommen, du wirst dich extrem beschleunigt fühlen und dein ganzes Nervensystem wird so angespannt, daß es wirklich schwerfällt, ausreichend Schlaf zu finden. Da dein Nervensystem so intensiv von dieser Uranus-Energie überwältigt wird, brauchst du den Schlaf jedoch dringend, um dich wieder zu erholen. Aber du befindest dich in einem so starken Vibrationsfeld, daß du keine Ruhe findest. Für mich besteht die einzige Möglichkeit darin, viel zu essen, damit ich trotz eines starken Uranus-Einflusses einschlafen kann. Wenn ich eine riesige Schüssel Müsli oder ähnliches gegessen habe, dann kann ich ins Bett fallen und sehr schnell einschlafen. Das ist vielleicht nicht unbedingt gesund, aber Kräuter und alles andere hatten bei mir keine Wirkung. Auch die eigentlich stark beruhigenden Kräuter waren zu diesen Zeiten wirkungslos.

Auf jeden Fall sind diese engen Aspekte nicht nur ein Hinweis auf einen starken dynamischen Austausch zwischen zwei Menschen, sondern sie zeigen auch immer die

Möglichkeit der ›gemeinsamen Erfahrung‹. Oft entsteht folgender Eindruck: »Oh, mein Mann verändert sich, und deshalb muß auch ich mitziehen.« Bei einer genaueren Betrachtung der Transite stellt sich dann häufig heraus, daß in beiden Geburtsbildern Planeten durch Transite betroffen sind.

Jupiter-Aspekte

Ich glaube, ich habe bis heute noch keine Ehe oder längerfristige Beziehung gesehen, wo nicht mindestens ein oder zwei enge Konjunktionen vorhanden waren. Bei den längsten und glücklichsten Beziehungen war auch mindestens eine Konjunktion mit Jupiter dabei. Das ist nicht verwunderlich, da die Jupiter-Energie einen toleranten und positiven Einfluß auf dich hat. Auch Neptun macht dich tolerant und irgendwie mitfühlend. Bei allen Beziehungen, die ich gesehen habe, war ein Aspekt von Jupiter zu Sonne, Venus, Mars, Merkur oder dem Aszendenten des Partners offensichtlich immer eine ganz positive Sache. Die Jupiter-Person bringt immer die besten Seiten der Natur des anderen zum Vorschein. Kurz bevor ich mein erstes Buch geschrieben habe, traf ich eine Frau, deren Jupiter genau in Konjunktion mit meinem Merkur stand. Sie war der Auffassung, daß ich Hervorragendes schreiben würde. Noch nie zuvor hatte ich ein so wundervolles Feedback. Ich habe schon positives Feedback erhalten, doch niemand hat mich mehr zum Schreiben motiviert als sie.

Diese Ermutigung hat mir dazu verholfen, mehr Energie auf das Schreiben zu verwenden, was ich eigentlich auch wollte, doch mir fehlte das richtige Vertrauen und die Motivation, wirklich einzusteigen, bis sie mich überzeugte, daß es meine Aufgabe sei.

Bei einigen Menschen mit einer Menge gespannter Interaspekte wunderst du dich, wie sie überhaupt in der Lage sind, sich gegenseitig auszuhalten. Und dann siehst du, daß der Jupiter des einen in Konjunktion mit dem Aszendenten des anderen steht. Sie mögen sich einfach! Bei einem solchen Jupitereinfluß auf die Beziehung, besonders bei Verbindungen mit Sonne, Mond oder Aszendent, mögen sich die beiden einfach.

Jeder verursacht beim anderen ein gutes Gefühl, ein Gefühl der Expansion, und sie geben sich gegenseitig die Energie dafür. Wie ihr seht, ermöglichen diese Jupiter-Aspekte eine Verbesserung der vielfältigen Schwierigkeiten oder Streßfaktoren in einer Beziehung.

Anregende Aspekte

Gelegentlich werde ich in diesem Workshop drei verschiedene Arten von Aspekten beim Partnervergleich erwähnen: stabilisierende, anregende und übererregende. Verschiedene Arten der Aspekte betonen verschiedene Qualitäten in einer Beziehung, und jeder Planet, der von einem Aspekt zum Geburtsbild des Partners betroffen ist, bedarf besonderer Beachtung, wie auch der Aspekt selbst, wenn du versuchst, ihn in eine dieser drei Kategorien einzuordnen. Doch auch dies ist jeweils eine Sache der Beurteilung, denn was für einen gereiften Stier übererregend sein kann, muß es für einen Wassermann noch lange nicht sein. Alle diese unterschiedlichen Kategorien sind jedoch beim Versuch des Summierens nützlich, um einen allgemeinen Eindruck des Partnervergleichs zu gewinnen.

Im Grunde sind nur einige Oppositionen und zu einem gewissen Maß bestimmte Konjunktionen zu den übererregenden Aspekten zu zählen. Die anregenden Aspekte sind eigentlich jede mögliche Kombination zweier Planeten, bei deren energetischer Verschmelzung der Energiefluß gesteigert wird, wo größeres gegenseitiges Interesse und Aktivität entsteht, eine allgemeine Belebung also. Zu den stabilisierenden Aspekten gehören vor allem alle Aspekte mit Saturn, auch die Quadrate und Oppositionen, wie auch viele andere Trigone und Sextile, die stark zu einer längerfristigen Verpflichtung und gegenseitigem Verständnis beitragen.

Einige Aspekte sind anfangs eher als anregend zu begreifen, wandeln sich jedoch im Laufe der Jahre, während diese Beziehung besteht, zu eher stabilisierenden Faktoren. Die Oppositionen, die wir gleich besprechen werden, können entweder als anregend oder als übererregend eingeschätzt werden. Auf jeden Fall sind alle Oppositionen zumindest ein anregender Austausch. Ob sie allerdings *zu* anregend, übererregend für die Betreffenden sind, wird sich dann im Einzelfall herausstellen.

Von allen Büchern über den Partnervergleich ist mir das von L. H. Sargent das liebste.* Es ist sehr genau und stellt im Grunde eine Analyse der individuellen Aspekte dar. Aus diesem Grunde halte ich es nicht für notwendig, jeden kleinen Aspekt detailliert in diesem Workshop zu besprechen. Sargent hat dies bereits getan und wahrscheinlich auch besser, als ich es hier könnte. Wenn ihr mit den verschiedenen Aspekten einmal vertraut geworden seid, werdet ihr merken, daß es manchmal sehr interessante Dinge gibt, die auf einen aufregenden Energieaustausch zwischen den beiden Menschen hinweisen. Das kann auch übererregend sein. Die Oppositionen sollten besonders beim Partnervergleich als ein Aspekt der Stimulation betrachtet werden. Es ist kein ›schlechter‹ Aspekt und nicht zwangsläufig ein Hinweis auf Konflikte, wie dies die Quadrate und einige Konjunktionen sind. Quadrate sind immer, sowohl im persönlichen Geburtsbild als auch beim Partnervergleich, die problematischsten Aspekte. Besonders die Oppositionen sind beim Partnervergleich sehr anregende Aspekte. Es stellt sich dabei immer die Frage, wie groß die Stimulation für dich sein darf, wieviel du ertragen kannst, und welche Planeten die Opposition bilden...

---

* L. H. Sargent, How to Handle Your Human Relations

Oppositionen zwischen Sonne und Mond und Mond und Mond

Für einen wirklichen Kontakt zwischen zwei Menschen ist die Opposition von Sonne und Mond bzw. Mond und Mond sehr gut geeignet. Dies gilt besonders für gegengeschlechtliche Beziehungen. Oft mögen sich diese Menschen wirklich und bekommen voneinander sehr viel Energie. Ich habe so viele Fälle gesehen, wo sich jemand mit einer Stier-Sonne und einem Löwe-Mond gewundert hat, warum er sich so zu Wassermann-betonten Menschen hingezogen fühlt. Der Grund hierfür ist der Löwe-Mond, der in Opposition zu Wassermann steht. Diese Menschen erzählen mir dann, daß in all diesen Büchern immer davon gesprochen wird, daß sich Stier-Typen und Wassermann-Typen schlecht vertragen würden. Was den Energiefluß anbelangt, ist dies auch grundsätzlich wahr, doch müßt ihr immer das ganze Geburtsbild betrachten. Löwe-Mond und Wassermann-Sonne vertragen sich häufig ausgezeichnet. Ganz allgemein kann man sagen, daß Sonne-Mond- und Mond-Mond-Oppositionen im Partnervergleich die ›besten‹ sind, da sich diese Menschen gegenseitig ergänzen und anregen.

FRAGE: Trifft dies nur bei engen Oppositionen zu, oder ist das oppositionelle Zeichen ausreichend?

ANTWORT: Das oppositionelle Zeichen ist, glaube ich, ausreichend, obwohl eine genaue Opposition natürlich einen intensiveren Energieaustausch bedeutet.

Sonne-Sonne-Oppositionen

Wir wollen uns nun den Sonne-Sonne-Oppositionen zuwenden. Sie sind keine ungewöhnliche Beziehung, doch haben sie die Tendenz, im allgemeinen für Freundschaften besser geeignet zu sein als für Ehepartner. (Es gibt dabei aber noch sehr viele andere Faktoren, die diese Opposition auch bei einer Ehe oder längeren Beziehung hervorragend lösen können.)

Auch bei einer Sonne-Sonne-Opposition gibt es eine Art der Anregung und des sich ergänzenden Energieflusses. Zu der Zeit, als ich im College war, habe ich damit persönliche Erfahrungen gemacht. Mein Freund hatte Sonne und Mond im Widder, und zusammen haben wir mehr Dinge in einer kürzeren Zeit leisten können, als ich es je bei zwei Menschen zuvor erlebt hatte. Er hatte diese Widder-Energie und ich die Sonne in Waage; ich konnte ihm die Art und Weise zeigen, Dinge zu erledigen. Ich habe irgendwie geplant. Die aktuelle Arbeit haben wir dann zusammen gemacht und unsere Energien haben sich dabei auf eine ganz erstaunliche Art ergänzt und vermischt. Wir mieteten das alte Haus einer Studentenverbindung, das völlig zerstört war, denn die Verbindung hatte angenommen, daß es, wie der Vermieter gesagt hatte, abgerissen würde. So hatten sie noch eine große Sauferei dort, wo sie entschieden, daß sie den Abbruch gleich vorbereiten würden. Alle Türen waren zerschlagen, und alles war ein einziger Trümmerhaufen. Nachdem wir zwei Wochen daran gearbeitet hatten, sah es wieder wie ein neues Haus aus. Oppositionen im Partnervergleich können wirklich schön und anregend sein. Sie sind ein seltsamer, sich ergänzender Energiestrom.

Wenn du jedoch mit jemandem zusammenlebst, dessen Sonne in Opposition zu deiner steht, gibt es häufig etwas, das euch auseinanderzieht. Es besteht eine Anziehung, da ihr euch gegenseitig ergänzt, und dennoch zieht es euch in gegensätzliche Richtungen. Einige Oppositionen sind sehr viel schwieriger zu leben als andere, wobei die Oppositionen zwischen den fixen Zeichen wohl die problemreichsten sind, da sich diese Menschen so eigensinnig verhalten. Ich habe selten eine Ehe zwischen einer Stier-Sonne und einer Skorpion-Sonne gesehen. Nur einmal habe ich eine Verbindung zwischen Löwe- und Wassermann-Sonne gesehen. Die fixen

Zeichen sollten besser keine Verbindung zu anderen fixen Zeichen eingehen. Die Häufigkeit von Ehen zwischen zwei Skorpion-Sonnen ist jedoch so groß, daß es fast schon lächerlich ist. Sie sind jedoch oft sehr langlebig. Erst vor kurzem habe ich zum ersten Male erlebt, daß eine Ehe zwischen zwei Skorpion-Sonnen zerbrochen ist. Skorpione sind treu und sehr festhaltend. Dies ist mit Sicherheit eine Ausnahme der Vorstellung, daß fixe Zeichen mit anderen Zeichen besser zurechtkommen.

Venus-Venus- und Mars-Mars-Oppositionen

Es gibt andere Arten von Oppositionen, die auch überprüft werden müssen, doch in den meisten Fällen sind sie anregend. Dies meine ich wörtlich, denn sie sind nicht immer nur ›angenehm‹. Bei Oppositionen von Venus und Venus besteht gleichzeitig eine Anziehung und Ablehnung. Vor allem besteht eine Anziehung, da die beiden Venusstellungen sich gegenseitig ergänzen und sich deshalb aufeinander einstimmen können. Oft jedoch besteht zudem noch eine Art Widerwille oder Abneigung. Beispielsweise steht Venus im Krebs in Opposition zur Steinbock-Venus des Partners. Die Anziehung, die mit dieser Opposition verbunden ist, ist emotionaler Art. Doch mahnt die Kühle der Steinbockenergie den Krebs mit seiner großen Empfindsamkeit etwas zur Vorsicht. Menschen mit Venus im Steinbock sind zu großer Kühle und Distanziertheit in der Lage. Diese Venus-Opposition kommt auch bei engen Beziehungen vor, ist allerdings bei kurzen Flirts wesentlich häufiger.

Eine Opposition von Mars und Mars ist sehr anregend und aktivierend. Beide spüren in dieser Beziehung eine bestimmte Erregung, die ihre eigene Mars-Natur hervorragend ergänzt. Doch kannst du mit dem anderen zusammenleben? Das wirft ein völlig anderes Licht auf diese Verbindung. Falls du mit dem anderen nur zusammenarbeitest und ihn dann und wann siehst, weil ihr gute Freunde seid, dann ist bei dieser Opposition keinerlei Vorsicht notwendig. Wenn du jedoch mit demjenigen zusammenleben willst und ihr versucht, zusammen eure Energien (Mars-Mars) auf ein gemeinsames Ziel zu richten, dann wird es problematisch.

Die meisten Konjunktionen, Sextile oder Trigone zwischen Mars und Mars im Partnervergleich sind hervorragend dazu geeignet, die gegenseitigen Energien zusammenzubringen und umzusetzen. Zwei solche Menschen sagen dann: »Wir werden das bis zum Ende durchführen, indem wir unsere Energien gemeinsam auf dasselbe Ziel richten.« Dazu sind sie auch in der Lage, denn sie arbeiten sehr wirkungsvoll zusammen. Mars zeigt neben anderen Dingen die Art und Weise und die spezielle Methode, mit der du deine Aufgaben erledigst. Mars sagt: »Ich will dies und werde es auch vollenden.« Er zeigt, wie du versuchst, deine Bedürfnisse zu befriedigen, deine Aufgaben zu erledigen. Quadrate und Oppositionen zwischen Mars und Mars weisen auf Probleme hin, Dinge anzupacken und durchzuführen.

Ich war einmal mit einer Frau befreundet, deren Mars im Quadrat zu meinem stand. Ich wurde von ihr fast immer behindert. Ich war mit etwas sehr intensiv beschäftigt oder erzählte etwas, und sie stand auf, verließ mich und ging durch die Tür hinaus. Das hat mir immer einen Stoß versetzt. Das Quadrat zwischen Mars und Mars war in unserem Partnervergleich beinahe gradgenau. Natürlich hat diese Beziehung nicht lange gedauert, worüber ich froh bin. Viele Beziehungen zu verschiedenen Menschen zu haben, ist eine Möglichkeit, den astrologischen Partnervergleich durch persönliche Erfahrung zu lernen. Genauso bieten astrologische Beratungen dazu eine hervorragende Möglichkeit. Schau dir den Vergleich an, wenn der Betreffende gegangen ist, und du kannst etwas darüber lernen. Wenn du ihn vorher ansiehst, hast du vielleicht Vorurteile, und die Situation kann sich nicht mehr so entwickeln, damit du aus dem, was entsteht, etwas lernen kannst.

Merkur-Aspekte

In Sargents Buch sind die Quadrate und Oppositionen zwischen Merkur und Merkur beschrieben, sie sind traditionell die problematischsten.

Ich persönlich glaube, daß das wahr ist, denn schon Merkurstellungen in unverträglichen Elementen sind problematisch. Bei einem Löwe-Merkur der einen Person und einem Merkur im Krebs bei der anderen findet man, auch wenn sonst kein wichtiger Aspekt gebildet wird, verschiedene Arten zu denken. Die beiden nehmen die Welt verschieden wahr und drücken ihre Vorstellungen und Ideen auf unterschiedliche Art aus. Das kann zu Schwierigkeiten führen, wenn sie zu einer Übereinkunft in bezug auf ihre gemeinsamen Pläne und Ziele kommen wollen.

FRAGE: Wenn Merkur null Grad und ein paar Minuten in Waage steht, ist das für dich beim Partnervergleich mehr Waage oder noch Jungfrau?

ANTWORT: Wenn er mathematisch in Waage steht, würde ich die Betonung auf Waage legen.

FRAGE: Wenn das beim Partnervergleich das Problem...

ANTWORT: Was ist das Problem? Kommunikation oder...

FRAGE: Wenn wir beispielsweise einen Partnervergleich für ein Ehepaar machen und Merkur steht bei der Frau auf 0° 28′ in Waage: wie liest du das?

ANTWORT: Ich muß das mit dem anderen Geburtsbild vergleichen. Wahrscheinlich würde ich Merkur als in Waage stehend behandeln. Insbesondere, da Waage ein mehr extrovertiertes Zeichen als Jungfrau ist. Die extrovertierten Zeichen haben offenbar die Tendenz, den energetischen Ausdruck der eher introvertierten Zeichen zu dominieren. Skorpion ist dabei, wie bei fast allem, wieder mal eine Ausnahme. Bei dieser Art von Frage muß man den individuellen Fall betrachten. Mein Vater ist am 23. August geboren, und seine Sonne steht technisch gesehen auf 0° 20′ Jungfrau. Er ist jedoch durch und durch ein Löwe, was auch diejenigen wissen, die nur die Sonnenzeichen-Horoskope lesen. Er ist ein Super-Löwe, auch wenn seine Sonne mathematisch gesehen schon in Jungfrau steht. Doch Löwe dominiert so nah an der Zeichenspitze noch immer das Zeichen Jungfrau, da Löwe so einen dominierenden Einfluß hat, besonders gegenüber Jungfrau, die doch eher innerlich und zu Bescheidenheit hin orientiert ist. In der Hauptsache sollte man so etwas zuerst einmal auf etwas ganz Spezielles beziehen, um dann zu sehen, wie es sich äußert. Beim Partnervergleich ist es dennoch möglich, dann mit den Aspekten zu arbeiten, die trotzdem Aussagen ermöglichen. Im Falle von Merkur kannst du auch nachforschen, wie derjenige Kommunikation erfährt!

Es gibt darüber ein Buch von Lois Rodden mit dem Titel ›Die Merkur-Methode beim Partnervergleich‹. In diesem Buch werden Merkur und alle Merkur-Aspekte zu allen anderen Planeten analysiert. Es übertrifft zwar nicht das Buch von Sargent, ist aber dennoch interessant. Ich finde es in vielen Dingen sehr genau. Was es beispielsweise über das Quadrat von Merkur zu Merkur sagt, hat sich für mich als sehr wahr erwiesen, und zwar folgendes: »Bei einem Quadrat zwischen Merkur und Merkur stellt man häufig fest, daß die Partner anfangs sehr vorsichtig sind.« Merkur ist wie auch Zwillinge spontan und freundlich. Merkur schafft Verbindungen, schnelle Verbindungen zwischen Menschen. Wenn dein Merkur im Quadrat zum Merkur einer anderen Person steht, dann wird es zwischen euch sehr schnell zu Schweigen kommen. L. Rodden sagt zu dieser Stellung: »Es besteht ein anfängliches Hindernis oder eine Unverträglichkeit, die zwischen euch steht. Dieser Unterschied kann eine Angewohnheit, aber auch ein äußerer Umstand sein. Um den Durchbruch zur Kommunikation zu ermöglichen, ist es notwendig, die Art des Verstehens zu verändern. Erst wenn dieser Durchbruch geschafft ist, besteht zwischen euch ein Band, das gegenseitig stimulierend wirkt. Bis dies jedoch erreicht ist, werden die beiden Menschen sich gegenseitig mit einer vorsichtigen Förmlichkeit begegnen.« Ich denke, das ist sehr gut beschrieben, denn mit einem Merkur-Merkur-Quadrat begegnet ihr euch nicht so schnell und freundlich mit einem ›Hallo, wie geht's‹ und fangt an, euch zu unterhalten.

Es gibt das Gefühl des gegenseitigen Interesses, doch die beiden Merkur-Stellungen passen nicht gut zueinander. Deshalb ist es notwendig, sich den Weg in die Beziehung zu erarbeiten. Diese Merkurstellungen können zu den schönsten Beziehungen führen, die möglich sind, denn diese Menschen haben eine tiefe Verbindung anhaltender Freundschaft. Die Beziehung mag Probleme enthalten, doch das Geben und Nehmen führt zu Wachstum und Verständnis.

Ein Quadrat zwischen Merkur und Merkur drückt sich hauptsächlich in einer völlig verschiedenen Art zu denken aus und einer völlig unterschiedlichen Art des gedanklichen Ausdrucks. Ich glaube, daß es bei sehr engen Quadrat-Aspekten zumindest dann zu kleineren Schwierigkeiten kommt, wenn die zwei Menschen zu einer gemeinsamen Vereinbarung kommen müssen. Bei einem wirklich engen Quadrat-Aspekt kann man häufig beobachten, daß die beiden sich gegenseitig ständig unterbrechen. Es ist ein anregender Aspekt, doch Merkur regt den Merkur des anderen an, ebenfalls zu reden. Deshalb wirkt das Reden des einen so auf den anderen, daß er ebenfalls anfängt zu sprechen. Das führt zu einer Anregung des anderen Merkurs, worauf dieser wieder anfängt zu sprechen. Auf diese Weise schneiden sie sich dann gegenseitig das Wort ab.

FRAGE: Ich denke, daß es auch ein Sprachproblem sein kann, weil sie nicht hören, was der andere sagt... Es macht den Eindruck, als bräuchten sie jemanden, der den anderen interpretiert.

ANTWORT: Ja, in den schlimmsten Fällen ist es so. Es hängt vom Bewußtsein derjenigen ab und wie losgelöst Merkur im speziellen Geburtsbild steht. Bei einer engen Sonne-Merkur-Konjunktion im individuellen Geburtsbild ist ein Quadrat zwischen Merkur und Merkur beim Partnervergleich sehr viel problematischer, als wenn Merkur keine Verbindung zur Sonne hat. Wenn Merkur einige Grade entfernt von der Sonne steht, bist du mit deinem Bewußtsein (Sonne) nicht so stark mit den Merkur-Merkur-Problemen verkoppelt. So kannst du noch irgendwie darüber lachen. Zwei Freunde von mir haben jeweils ihren Merkur im Quadrat zu meinem Merkur, und ich kann nicht behaupten, daß die Kommunikation immer perfekt gewesen sei. Jedoch war es immer sehr interessant, und die Beziehung zu beiden kann als dauerhafte Freundschaft beschrieben werden, obwohl ich im Vergleich zu den beiden merkuriale Dinge wirklich anders erfahre und vermittle.

Es kommt also darauf an, wie geduldig du sein kannst. Wenn dein Merkur im Widder steht, wird dein Intellekt und deine Sprache sehr ungeduldig sein. Gelegentlich wirst du jemanden treffen, dessen Merkur im Quadrat zu deinem steht. Wahrscheinlich wird dir das nicht sehr angenehm sein, da es dir schwerfällt zu warten. Ich kenne eine Frau, deren Merkur im Quadrat zu meinem steht. Bei den wenigen Malen, wo wir miteinander gesprochen haben, sind wir beide fast verrückt geworden. Wir haben uns gegenseitig immer das Wort abgeschnitten, so lange, bis ich mich zurückgelehnt und aufgegeben habe. Und sie quatscht und quatscht und quatscht... Man kann es nicht immer als Kommunikation auffassen, das ist der Punkt. Viele Menschen denken, sie kommunizieren, nur weil sie eine Menge reden. Das trifft auch bei einer Merkur-Merkur-Opposition zu. Sie sagen dann: »Mann, es macht immer Spaß, mit dir zu reden.« Doch ob es wirklich ein Gespräch ist? Sie bekommen immer einen Anstoß durch die gegenseitige Stimulation, doch warten wir ab, bis sie einige Probleme haben und diese ausfechten müssen, indem sie wirklich etwas logisch miteinander sprechen und zuhören. An diesem Punkt werden die Quadrate und Oppositionen zwischen den beiden Merkurstellungen sehr problematisch. Der Merkur jener krebsbetonten Frau, mit der ich einmal zusammen war, stand im Quadrat zu meinem Waage-Merkur. Mit unserer Kommunikation war es wirklich hoffnungslos. Natürlich ist dies auch allgemein der Unterschied zwischen Waage und Krebs, und nicht nur dieser Quadrat-Aspekt. Krebs ist von der Mentalität der Waage-Energie so verschieden! Bei den beiden guten Freunden von mir, die auch ihren Merkur im Quadrat zu meinem haben, steht er jeweils im Steinbock. Diese Energie hat in vielen Dingen eine gewisse Ähnlichkeit mit dem Waage-Archetyp. Saturn steht in Waage erhöht, und beide sind sehr praktisch und haben das Bestreben, alle Dinge klar und organisiert zu halten.

FRAGE: Sprichst du über ein Quadrat?

ANTWORT: Ja, ich habe festgestellt, daß ein Quadrat der Merkurstellungen zwischen den Zeichen Waage und Steinbock nicht allzu problematisch ist. Das Quadrat zwischen einem Krebs-Merkur und einem Waage-Merkur ist dagegen ein ernsthaftes Kommunikationsproblem. Ich glaube, dieses Beispiel verdeutlicht einen weiteren Faktor beim Partnervergleich; es ist wie bei einem Geburtsbild, ihr müßt versuchen, die beteiligten Zeichen zu begreifen und damit das Ganze zu sehen. Astrologie ist wirklich unmöglich, stimmt's? Sie ist dermaßen komplex! Ich bin froh, daß sie auch total einfach ist, wenn du einmal die fundamentalen Prinzipien durchdrungen hast. In den allermeisten Fällen wirst du, wenn du dich nur auf die engsten Aspekte der Astrologie beschränkst, schon so viel Informationen erhalten, daß du erst einmal beschäftigt bist. Du brauchst dabei die Zeichen noch nicht einmal zu beachten. In mindestens 90% der Fälle können sich diejenigen, deren Geburtsbilder du bearbeitest, mit der Bedeutung dieser engen Aspekte bei ihrer Beziehung identifizieren. Du brauchst nur im Buch von Sargent nachzulesen, und du wirst dich damit identifizieren können.

Die Wechselwirkung der Energiefelder

In der systematischen Kurzdarstellung der Arbeitsbögen findet ihr das Wort ›Interaspekt‹. Unter 2 a steht: »Welche Wechselwirkung besteht zwischen den Energiefeldern der beiden Personen? Beachte zuerst alle engen Interaspekte.«

Interaspekte sind einfach die Aspekte, die zwischen den beiden Geburtsbildern bestehen. Dieser Begriff wurde von Kenneth Negus eingeführt. Er hat sehr viel über Synastrie (Composite) und Partnervergleich gearbeitet. Interaspekte sind also Aspekte zwischen zwei Horoskopen mit einem Orbis unter vier Grad.

Finde heraus, wie die beiden Menschen sich gegenseitig ›nähren‹; vergleiche die Elemente. Ist ein Element bei einem schwach ausgeprägt? Wenn das so ist, schafft der andere einen Ausgleich? Man sollte noch etwas anderes beachten. Nicht nur das Fehlen eines Elements bei einem Partner ist wichtig, sondern auch Probleme mit einem bestimmten Planeten in einem Element. Wenn du beispielsweise drei Planeten im Schützen als gesamten Feueranteil hast, die jedoch im Quadrat zu allem anderen in deinem Geburtsbild stehen, dann wirst du dich wahrscheinlich mehr zu Widder oder Löwe hingezogen fühlen, da die Schütze-Energie auch immer deine ganzen Quadrate aktivieren würde. Die Spannung, die du sowieso schon hast, würde weiter verstärkt werden. Aus dem gleichen Grunde fühlst du dich vielleicht zu Menschen mit starker Widder- oder Löwe-Energie hingezogen, denn dadurch entstehen Trigone zu deinen Planeten im Schützen. Dadurch kannst du vielleicht anfangen, diese bei dir selbst blockierten Energien auszudrücken. Um das an einem anderen Beispiel zu verdeutlichen:

Jemand hat Planeten im Skorpion, die ein Quadrat zu einem Planeten im Wassermann werfen. Derjenige fühlt sich vielleicht zu Menschen mit einer starken Fische- oder Krebs-Betonung hingezogen, denn das, was für ihn problematisch und schwierig – durch die Quadrate angezeigt – auszuleben ist, kann mit diesen wasserbetonten Menschen geteilt werden, weil sich die Skorpion-Energie sehr gut mit den Energien von Fische und Krebs mischen kann.

Davon müssen nicht unbedingt Sonne oder Mond betroffen sein, es kann genausogut Venus, Mars oder Merkur sein, die nur schwer einen Ausdruck finden.

Auch solche Dinge sind wichtig.

Wenn man nur die Elemente betrachtet, ist es nicht nur die Frage, ob dem einen ein Element fehlt, und ob der andere dieses Element hat, sondern auch, ob es für den einen schwierig ist, diesem bestimmten Element, dieser bestimmten Energieform Ausdruck zu verleihen. Wenn nun diese Schwierigkeiten bestehen, ist es eine weitere Frage, ob die Beziehung zu dem anderen, der dieses Element hat, wirklich hilfreich ist, um diese Art von Energie, diese Dimension von Leben, ausdrücken zu können.

Ein Trigon ist häufig ein Aspekt gegenseitiger ›Nahrung‹. Wenn dir ein bestimmtes Element fehlt, braucht das nicht zu heißen, daß du auch mit jemandem zusammensein willst, der eine Einstimmung auf dieses Element hat, da dies für dich auch sehr schwierig sein könnte. Vielleicht fühlst du dich zu solchen Menschen hingezogen, doch möglicherweise ermüdet es dich, weil du nicht natürlich darauf eingestimmt bist. Unter Umständen ist es für dich auch nur belastend.

Vielleicht bist du ein erdbetonter Mensch, und dir fehlt es an Feuer. Wenn du versuchst, eine Beziehung zu jemandem zu beginnen, der sehr viel Feuer hat, dann kann das für eine Weile sehr anregend sein, doch es kann dich auch ziemlich aufregen, da Feuer bei dir nicht vertreten ist und du nicht so temperamentvoll bist.

Wenn dir vielleicht Luft fehlt, und du diese Ergänzung in einer Beziehung zu einem sehr luftigen Menschen suchst, kann das eine kurze Neugier sein, doch möglicherweise macht der andere dich leicht wütend. Da du einen Mangel an Luft hast, gehen deine Energien in den Bereich der Emotionen (Wasser), sind praktisch (Erde) und tatorientiert (Feuer). Das allerletzte, was dich interessiert, sind intellektuelle Spekulationen und das Sammeln von Daten.

Das Wertvollste an der Astrologie ist vielleicht, daß sie zeigt, daß jeder einen Platz in der Schöpfung hat, und deshalb ist es wichtig, Menschen Vertrauen in dieser Richtung zu geben. Alle Kinder sollten sehr stark darin unterstützt werden, das auszudrücken, was sie sind, denn dann sind sie voller Vertrauen und innerlich glücklich... Vertrauen ist etwas ganz Wichtiges, das jeder Mensch braucht. Es gibt keinen Grund, über Planetenstellungen in Widder, Stier, Steinbock oder sonstwo unglücklich zu sein, denn alle Tierkreisenergien und Planeten sind allgemeine Prinzipien, Archetypen, die wertvoll sind. Aufgrund bestimmter Konditionierungen, Karma oder sonst etwas sind die meisten Menschen mit sich selbst auf die eine oder andere Art unzufrieden, im Konflikt mit einer ihrer Qualitäten, mit verschiedenen Teilen ihrer Natur. Ich glaube, das Verständnis der ›übererregenden Aspekte‹ wird diese Angelegenheit noch weiter klären können.

Besonders für die Oppositionen mag es zutreffend sein, daß sie etwas übererregend wirken. Zu einer Diskussion über diese Aspekte kann man gut Uranus als Beispiel nehmen, da Uranus an sich schon für Erregung steht. In den meisten Fällen ist ein Quadrat, eine Konjunktion oder Opposition zwischen Mars und Uranus im Partnervergleich ein übererregender Aspekt. Ich habe zwei Paare kennengelernt, die jeweils zwei dieser Verbindungen hatten. Sie hatten eine Doppelbetonung (double whammy) von Mars und Uranus durch eine Mars-Uranus-Konjunktion und ein Mars-Uranus-Quadrat im Partnervergleich. Die beiden waren ständig am Kämpfen, sind sich immer an die Kehle gefahren und waren sich nie einig. Ein solcher Aspekt weist auf einen beachtlichen Durchsetzungswillen bezüglich deiner eigenen Vorstellungen hin. Er zeigt im allgemeinen, daß du nicht mit anderen zusammenarbeiten willst oder vielleicht einfach nicht dazu in der Lage bist.

Die ›stabilisierenden Aspekte‹ sind im Grunde die harmonischen und ganz besonders die harmonischen Aspekte mit Saturn. Mit anderen Worten, einige der Saturn-Konjunktionen und alle Trigone und Sextile mit Saturn sind äußerst stabilisierend. Man kann behaupten, daß sogar die Oppositionen und Quadrate mit Saturn beim Partnervergleich einen stabilisierenden Charakter haben können. Das ist wahr, jedoch kann sich das auch übertrieben äußern. Saturn ist immer ein strukturierendes Prinzip und kann deshalb auch starr werden. Über Saturn werden wir noch mehr sprechen, wenn es um Karma usw. geht.

Meiner Erfahrung nach spielt bei Ehen, die ja eine legale Verbindung sind und von daher in die Domäne von Saturn fallen, Saturn eine große Rolle. Zumeist gibt es Konjunktionen, Quadrate oder Oppositionen, die eine stabilisierende Funktion haben. Doch können sie auch überstabilisierend sein. Mit dem Begriff ›überstabilisierend‹ verbinde ich hier eine zu große Betonung auf Sicherheit, so daß die Erfahrung durch diese Beziehung hinfällig wird. Es kann zu einer abtötenden, lähmenden Art von Beziehung kommen, da Saturn in der Lage ist, das Leben aus allem herauszupressen, wenn man sich zu sehr der Disziplin oder der Erlangung und Erhaltung von Sicherheit unterwirft. Alles ist eine Frage des Gleichgewichts, sagt die Waage, was deshalb offensichtlich auch eine kosmische Wahrheit ist. Ohne Saturn ist alles ohne Ordnung und Form; es herrscht Chaos. Wenn du also beginnst, die formgebenden, strukturierenden und disziplinierenden Prinzipien zu benutzen, kommst du zu einer schönen kleinen Organisation. Wenn du Disziplin zu sehr in den Vordergrund stellst, wirst du das Leben aus allem und jedem herausquetschen. Das meine ich dann mit ›überstabilisierend‹. Bei einer zu großen Betonung von Saturn-Aspekten im Partnervergleich (besonders bei gespannten Aspekten) besteht bei einem oder sogar beiden Partnern eine große Neigung nach Sicherheit – Sicherheit aus der Beziehung zu beziehen.

Um diese Sicherheit zu erhalten, werden diese Menschen oft versuchen, den anderen in seinem Wachstum zu stoppen und ihn von Veränderungen abhalten. Das wäre ein typisches Verhalten des Saturn-Menschen, doch ist das die schlechteste Art, Saturn zu leben.

Damit sage ich nicht, daß du bei *einem* Saturn-Aspekt gleich schwarzsehen und dir Probleme machen sollst, denn ich habe auch gesagt, daß Ehen meist zumindest einen sehr starken Saturn-Aspekt aufweisen, wie vielleicht ein Saturnaspekt des einen mit dem Aszendenten oder einem persönlichen Planeten des anderen. Oftmals ist es eine Konjunktion, doch auch Quadrate und Oppositionen sind nicht ungewöhnlich. Darüber später mehr, wenn wir die karmischen Komponenten besprechen, denn ich denke, bei einem solchen Saturnaspekt im Partnervergleich ist eine wirklich karmische Last abzutragen. Und offensichtlich kann jede Ehe als ein Abtragen karmischer Last betrachtet werden. Warum will irgend jemand mit ausgerechnet dieser Person zusammenleben?... wenn sie ihm nicht etwas schulden würde oder auf eine andere Art zutiefst mit ihr verbunden wäre.

Die angenehm erregenden Aspekte sind in erster Linie die harmonischen Aspekte mit Uranus oder Jupiter. Auch ein Trigon oder eine Opposition zwischen Sonne und Mond können aufregend sein, doch ist es nicht nur Aufregung, sondern vielmehr eine positive Energie, die daraus für dich erwächst. Im allgemeinen kann man die harmonischen Aspekte von Jupiter und Uranus als erregend und enthusiastisch bezeichnen. Aspekte wie ein Trigon zwischen Uranus und Venus oder eine Konjunktur von Jupiter der einen Person mit Mars der anderen, können – wie auch andere ähnliche Wechselbeziehungen – als sehr energetisch, enthusiastisch und aufregend beschrieben werden.

Der Gesamteindruck

Am Ende eines Partnervergleichs ist es oft günstig, sich den Gesamteindruck noch einmal zu vergegenwärtigen, nachdem man alle Einzelinformationen und Details betrachtet hat. Liegt die größere Betonung auf Erregung oder Stabilität. Ist die Betonung auf Erregung und Stimulation vielleicht zu groß, oder liegt sie zu sehr auf Sicherheit. Wie ich schon sagte, ist dies eine Frage der Beurteilung. Es gibt dazu eine wertvolle Hilfe, die zumindest ein paar von euch schon kennen. Ich will euch jetzt zeigen, wie ich beim Partnervergleich arbeite, um nichts außer acht zu lassen (Formblatt zum Partnervergleich wird verteilt, vgl. Illustration Nr. 1, S. 149). Ist jedem von euch bekannt, daß man beim Partnervergleich nicht nur die Aspekte, die den gegenseitigen Energieaustausch anzeigen, und die Elemente benutzt, sondern auch die Häuser? Vor einigen Jahren habe ich einen Artikel über den Gebrauch der Häuser beim Partnervergleich geschrieben (vgl. Teil 3 dieses Buches). Das Grundprinzip dieser Methode ist, daß man die Planeten des einen genau auf dieselbe Stelle im Tierkreis beim Partner projiziert. (Zeigt ein Beispiel an der Tafel und erklärt.) Man benutzt alle entstehenden Aspekte und legt größeren Wert auf die jeweilige Hausposition, außer bei Uranus, Neptun und Pluto, wenn diese Planeten keinen Aspekt zu einem Planeten des Partners bilden. Das ist wichtig!

Partnervergleiche sind für alle Menschen möglich, da laut Definition immer eine Beziehung zwischen zwei Menschen besteht. Man kann beispielsweise Familien auch als eine Gruppe studieren, und in einigen Fällen sind bestimmte astrologische Thematiken dabei sehr offensichtlich.

Ähnlich wie beim Geburtsbild, sind auch beim Partnervergleich die Aspekte am wichtigsten, die mindestens einen persönlichen Planeten oder den Aszendenten betreffen. Beispielsweise ist das Quadrat vom Saturn des Partners auf deinen Uranus nicht so von Bedeutung. Jeder Aspekt zu einem persönlichen Planeten ist wesentlich wichtiger. Dieses Quadrat zwischen Uranus und Saturn läßt sich vielleicht folgendermaßen beschreiben: »Oh, dieser Mensch beeinträchtigt meinen Freiheitsdrang.« Es kann aber auch sein, daß ich durch den anderen fähiger werde, meine Kreativität praktisch auszudrücken. Quadrate können sehr positiv wirken. Doch wenn du in deinem Geburtsbild eine Mond-Uranus-Konjunktion hast, und der Saturn des Partners steht hierzu im Quadrat, dann kommt dem eine sehr viel größere Bedeutung zu, da ein persönlicher Planet mitbeteiligt ist. Die persönlichen Planeten bedeuten immer eine sehr direkte Erfahrung. Die Daten desjenigen, der zur Beratung kommt – oder, falls beide Partner kommen, die Daten des Partners, der die größeren Probleme erfährt – sollten in der linken Spalte eingetragen werden (vgl. Illustration Nr. 1). Wenn die Planeten einmal so eingetragen sind, kannst du bei jedem Teil im Geburtsbild des Betroffenen sofort nachschauen, wie diese Energie, dieser Drang von der anderen Person ausgedrückt werden kann und wie die Bedürfnisse, die durch die Planeten aufgezeigt werden, erfüllt werden können.

Wenn beispielsweise Ned zur Beratung kommt und mir erzählt: »Diese Beziehung zu Norrie ist eine große Ausnahme. Ich bin immer geil, und diese junge Dame frustriert mich sexuell.« Alles, was du jetzt zu tun hast, ist, in der linken Spalte seinen Mars zu suchen und dir dann alle Aspekte anzuschauen, die Norrie zu seinem Mars hat. Du stellst damit fest, welcher Energiefluß zwischen seinem Mars und ihren Planeten besteht. Auch wenn der andere in der Beratung nichts erzählt, brauchst du oftmals nur alle diese Linien horizontal durchzugehen. Wenn einer der Planeten vorwiegend spannungsreich oder herausfordernd zu allen

A. Ned		B. Norrie
Die Radixplaneten desjenigen, der den Vergleich will oder der die meisten Probleme hat.	A's Planet steht in diesem Haus im Horoskop von B.	Die Planeten im Horoskop von B, die in einer bedeutsamen Beziehung zu A's Planeten in der linken Spalte stehen.
(1) ♄	6. Haus	□☾☌♅; ☍☿; ☌♂; △ Asc.; ⚹♃
(2) ♂	8. Haus	☍♄; ⚹ ASC.; □♀; unv. ♂
(3) ♀	9. Haus	☌♃; △♄; unv. mit ♀; □♂
(4) ☿	10. Haus	□♄; unv. mit ☿; □♆; □☽☌♅; ☍♃
(5) Asc.	3. Haus	ver. ASC.; △☉; □☾☌♅; ⚹♃; △♀

ver. = verträglich
unv. = unverträglich

möglichen Teilen des Geburtsbildes des Partners aspektiert ist (vgl. Mars in der Illustration Nr. 1), dann solltest du dies in der Beratung zur Sprache bringen, denn du erkennst daran, daß in dieser speziellen Beziehung diese Energie irgendwie gestört oder frustriert ist.

Wenn du diese Dinge systematisch in Spalten aufgeschrieben hast, ist es immer eine gute Idee, die Beziehung von Mars und Mars, Venus und Venus, Merkur und Merkur festzustellen, auch wenn kein direkter Aspekt vorhanden ist. Das heißt, daß man bei diesen Planeten auch ihre Verträglichkeit, bezogen auf die Elemente, aufschreiben sollte, auch wenn der Mars der einen Person keinen direkten Bezug zum Mars der anderen Person hat. Ich verbinde Mars und Venus zudem noch immer untereinander, um zu sehen, in welcher Elementenbeziehung diese beiden Planeten zueinander stehen. Dies ist jedoch nicht notwendig, wenn ein enger Aspekt besteht, da du schon etwas hast, womit du arbeiten kannst.

Oft findest du ganz wichtige Dinge durch dieses Raster heraus. So wirst du beispielsweise alle Arten wirklich schöner Aspekte und harmonischer Zusammenhänge finden. Die beiden haben eine gute sexuelle Beziehung und vieles mehr. Und dann kommst du zu Merkur: Merkur weist Quadrate und Oppositionen zu allen Planeten auf, die vorhanden sind. Dann weißt du sofort, ohne – wie die meisten Psychologen, Eheberater und Psychiater – erst Stunden und Geld vergeuden zu müssen: Eines der Hauptprobleme in der Beziehung ist die Kommunikation.

Zweifellos wird derjenige mit dem gespannt aspektierten Merkur das Gefühl haben, daß der andere seine Ideen weder versteht noch akzeptiert und ihm auch nicht richtig zuhört. Alles im Geburtsbild von Norrie scheint seinem Merkur, wie aus den Quadraten und Oppositionen hervorgeht, Widerstand entgegenzusetzen.

Aspekte mit dem Aszendenten

Lois Sargent weist besonders darauf hin, daß »Aspekte zwischen dem Aszendenten des einen mit den Planeten des anderen von größter Bedeutung bei der Beurteilung der Anziehungskraft sind«.

Das stimmt auch mit meinen bisherigen Erfahrungen überein. Das ist der Grund, warum man bei einem Partnervergleich alle wichtigen Aspekte zum Aszendenten mit berücksichtigen sollte. Ich persönlich würde sogar noch das Quincunx und das Semisextil mit berücksichtigen. Dies sollte man natürlich unterlassen, wenn der Aszendent nicht genau feststeht, wenn die genaue Geburtszeit unbekannt ist. Ist der Aszendent jedoch genau bestimmbar, sollte man die Aspekte auf alle Fälle mit einbeziehen.

FRAGE: Wenn L. Sargent das Gefühl hat, daß die Aspekte mit dem Aszendenten von so großer Bedeutung sind, warum hat sie sie dann nicht mit in ihr Buch aufgenommen?

ANTWORT: Das würde ich auch gerne wissen.

FRAGE: Ja, sie vernachlässigt sie völlig, als hätte sie sie einfach vergessen.

ANTWORT: Es wäre schön, wenn sie drin wären, doch im Grunde ist es sehr einfach, beim Partnervergleich Aspekte mit dem Aszendenten zu interpretieren. Alles, was du dazu wissen mußt, ist, daß jeder Planet des anderen, der in einem engen Aspekt zu deinem Aszendenten steht, deinen Aszendenten in eine bestimmte Schwingung versetzen wird, deinem Aszendenten eine bestimmte Färbung geben wird.

Wenn beispielsweise Saturn eines anderen Menschen in Konjunktion mit deinem Aszendenten steht, wirst du durch den anderen zu größerer Disziplin kommen, evtl. diszipliniert werden. Du könntest dem anderen gegenüber sehr loyal werden, doch wird der andere dich darüber hinaus auch vor schwere Aufgaben stellen, was jedoch nicht unbedingt schlecht sein muß. Du kannst viel lernen, doch es kann auch etwas erdrückend für dich sein, während du dich in diesem Prozeß der ›Formung‹ befindest und vom anderen vielleicht sogar sehr strengen Tests unterworfen wirst. Auch kann deine physische Vitalität durch den anderen so lange reduziert werden, bis du diesen Prüfungen mit Charakterstärke begegnen kannst.

Ganz anders sieht es aus, wenn der Jupiter eines anderen Menschen in einem engen Aspekt zu deinem Aszendenten steht (dabei sind alle Aspekte von Bedeutung). Du wirst diese Energie, diesen Optimismus, diese positive Energie und Ausdehnung fühlen. Bei einem engen Aspekt mit Sonne, besonders bei Konjunktionen und Trigonen, kommt es zu ähnlichen Auswirkungen, da das gleiche Element angesprochen ist.

Wenn jemandes Saturn ein Trigon auf deinen Aszendenten wirft, wirst du das Gefühl haben, vom anderen abgebremst zu werden, jedoch kann das mitunter auch ein sehr konstruktiver Einfluß sein. Auf jeden Fall wird der andere deine Art des Selbstausdrucks mäßigen, ohne dich jedoch zu ersticken.

Dagegen kann es bei einer Konjunktion von Saturn mit deinem Aszendenten dazu kommen, daß du dich vom Partner solange erstickt fühlst, bis du zu dem Punkt kommst, wo du dich SELBST gefunden hast und definieren kannst, wer du bist. Eine solche Beziehung ist im allgemeinen etwas, das für dich für eine lange Zeit von großer Bedeutung ist. Dies gilt für alle Aspekte mit Saturn, denn eine Opposition ist nichts anderes als eine Konjunktion mit dem Deszendenten. Die Beziehung ist dann *als Beziehung* für dich sehr wichtig, denn es soll etwas Wichtiges erarbeitet oder abgetragen werden. Deshalb wird sie auch meistens länger dauern.

Bei einer Mars-Konjunktion zu deinem Aszendenten oder auch bei jedem anderen engen Aspekt passiert etwas sehr Energetisches, besonders bei einer Konjunktion oder einem Trigon. Der andere wird dich zu einem dynamischeren Selbstausdruck drängen. Ich hatte vor vielen Jahren einen Freund, dessen Mars stand im Trigon zu meinem Aszendenten; dieser Mensch trieb mich wirklich dazu, mich selbst zu behaupten und meinen Selbstausdruck zu verstärken. Er gab mir eine ganze Menge Selbstvertrauen.

Um Sargents Aussage noch zu vollenden: »Aspekte zwischen dem Aszendenten des einen mit den Planeten des anderen sind von größter Bedeutung für die Beurteilung der gegenseitigen Anziehung. Das gilt für jeden Partnervergleich, nicht nur für Ehen.

Wenn sich weder der Aszendent, noch der Deszendent eines Geburtsbildes mit Planeten des anderen, zumindest durch die Zeichenstellungen (wenn kein enger Aspekt vorhanden ist) verbinden läßt, dann erscheint es zweifelhaft, ob die gegenseitige Anziehung in eine Heirat mündet.«

Mit anderen Worten gesagt, es sollte eine Verbindung durch eine Konjunktion oder gleiche Zeichenstellung zwischen dem Aszendenten oder Deszendenten mit einem Planeten des anderen vorhanden sein. Auch die Herrscher von Aszendent oder Deszendent können diese Verbindung herstellen. Ich würde behaupten, daß diese Aspekte nicht nur für eine Heirat notwendig sind, sondern auch für jede langfristige Partnerschaft. Dies kann eine Heirat sein, eine langfristige Geschäftspartnerschaft oder auch ein langfristiges Zusammenleben (dabei kommt es darauf an, wie lange es dauert und was deine Einstellung dazu ist).

Beziehungen, die zusammenleben, sind im Grunde Angelegenheiten des 5. Feldes. In den meisten Fällen liegt die Betonung auf Vergnügen. Viele Menschen behaupten, daß es für sie keinen Unterschied macht, ob man zusammenlebt oder verheiratet ist. Ich kenne jedoch Menschen, die etwas von Astrologie verstehen und sowohl verheiratet waren als auch mit verschiedenen Leuten zusammengelebt haben. Wenn man ihnen zuhört, erfährt man, daß es für sie einen erheblichen Unterschied bedeutet hat, ob sie verheiratet waren oder nicht. Einer meiner Freunde beispielsweise hat eine ganze Menge Planeten im Zwilling in seinem siebenten Haus. Glaubt ihr, er hält es mit nur einer Partnerin aus? Natürlich nicht, besonders, da auch Venus und Mars im Zwilling im siebenten Haus stehen. Er mag jeden Flirt und Liebesaffären. Wenn es jedoch zu einer Heirat kommt, wird er sehr nervös und überträgt das auch auf andere. Das einzige Mal, als er wirklich geheiratet hat, hatte er mit dieser Frau schon vier Jahre zusammengelebt. Die beiden kamen großartig miteinander aus und waren zusammen glücklich. Von dem Moment an, wo sie heirateten, ging es mit der Beziehung bergab. Innerhalb eines Jahres waren die beiden wieder geschieden. Wie gesagt, er hat auch etwas Ahnung von Astrologie, und er sagte zu mir, daß es für ihn wohl besser sei, nur mit Leuten zusammenzuleben und nicht mehr als nötig in seinem siebenten Feld herumzupfuschen.

Für andere Menschen, die ebenfalls ein stark besetztes siebentes Feld haben, besonders wenn Sonne, Mond oder ein anderer wichtiger Planet daran beteiligt ist, ist es oft notwendig, auf der gepunkteten Linie zu unterschreiben und einen legalen Vertrag miteinander zu schließen, um dann wirklich mit ihrem Karma in diesem Feld zu arbeiten.

Komischerweise bestehen zwischen Planeten im fünften und im siebenten Haus oftmals Quadrate, obwohl theoretisch eigentlich Sextile vorhanden sein sollten. Dabei darf allerdings kein Häusersystem mit gleich großen Häusern verwendet werden. Im realen Leben von Menschen ergibt das für mich auch einen Sinn, denn oftmals gibt es große Auseinandersetzungen um Heirat, Zusammenleben oder Liebesaffären. Liebesaffären sind mehr Vergnügungen und gehören deshalb in den Bereich des 5. Hauses. Eine Ehe bedeutet Arbeit. Die Prinzipien von Waage und dem siebenten Haus beschäftigen sich unter anderem mit Arbeit, mit einer funktionierenden Partnerschaft (›working partnership‹). Wie ihr wißt, steht Saturn in Waage erhöht.

»Okay (nimm Bezug auf 2 c der Arbeitspapiere). Beachte, daß jeder Aspekt mit einem der persönlichen Planeten, dem Aszendenten oder Deszendenten von größter Bedeutung ist.«

Das haben wir jetzt schon besprochen (geht weiter zu 2 d der Arbeitspapiere). »Jede Konjunktion mit Aszendent, Deszendent oder dem Herrscher von Aszendent oder Deszendent von einer der beiden Personen ist wichtig, um die allgemeine Färbung oder Schwingung dieser Beziehung zu bestimmen.« Im Grunde ist das von *Lois Sargent* beschrieben worden.

Der Gebrauch der Häuser beim Partnervergleich

Wir kommen jetzt zu den Häusern... Jeder von euch weiß, wie man die Planeten aus dem einen Geburtsbild herausnimmt und in das andere auf genau dieselbe Stelle setzt. Richtig? Gibt es jemanden, der das nicht versteht? Dieser Artikel (Teil 3 dieses Buches) erklärt das sowieso noch einmal ganz genau.

In diesem Falle nehmen wir jetzt Neds Planeten und setzen sie in Norries Geburtsbild ein. Das zeigt, welchen Einfluß Neds Energien auf Norries Leben haben. Neds Planeten fallen in bestimmte Felder von Norries Geburtsbild. Dadurch werden die Bereiche angezeigt, welche durch ihn, durch seinen Einfluß auf sie, aktiviert werden.

Die Hauspositionen der Transsaturnier sind dabei von untergeordneter Bedeutung, außer wenn sie in einem engen Aspekt zu ihren Planeten stehen.

Wenn Neds Uranus beispielsweise in ihr sechstes Haus fällt, solltet ihr keine Zeit darauf verschwenden, diesen isolierten Faktor zu interpretieren, außer im Falle einer engen Konjunktion zu einem ihrer Planeten oder eines großen Altersunterschiedes. Bei einer Partnerschaftsberatung eines Paares, wo der Altersunterschied höchstens drei oder vier Jahre beträgt, sind die Hauspositionen von Uranus, Neptun und Pluto deshalb unerheblich, da sie mit der Stellung im Geburtsbild identisch sind. Wenn Norries Uranus in ihrem sechsten Haus steht, wird Neds Uranus in fast allen Fällen ebenfalls in ihr sechstes Haus fallen, da er nur ein Jahr älter ist. Es ist also sinnlos, viel Zeit auf etwas zu verwenden, das dir keine wichtigen neuen Informationen geben kann.

Ich will damit nicht sagen, daß die Transsaturnier völlig bedeutungslos sind, doch solltest du nach den Dingen Ausschau halten, die wirklich verschieden sind, die die Unterschiede der beiden Persönlichkeiten aufzeigen.

Im Gegensatz dazu solltest du beim Partnervergleich immer Wert auf die Hauspositionen von Jupiter und Saturn legen. Die Häuser, in die diese beiden Planeten des Partners fallen, sind sehr wichtig und eine weitere Ergänzung zu dem, was hier unter 2 e steht: »Die Häuser, in die Sonne, Mond, Aszendent, Herrscher des Aszendenten und Herrscher des Sonnenzeichens fallen, sind von besonderer Bedeutung.« Wenn du also bei einem Partnervergleich zwischen dir und jemand anderem dein Geburtsbild betrachtest, dann fallen die Sonnen, Monde, Herrscher der Aszendenten und Sonnenzeichen der anderen Menschen in deine Häuser und geben dadurch Hinweise, welche Häuser durch den jeweils anderen bei dir angeregt und aktiviert werden. Jemand hat beispielsweise einen Stier-Aszendenten, und deshalb ist Venus Herrscher des Geburtsbildes oder des Aszendenten. Dadurch wird das Haus, in das die Venus des anderen bei dir fällt, sehr stark betont. Dieses Gebiet deines Lebens wird durch das Umgehen mit der anderen Person aktiviert. Ähnlich ist es, wenn beispielsweise jemandes Sonne in dein viertes Feld fällt. Dein gesamtes viertes Haus wird dadurch erhellt und energetisch aufgeladen. Das ist dir vielleicht angenehm, vielleicht haßt du es auch. Der andere will vielleicht, daß du die ganze Zeit nur zu Hause bist, was dir nicht immer recht ist. Steht deine Venus ebenfalls im vierten Haus, kommt es vielleicht zu einer Konjunktion zwischen deiner Venus und der Sonne des anderen, und du kannst dir nichts Schöneres vorstellen, als mit demjenigen zu Hause zu bleiben.

Die Vorherrschaft bestimmter Aspekte

»Jeder Inter-Aspekt, der sich wiederholt, ist immer ein Hinweis auf eine vorherrschende Art des Energie-Austausches zwischen zwei Menschen (vgl. 2 f des Arbeitsbogens). Von einigen schlauen Füchsen wird dies eine Doppelbetonung (›double whammy‹) genannt.« Damit meine ich *jede* Wechselbeziehung zwischen zwei grundlegenden Prinzipien, die im Partnervergleich doppelt auftaucht. Es muß nicht der gleiche Aspekt sein, der dabei wiederholt wird. Dieser doppelte Hinweis auf eine bestimmte Qualität der Beziehung ist üblicher als ihr vielleicht denkt, und er ist immer von Bedeutung. Ein Beispiel dafür wäre, wenn meine Venus in Konjunktion mit deinem Jupiter und deine Venus im Trigon – vielleicht auch sogar Quadrat oder Quincunx – zu meinem Jupiter stünde. Ein anderes Beispiel wäre, wenn mein Mond im Trigon zu deinem Merkur und dein Mond in Konjunktion mit meinem Merkur stünde. Dies wäre ein starker Hinweis auf ein vorherrschendes Thema in der Beziehung und ein deutliches Symbol für einen bestimmten, aktiven Energiefluß zwischen zwei Menschen. Recht häufig findet man auch besondere Fälle, bei denen genau der gleiche Aspekt wiederholt ist, wie beispielsweise, wenn dein Uranus im Trigon zu meiner Sonne und auch mein Uranus im Trigon zu deiner Sonne stehen würde. Wenn diese Art der Doppelbetonung auftritt, müßtest du blind sein, um es nicht zu bemerken, und ein Narr, wenn du dem bei der Bewertung eines Partnervergleichs keine besondere Bedeutung zumessen würdest.

Der Punkt 2 g im Arbeitspapier ist etwas anderes. »Ähnlich ist es bei einer Vorherrschaft bestimmter Aspekte zu einem speziellen Planeten, beispielsweise viele harmonische Aspekte mit Jupiter (oder viele Spannungsaspekte zu Saturn, oder viele Trigone zu Uranus, was auch immer). Diese Schwingung des Energieaustausches färbt die ganze Beziehung.« Ich weiß nicht, wie ich es anders ausdrücken soll. Wenn beim Partnervergleich zwischen dir und einem anderen Menschen viele harmonische Aspekte zu Jupiter auftauchen, werdet ihr einen langen Weg gehen, um die Beziehung erfreulich und lebbar zu gestalten. Ich würde dem großes Gewicht bei der Bewertung und Beurteilung der Frage, ob die beiden Menschen zueinander passen, beimessen, auch wenn sie eine Menge gespannter Aspekte zueinander haben. Eine Vielzahl harmonischer Aspekte zu Jupiter (die Konjunktion eingeschlossen) können der ganzen Beziehung eine Stimmung von Wachstum, Optimismus und Positivität verleihen. Oftmals werden die beiden Menschen sehr tolerant gegenüber den negativen und unverträglichen Qualitäten des Partners sein können.

Wenn beispielsweise eine Beziehung im Partnervergleich sehr stark von Uranus-Trigonen oder Sextilen beeinflußt ist, dann wird sie bestimmt durch eine Schwingung von Erregung, Offenheit und Experimentierfreude. Die Partner haben die Tendenz, sich fortwährend interessant zu finden, egal, wie unberechenbar oder frustrierend sie sich gegenüber dem anderen verhalten. Wenn ein Partnervergleich von Uranus-Quadraten, Oppositionen und einigen speziellen Konjunktionen beherrscht wird, dann wird diese Schwingung von Unberechenbarkeit, Verbitterung und übermäßigem Freiheitsdrang sehr mächtig werden.

Weiter jetzt mit dem Arbeitspapier Punkt 2 h. Welcher Eindruck ist jetzt, nachdem alle wichtigen Faktoren geprüft sind, vorherrschend? Eine gute Ausgewogenheit bei den meisten Dingen? Oder ist die Betonung auf Erregung und Anregung zu groß? Kann der eine Partner den anderen mit dem versehen, was bei ihm fehlt, besonders, was die Elemente anbelangt? Wenn dem so ist, sind die beiden vielleicht zu verschieden? Fühlen sie sich voneinander angezogen, weil sie so verschieden sind? Wie ihr wißt, gibt es Menschen, die einfach *zu* verschieden sind. Sie fühlen sich dann voneinander angezogen, da sie so verschieden sind, und auf die eine oder andere Art können sie sich auch ergänzen. Wenn sie jedoch zu verschieden sind, werden sie nach einer gewissen Zeit, in der sie sich entwickelt und eine größere Individualität herausgebildet haben, feststellen, daß sie sich die ganze Zeit auseinanderentwickelt haben. Dies ist besonders dann der Fall, wenn sie schon sehr verschieden begonnen haben.

Zudem sollte auch noch die Ebene der Anziehung erwähnt werden, die zwischen den beiden Menschen besteht. Ich glaube, das ist für jeden ziemlich offensichtlich, zumindest für die hier Anwesenden... Es ist erstaunlich, wie wenige Menschen auf der Welt sich dessen bewußt sind, denn viele Menschen beginnen eine Beziehung miteinander und heiraten sogar, obwohl die Anziehung nur auf einer rein physischen Ebene beruht. Wenn das so ist, dann spielen Venus und Mars eine große Rolle. Es gibt alle Arten von Aspekten mit Venus und Mars, doch die Sonnen und Monde haben nichts gemeinsam. Die Körper dieser zwei Seelen sind ständig in einer gegenseitigen Resonanz, doch auf den Ebenen des höheren Selbst und des Geistes kommt es zu keiner Gemeinsamkeit. Diese Arten von Beziehungen werden ziemlich schnell langweilig..., außer, die beiden Menschen haben emotional und sexuell aneinander zu arbeiten. Selbstverständlich findet man auch Beziehungen, besonders Ehen, wo die beiden sich sehr umworben haben. Doch ging es dabei nur um gegenseitige Identität (dies wird hauptsächlich durch Sonne-Mond-Verbindungen offensichtlich) oder um interessante Kommunikation (Merkuraspekte), da sich die emotionalen und sexuellen Energien einfach nicht vermischen konnten. Auch das kann ein großes Problem sein, das die beiden Menschen sehr auf die Probe stellt.

Partnervergleich und Karma

Beim Partnervergleich zeigen sich viele Dinge, die mit Karma zu tun haben, vorausgesetzt natürlich, daß man an Reinkarnation glaubt, was bei mir der Fall ist. Ich weiß nicht, ob einer der Anwesenden auch daran glaubt, doch für mich werden viele Beziehungen sehr viel einleuchtender, wenn man sie unter diesem Blickwinkel betrachtet. Im Sinne von Karma kannst du dich immer weiterentwickeln, wenn du glaubst, daß Karma tatsächlich ein kosmisches Gesetz ist und deshalb auch jede Erfahrung, die wir machen, diesem Gesetz von Ursache und Wirkung unterworfen ist. Dies schließt alle Aspekte des Lebens und unserer Beziehungen ein, da auch sie mit diesem karmischen Geben und Nehmen, mit Ursache und Wirkung, verknüpft sind. Du kannst alle Dinge im Geburtsbild auf diese Art und Weise betrachten, und meistens wird es dann absurd. Einige Dinge jedoch scheinen einen besonderen und sehr offensichtlichen Bezug zur Vergangenheit zu haben. Das sind Situationen, wo Menschen das Gefühl haben oder sich mit der Vorstellung identifizieren, dem anderen etwas zu schulden oder daß der andere Macht über sie habe.

Saturn ist hierfür natürlich der wichtigste Anhaltspunkt. Das Haus in deinem Geburtsbild, in das der Saturn deines

Partners fällt, ist immer der Bereich deines Lebens, in dem der andere dir eine Lektion erteilen kann. Diese Lektionen können sehr positiv sein; ihr solltet Saturn nicht als etwas Schlechtes betrachten, wie: »Oh, Georgs Saturn fällt in mein zweites Haus, und deshalb sind wir in unserer Ehe nie zu Wohlstand gekommen.« Daran kann etwas Wahres sein, doch was steht eigentlich dahinter? Was kannst du aus dieser Erfahrung lernen? Saturn vieler meiner Freunde fällt in mein fünftes Haus, und sie haben mich auch einiges gelehrt. Tatsächlich habe ich von einem solchen Menschen auch gelernt, mich mehr zu freuen, obwohl Saturn ja eigentlich ein restriktives Element zugeschrieben wird. Derjenige hat mich, ganz im Gegensatz zu dieser Auffassung, überhaupt nicht eingeschränkt. Er hatte Sonne und Mond im Stier, und die Stier-Energie weiß, wie man sich selbst Freude bereitet und entspannen kann. Auf jeden Fall solltet ihr die Saturnaspekte benutzen, um karmische Verflechtungen zu erkennen. Wenn Saturn eines anderen Menschen einen deiner persönlichen Planeten oder deinen Aszendenten berührt, kommt es gewöhnlich zu einer sehr starken Verknüpfung. Verknüpfung meine ich hier wörtlich, und es ist notwendigerweise weder gut noch schlecht. Es ist einfach eine Verknüpfung. Irgendeine Art Sicherheit verbindet dich mit dem anderen. Oft wird es so empfunden, daß derjenige, dessen Saturn einen Kontakt zu deiner Sonne, deinem Mond oder deinem Aszendenten usw. hat, etwas über dich ausübt. In einigen Fällen haben sie dich unter ihrem Daumen. Saturn hat ja etwas mit Autorität zu tun; sie besitzen Autorität über dich. Im allgemeinen ist es dann so, daß du automatisch, zumindest am Anfang der Beziehung, das Gefühl hast, dem anderen etwas zu schulden. Sie üben dann Autorität über dich aus. Entweder schuldest du dem anderen etwas, oder du respektierst ihn oder du schaust zu ihm in irgendeiner Weise auf. Aufgrund dieses Gefühls, das du dem anderen gegenüber hast, fühlst du dich in der Nähe dieses Menschen sicherer. Die Saturn-Persönlichkeit übernimmt immer die Strukturierung, die Planung und Verwahrung. Sie ist dadurch in der Position von Autorität.

Einer meiner Freunde, mit Sonne und Aszendent im Krebs, der sich auch mit Astrologie beschäftigt, ist Junggeselle mit Venus im Zwilling und hat immer irgendwelche Beziehungen laufen. Er hat mir einmal folgendes erzählt: »Ich habe gestern eine Frau kennengelernt, und wir haben die Nacht zusammen verbracht. Mein Saturn steht genau auf ihrer Venus, und wir haben nur zusammengelegen und uns umarmt, nicht miteinander geschlafen. Dieses kolossale Gefühl von Sicherheit war die ganze Zeit da.«

Wenn die Gefühle der Krebsenergie einmal ins Fließen kommen, dann sind diese Menschen wirklich in der Lage, sich selbst Ausdruck zu verleihen. Mit Saturn auf ihrer Venus konnte er dieses riesige Gefühl von Sicherheit zum Ausdruck bringen. Das hat mit körperlichem und gefühlsmäßigem Wohlbefinden zu tun, ist aber auch immer mit Sicherheit verbunden, einer Sicherheit, die, karmisch betrachtet, aus der Tatsache herrührt, daß der andere dir bereits sehr vertraut ist. Du kennst diesen Menschen bereits, das ist einer der Gründe für diese Sicherheit. Du hattest schon einmal etwas mit ihm zu tun. Vielleicht hat er im vergangenen Leben schon viele Nächte mit dir verbracht, zumindest war er froh, dich wiederzutreffen.

FRAGE: Du sagtest, daß Saturn in Konjunktion mit ihrer Venus stand. War das im Krebs?

ANTWORT: Nein, im Löwen.

FRAGE: Ich wollte wissen, ob die Zeichenstellung und Hausposition hierfür eine Bedeutung haben.

ANTWORT: Ja, doch spreche ich im Moment hauptsächlich über die Aspekte. Selbstverständlich hat das Haus, das aktiviert wird, auch einen Einfluß, da das Haus in deinem Geburtsbild, in das der Saturn des Partners fällt, immer den Bereich bei dir anzeigt, wo du Dinge lernen sollst, wo du geprüft und herausgefordert wirst, den Bezug deines Lebens zu diesem Gebiet zu vervollkommnen. In erster Linie spreche ich jedoch jetzt über die Aspekte.

Als ich vor Jahren ganz intuitiv meine ersten Partnervergleiche begonnen habe, hatte ich vorher kein Buch darüber gelesen. Ich habe auch diesen Artikel über den Gebrauch der Häuser beim Partnervergleich noch geschrieben, ohne ein Buch darüber zu kennen. Ich hatte diese Sache für mich entdeckt. Ich wußte nicht einmal, daß einige Astrologen das schon lange verwendeten. Die Erfahrung, daß bei so vielen Ehen diese Saturn-Aspekte eine dermaßen große Rolle spielen, hat mich wirklich umgehauen. Aspekte zwischen Sonne und Saturn und Venus und Saturn kommen am häufigsten dabei vor. An zweiter Stelle folgen dann die Mond-Saturn-Aspekte. Dabei kommt es zu sehr langdauernden Beziehungen, wobei die längsten Beziehungen oft sogar harte Saturn-Aspekte aufweisen. Genau diese Beziehungen dauern oft zwanzig, dreißig oder vierzig Jahre.

FRAGE: Wie sieht folgender Fall aus? Sein Saturn steht in Konjunktion mit ihrem Aszendenten. Ihr Aszendent steht im Geburtsbild im Quadrat zu ihrem Saturn, so daß sein Saturn auch im Quadrat zu ihrem Saturn steht.

ANTWORT: Ja, ich weiß, was du meinst. Das verstärkt, was in deinem Geburtsbild bereits vorhanden ist. Ich vermute, daß diese Beziehung dich zumindest teilweise zwingt, dich mit dem auseinanderzusetzen, was du sowieso schon als Aufgabe zu bearbeiten hast. Durch diese Beziehung kannst du diese Aufgaben vielleicht sehr scharf erkennen und dich darauf konzentrieren. Das ist besonders wichtig, wenn ihr verheiratet seid. Bei vielen Menschen ist ihr ganzes Leben in einer Art Unordnung, bis sie dann heiraten. Und ganz plötzlich, nach einer sehr kurzen Zeit, beginnen sie das zu realisieren, was sie als Aufgabe haben. Saturn tritt auf ganz bezeichnende Weise in ihr Leben. Die Ehe ist eine Art saturnale Institution, die dein ganzes Leben strukturiert.

FRAGE: Die Situation, die du gerade beschrieben hast, war auch zwischen meinem Mann und mir. Sein Saturn steht an seinem Aszendenten, und mein Saturn steht im Quadrat zu seinem Saturn. Hast du über so etwas gesprochen?

ANTWORT: Ja, so ähnlich, doch ist ein Saturn-Saturn-Quadrat beim Partnervergleich lange nicht so kraftvoll wie eine Konjunktion. Eine Saturn-Konjunktion mit dem Aszendenten ist bei Beratungen von Ehepaaren sehr verbreitet. Es ist schon komisch, da die Verknüpfung ja gegenseitig ist und deshalb in beide Richtungen wirkt.

Die Person, deren Saturn dabei mitspielt, verhält sich oft so, als wäre sie mit dem anderen nicht weiter verbunden. Sie ist der Boß und übt über den anderen etwas aus. Der oder die ›Unterlegene‹ (underdog) hat dann oft das Gefühl, wirklich hart arbeiten zu müssen, um es dieser Autoritätsfigur angenehm zu gestalten. Doch warte ab, bis es zu einer Krise oder zu einer Entscheidung des ›Unterlegenen‹ kommt, daß er es leid sein wird, so hart unter der Knute des anderen zu arbeiten, und androht, ihn zu verlassen. In diesem Moment kommt derjenige mit Saturn ins Rotieren, denn derjenige, dessen Saturn bei diesem Aspekt eine Rolle spielt, dessen Sicherheit ist mit der Beziehung gekoppelt, und zwar wesentlich stärker als beim anderen.

Wenn beispielsweise Sonne oder Aszendent eines anderen Menschen in Konjunktion mit deinem Saturn steht, erreichen sie dich an deiner empfindlichsten Stelle, dort, wo du den größten Selbstschutz in deinem Verhalten aufgebaut hast. Zudem ist es ein Bereich deines Lebens – dargestellt durch die Zeichen und Haus-Position von Saturn –, in dem die Dinge nicht so leicht fließen, wo eine Menge Ängstlichkeit und Furcht bei dir sitzt. Wenn du also mit jemandem verheiratet bist oder mit jemandem lange zusammenlebst, der Planeten an der Stelle hat, wo dein Saturn steht, dann werden die Dinge in deinem Leben aktiviert, die für dich sehr unsicher sind. Sie werden dich deshalb immer herausfordern, auch wenn dies nicht bewußt passiert, so geschieht es doch konstant durch ihre Existenz. Du wirst gezwungen, dich mit deinen eigenen Unsicherheiten, Ängsten und Befürchtungen auseinanderzusetzen.

Natürlich versucht Saturn, als Herrscher von Steinbock, immer alle Dinge zu kontrollieren und zu regeln. Wenn Planeten eines anderen Menschen deinen Saturn berühren, wirst du immer versuchen, den anderen zu kontrollieren, da sie dich teilweise verunsichern.

Du fühlst dich unzureichend und verspürst diese Ängstlichkeit, die durch Saturn gezeigt wird. Oft kommt es, wenn auch unbewußt, zu Gefühlen, wie: »Wenn ich die Situation mit diesem Menschen irgendwie kontrollieren kann, kann ich mich wirklich sicher fühlen.« Aber irgendwann erreichen die beiden den Punkt, an dem der ›Unterlegene‹, dessen Sonne, Aszendent oder Mond einen Aspekt zum Saturn des anderen bildet, müde wird, ständig kontrolliert oder behindert zu werden. Wenn er dann anfängt zu rebellieren und sagt: »Ich werde es nicht länger zulassen, daß du auf mir herumtrampelst und mich in der Gegend herumkommandierst«, dann passieren ganz interessante Dinge.

Der Partner reagiert oftmals zuerst mit noch größerer Autorität (hängt natürlich von der Bewußtseinsebene ab) und wird dann sagen: »Du mußt das machen, es ist deine Aufgabe, es ist wichtig« und so weiter.

Doch wenn der andere fortfährt: »Nein, ich habe meine Aufgaben dir gegenüber jetzt erfüllt«, dann sollte es zum Geben kommen! Ähnliche Gefühle treten auch bei einem Transit von Saturn über seine Radix-Stellung, aber auch bei Oppositionen und Quadraten zur Stellung im Geburtsbild auf. Das sind diese Sieben-Jahres-Zyklen, an deren Ende oftmals eine alte Art der Pflichterfüllung zu Ende geht und eine alte Schuld beglichen ist. Dies ist besonders bei der Rückkehr von Saturn zu seiner Stellung im Geburtsbild der Fall, und du bekommst das Gefühl, daß du einer bestimmten Person nichts mehr schuldest, so wie es zuvor war. Dann sind einige ›müssen‹ und ›sollten‹ in deinem Leben, einige Verpflichtungen und Schulden nicht mehr länger real, sie sind verschwunden. Du hast es hinter dir, du hast deine Schuld bezahlt. Deshalb verändern sich auch so viele Beziehungen bei Transiten von Saturn; es ist das Ende eines karmischen Zyklus.

Wie ihr euch erinnert, hat Saturn etwas damit zu tun, objektiver zu werden, sich zu lösen und zu distanzieren. Saturn macht einen kühl und berechnend. Jeder Saturn-Transit, ob er nun über seine Radix-Stellung geht oder ob es zu einem Aspekt mit Sonne, Mond oder Venus kommt, löst ein seltsames Gefühl von Distanziertheit aus, beispielsweise gegenüber dem Partner, mit dem man sich sehr stark verbunden fühlte. So kann es dann zu Äußerungen kommen, wie: »Ich lege auf diese Beziehung, so wie sie ist, keinen Wert mehr. Einige Dinge müssen sich ändern, wenn sie weiterbestehen soll.« Es liegt dann an den Menschen, wie sie damit fertig werden, wenn sie anfangen, andere Verhaltensweisen anzustreben, die auf neuen Überlegungen basieren.

Etwas Wichtiges wird leider in den meisten astrologischen Büchern kaum beschrieben. Es ist nämlich von großem Nutzen, die Möglichkeiten zu erkennen, wie Menschen sich verändern und wachsen können und wie sie eine andere Perspektive über ihr Leben gewinnen können, wenn sie bereit sind, Neues zu lernen. Beispielsweise sind Saturn-Transite bei jüngeren Menschen ganz anders als bei älteren, denn der erste Saturn-Zyklus ist der Umlauf, wo die ungeformte Jugend ›saturnalisiert‹ wird. »Mein Gott, sind diese Saturntransite schwer, all diese Einschränkungen, wie langweilig!« Bei weiteren Umläufen werden diese Transite als weniger problematisch empfunden, da die Lektionen beim ersten Umlauf bereits begriffen wurden. Daß dies viele Menschen nicht tun, brauche ich hier nicht zu erwähnen.

Eine Art, mit Spannungsaspekten umzugehen, ist zu lernen, sich zu entspannen und die Dinge fließen zu lassen. Das ist besonders für rigide, angespannte und selbstkritische

Menschen angebracht, damit sie lernen, es sich selbst und anderen leichter zu machen. Oder man versucht einfach zurückzutreten; anstatt zum anderen ›nein‹ zu sagen, sagt man zu seinen eigenen Verhaltensweisen einmal ›nein‹. »Anstatt den anderen so oder so zu disziplinieren, werde ich mich selbst an diesem Punkt disziplinieren.« Wenn beispielsweise dein Saturn einen Aspekt zur Sonne oder zum Aszendenten deines Partners bildet und er deiner ständigen Anweisungen und Versuche, sein Leben zu strukturieren, müde ist, kann es von Vorteil sein, einmal dein eigenes Leben anzusehen und zu versuchen, dein Leben zu strukturieren. Wenn es dir nämlich gelingt, dich auf die Entwicklung einer *eigenen* Sicherheit durch *eigene* Erfolge zu konzentrieren, wirst du auf das Gefühl von Sicherheit, das dir dein Partner vermitteln kann, nicht mehr so angewiesen sein, und du hast keinen Grund mehr, den anderen zu beeinflussen, um deine eigene Sicherheit und Stabilität zu erhalten. Ich kenne keinen anderen Weg für die Saturn-Person, mit diesen Saturn-Aspekten umzugehen, als zurückzutreten und sich von eigenen Verhaltensweisen und Ängsten zu lösen. Es ist für diese Menschen notwendig, ihren eigenen Ängsten ins Gesicht zu blicken, anstatt sie auf andere zu projizieren.

Der andere kann lernen, welche Art von Verhalten und welche Handlungen die Saturn-Person zu diesen ängstlichen Verhaltensweisen treiben. Wenn beispielsweise der Saturn des Mannes einen Aspekt zur Sonne oder den Mond seiner Frau wirft, wird er vielleicht das Gefühl haben, in zwei Wochen im Armenhaus zu landen, nur weil sie überhaupt Geld ausgibt. Sie kann ihr Verhalten bis zu einem gewissen Maße vielleicht ändern, ohne ihre Integrität zu verletzen, um die Dinge einfacher zu gestalten. Sie kann anfangen, heimlich einzukaufen, oder seltener oder etwas anderes, wenn ihn nur bestimmte Sachen aufgeregt hatten. Es bedarf oft keiner großen Einschränkungen, um dem anderen das Gefühl zu vermitteln, daß er alles unter Kontrolle hat. Man muß der Saturn-Person das Gefühl geben: »Okay, ich habe die Dinge unter Kontrolle, und ich kann mich jetzt entspannen.« Wenn mein Saturn von einem Aspekt mit einem Planeten eines anderen Menschen betroffen ist, fühle ich mich bedroht, wie: »Irgend etwas ist nicht mehr unter Kontrolle, ich bekomme Angst.«

Ich habe schon oft langjährige Beziehungen gesehen, wo man eigentlich denken mußte: »Mein Gott, wie können die beiden schon so lange verheiratet sein.« Wenn man dann mit ihnen redet, erkennst du, wie sie sich fühlen, und das hört sich dann oft so an: »Tja, ich weiß auch nicht, warum ich das noch aushalte, zwanzig, dreißig Jahre mit diesem Tölpel, den ich mittlerweile eigentlich hasse.« Oder auch: »Gott allein weiß, warum ich bei dieser Frau geblieben bin, die niemals aus ihrem Loch herauskommt und nicht einmal das Haus sauber hält.« Ich erinnere mich an ein Paar, wo der Saturn des Ehemannes im Quadrat zu ihrer Sonne stand und seine Sonne im Quadrat zu ihrem Saturn. Über Jahre hindurch ging es ihnen sehr schlecht. Doch eines Tages fand sie den Mut, ihn nach über zwanzig Jahren zu verlassen. Ein solcher Saturn-Aspekt muß nicht unglücklich machen, es hängt stark vom Rest des Partnervergleichs ab und davon, wie die Betreffenden damit umgehen... Im Falle einer solchen Doppelbetonung aber, wie der beschriebenen Sonne-Saturn-Quadrate... Ich habe noch nie eine glückliche Beziehung mit einer solchen Konstellation erlebt.

Einige andere Dinge scheinen ebenfalls einen starken Bezug zu Karma zu haben, wie Neptun und das zwölfte Haus. Wenn Planeten eines anderen Menschen, insbesondere die persönlichen oder auch der Aszendent in dein zwölftes Feld des Geburtsbildes fallen, wird dadurch dieses Feld aktiviert. Oftmals bekommst du das Gefühl, dem anderen etwas zu schulden. Neptun und das zwölfte Feld haben viele Bedeutungen; eine davon kann im Sinne einer Verpflichtung, im Sinne von jemandem etwas schulden, erfahren werden. Es ist ein ähnliches Gefühl wie bei Saturn, doch nicht so schwer. Wenn also dein zwölftes Haus durch Planeten eines anderen Menschen aktiviert wird, hast du leicht das Gefühl, demjenigen etwas zu schulden. Vielleicht willst du davor davonlaufen, denn Neptun und das zwölfte Haus verkörpern auch das Prinzip der Flucht, den Wunsch, die ganze Sache vermeiden zu wollen, einen Drang zu entfliehen oder zu vermeiden. Wenn jedoch Planeten eines anderen Menschen in dein zwölftes Feld fallen, werden dich oft Umstände zwingen, diesem Menschen eine Menge zu geben. Es mag sein, daß du dich selbst dem anderen gibst auf eine Art, die du weder erwartet noch jemals gewollt hast.

Ich denke da an einen Menschen, mit dem ich sehr gut befreundet war. Seine Sonne und einige andere Planeten fielen in mein zwölftes Haus. Ich habe mich lange Zeit nicht sehr wohl mit ihm zusammen gefühlt, da wir jedoch an denselben Dingen gearbeitet haben, mußten wir miteinander umgehen. Langsam lernten wir einander kennen und entwikkelten Vertrauen zueinander. Es war wie: Wenn du einmal Menschen, die dein zwölftes Feld aktivieren oder starke Neptun-Kontakte mit dir haben, in dein Leben hereinläßt, dann kann es zu einem enormen, sehr subtilen, fast telepathischen Kontakt zwischen euch kommen. Einer der Gründe, Menschen, die dein zwölftes Feld aktivieren, zu fürchten, ist eine gewisse Peinlichkeit, da dieses Haus in Verbindung zu deinen Geheimnissen steht. Wie ihr wißt, symbolisiert es dein Unbewußtes, deine verborgene Motivation usw. Derjenige, dessen Sonne in dein zwölftes Feld fällt, hat oftmals die Fähigkeit, ›deine Gedanken zu lesen‹. Diese Menschen sind oftmals in der Lage, dein Innerstes zu verstehen, deine Motive, Gefühle und alles mögliche, was du lieber geheimhalten würdest.

Ganz ähnlich ist es mit Neptun, besonders bei einer Konjunktion von Neptun des einen mit Venus, Sonne oder Mond des anderen. Oft wird dann eine gegenseitige Identität empfunden.

Dies ist eine Art mystischer Identität, die normalerweise sehr stark mit der Empfindung von Mitleid oder sogar Bedauern verbunden ist; zumeist drückt sich dieses Gefühl von Mitleid in einer Freigiebigkeit von Gefühlen, Geld oder Sympathie gegenüber dem anderen aus. Doch ist dies eine beidseitige Verbindung, wo es letzten Endes nicht darauf ankommt, ob die Sonne deinen Neptun aspektiert oder Neptun deine Sonne. Für mich gibt es keine Möglichkeit zu erkennen, wer wem etwas geben wird. Oftmals ist dieses Gefühl von Mitleid bei beiden Menschen simultan vorhanden. Sie empfinden sich als eine Einheit, und wenn es wirklich dazu kommt, dann ist es natürlich fast unmöglich, jemandem, der mit mir identisch ist, etwas vorzuenthalten. Wenn ich ihm etwas gebe, gebe ich es ihm nicht wirklich, da ich es eigentlich mir selbst gebe. Ihr wißt, was ich meine, es ist diese mystische Identität, die zwischen diesen beiden Menschen besteht, die ein spontanes Miteinander-Teilen und Verstehen ermöglicht.

FRAGE: Gilt dies auch, wenn mein Neptun beim Partner in Konjunktion mit einem seiner Planeten steht, jedoch nicht im zwölften Haus?

ANTWORT: Oh, ja. Doch ist dies vom zwölften Haus ziemlich verschieden, obwohl auch eine ganze Menge Ähnlichkeiten zwischen einer Betonung des zwölften Feldes beim Partnervergleich und starken Neptun-Kontakten bestehen. Meiner Erfahrung nach kommt es bei einer Betonung des zwölften Feldes im Partnervergleich oft zu größeren Schuldgefühlen und stärkerer Angst als bei starken Neptun-Kontakten, die sich mehr in diesem Gefühl gegenseitiger Identität und Einheit mit vollem Herzen ausdrücken. Doch kann sich ein solches Gefühl auch bei der Betonung des zwölften Feldes mit der Zeit einstellen. Ich will damit nicht sagen, daß alle Konjunktionen zwischen Neptun und persönlichen Planeten des Partners zu diesem Mitleid führen müssen. Doch tritt normalerweise ein Trend zu Mitleid und gegenseitigem Bedauern auf, da diese beiden Menschen ein Gefühl gemeinsamer Identität und Einheit haben.

FRAGE: Wird das Mitleid von dem Menschen empfunden, dessen Neptun...

ANTWORT: Beide Richtungen. Das ist das, was ich vorher versuchte zu erklären, beide können so empfinden. Manchmal ist es auch nur einer, der so empfindet, doch allein vom Geburtsbild ist es mir nicht möglich zu unterscheiden, welcher von beiden das ist. Es ist eine Art mystischer Verschmelzung, wobei es bedeutungslos ist, daß der eine männlich und die Partnerin weiblich ist, denn die Angelegenheit ist völlig asexuell. Sie sind zwei menschliche Wesen, die sich auf irgendeine Art eins fühlen. Neptun ist schwer zu erklären, es ist ein mystischer Planet, der nur durch Intuition des höheren Geistes wahrgenommen werden kann.

Die Wasser- und Feuerhäuser

Auch die anderen Wasserhäuser sollten beim Partnervergleich in ähnlicher Beziehung zu Karma gesehen werden. Wenn viele Planeten des Partners in dein viertes, achtes oder zwölftes Haus fallen, bist du durch diesen Menschen sehr leicht verletzbar. Auch wenn du es nicht willst, bist du zumindest sehr offen für den anderen. Wie ich schon beim zwölften Haus erwähnte, können die Menschen, deren Planeten in deine Wasserhäuser fallen, oft in dir lesen wie in einem offenen Buch, sie können sich auf dein Unterbewußtsein einstimmen. Bis zu einem gewissen Maße trifft das eben auch für das vierte und achte Haus zu, denn Menschen, deren Planeten in eines deiner Wasserhäuser fallen, durchdringen deine geheimen Gefühle. Du bist ihnen gegenüber deshalb besonders geöffnet. Du kannst dich dagegen nicht schützen. Nur zwei Wege stehen dir offen: du kannst weglaufen oder dich gegenüber dem anderen öffnen und versuchen, positiv auf dieser Ebene von Intimität zu arbeiten. Ich habe außerdem etwas anderes bemerkt, und falls jemand von euch ähnliche Erfahrungen gemacht hat, kann er es ja vielleicht erzählen. Bei einer Betonung der Feuerhäuser im Partnervergleich, wenn viele Planeten des Partners – zumindest Sonne oder Mond – in dein erstes, fünftes oder neuntes Feld fallen, wirst du dies zumeist als wirklich belebend und dynamisch erfahren. Diese Menschen geben dir Energie und Vertrauen. Kann sich jemand damit identifizieren?

FRAGE: Das bezieht sich auf Häuser, nicht auch auf die Zeichen?

ANTWORT: Ja, die Häuser... Mit anderen Worten noch einmal gesagt: Wenn Planeten eines anderen Menschen in dein erstes, fünftes oder neuntes Haus fallen, in die Häuser deines Geburtsbildes... Vielleicht kannst du das bei dir einmal beobachten. Etwas anderes, das damit zu tun hat, würde ich auch noch gerne herausfinden, denn der Aszendent ist untrennbar mit dem ersten Haus verbunden.

Oft kommt es zu einer unmittelbaren Identität, zu einer unmittelbar belebenden Erfahrung mit einem anderen Menschen, dessen Sonnen-, Venus- oder Mond-Zeichen mit deinem Aszendentenzeichen identisch ist. In der Nähe eines solchen Menschen fühlst du oft mehr Selbstvertrauen und Selbstbehauptung und kannst mehr du selbst sein.

Ich würde gerne wissen, ob jemand dazu für sich eine Beziehung herstellen kann? Dies ist etwas vereinfacht, da das erste Feld oft über zwei Zeichen geht. Nehmt aber einfach mal das Zeichen eures Aszendenten und überlegt, ob ihr euch besonders zu Menschen hingezogen fühlt, dessen Sonne, Mond oder ein anderer wichtiger Planet in diesem Zeichen stehen. Kann sich jemand damit identifizieren?

FRAGE: Ja, hmm, ähm... (viele nicken zustimmend).

ANTWORT: Können viele zustimmen?

FRAGE: Das oppositionelle Zeichen ebenfalls?

ANTWORT: Klar, denn das ist dein siebentes Haus.

FRAGE: Die Planeten eines meiner Söhne fallen alle in mein erstes, fünftes und neuntes Haus...

ANTWORT: Einer deiner Söhne?

FRAGE: Ja, du hast sein Geburtsbild berechnet.

ANTWORT: Hast du durch ihn viel erkannt, wie er groß geworden ist?

FRAGE: Auf die eine oder andere Art. (Gelächter)

ANTWORT: Identifizierst du dich auf eine bestimmte Art mit ihm?

FRAGE: Ich will mal auf diese Weise sagen, er gibt mir sehr viel Energie.

ANTWORT: Ja, aber ich meine, ob du dich mit ihm identifizieren kannst.

FRAGE: Ja, das habe ich bereits. Sein Mond fällt in mein erstes Haus, am Aszendent.

ANTWORT: Besonders Kontakte zum ersten Haus können, mehr noch als beim fünften oder neunten Haus, einen starken Sinn für die Identität zwischen den beiden Menschen darstellen.

FRAGE: Und sein Jupiter, seine Sonne und seine Venus stehen alle in meinem neunten Haus, zusammen mit meinem Saturn. Er machte mir ganz schön zu schaffen, doch war ich immer auf eine so enge Art mit ihm verbunden, daß es mir auch viel Spaß gemacht hat.

ANTWORT: Die Feuerhäuser sind auch die Häuser von Freude und Spaß, denn in ihnen kommst du zu einem geistigen Verhalten. Es ist weder Denken noch Gefühle oder praktische Überlegungen, es ist einfach Freisetzung von Lebensenergie.

Ich konnte erst ziemlich spät mit dem Aszendenten etwas anfangen, der Aszendent eines Geburtsbildes ist am schwersten zu definieren und zu beschreiben. Irgendwie ist das auch ganz schön, denn es ist eine Art Mysterium. Je älter du wirst, je weiter du dich entwickelst, desto mehr symbolisiert der Aszendent ganz entscheidend deine Art, dich selbst auszudrücken, deine Seinsweise und wie du dich mit dem Leben auseinandersetzt. Ich kann es nur schwer beschreiben, doch wenn Menschen ihren Aszendenten, ihr Aszendentenzeichen ausdrücken können, dann fühlen sie sich in den meisten Fällen sehr viel besser. Sie fühlen, als ob sie sie selbst wären, sie fühlen sich befreit. Es ist eine Art befreiender Erfahrung.

Doch in sehr vielen Fällen steht ein Planet im Quadrat oder in Opposition zum Aszendenten, und es kommt zu einer inneren Auseinandersetzung: »Soll ich eher dies oder das zum Ausdruck bringen?« Ich habe dafür auch keine Antwort parat. Doch in solchen Fällen muß derjenige arbeiten (und manchmal opfern), um das Ziel des völlig freien und spontanen Selbstausdrucks zu erreichen.

Bewertung der Menschen – nicht nur ihrer Geburtsbilder

Etwas anderes habe ich auch erst ziemlich spät erkannt (all diese Dinge sind so offensichtlich, wenn man sie einmal realisiert hat). Wenn du beispielsweise einen Partnervergleich machst, werden zumeist ein paar ziemlich problematische Dinge auftauchen, da Menschen, die superglücklich sind, wohl keinen Partnervergleich bei dir machen lassen. Deshalb sollte man damit auch vorsichtig sein, denn man kommt schnell zu einer unausgewogenen Einstellung zum Partnervergleich und zu einer unausgeglichenen Art, die einzelnen Faktoren zu interpretieren, da zumeist Menschen kommen, die nicht sehr glücklich miteinander sind. Man fängt schnell an zu denken, daß dieser oder jener Aspekt negativ sei, da alle Menschen, denen man mit diesem Aspekt bisher begegnet ist, ihn so erfahren haben. Deshalb ist es auch sehr nützlich, Beziehungen zu finden, die dich nicht einmal fragen, ob du für sie einen Partnervergleich machst, da sie eigentlich sehr glücklich miteinander sind. Wenn du solche Menschen triffst und auch ihre Geburtsdaten bekommen kannst, kann das für dich zu einer ziemlichen Erleuchtung werden. Es gibt Situationen, wo beide Partner die Beziehung wollen, doch in einer großen Krise stecken und über eine Scheidung oder ähnliches nachdenken. Ich habe auch erst sehr spät erkannt, daß es nur dann Sinn hat, überhaupt mit einer Beratung anzufangen, wenn beide Partner bereit sind, an ihrer Beziehung zu arbeiten. Auch das erscheint offensichtlich, doch vergißt man bei der Astrologie oftmals die konkrete Beratungssituation, wo es schnell dazu kommen kann, daß man erzählt: »Das würde vielleicht gehen, das paßt nicht zueinander, das verträgt sich sehr gut und hieran kann nichts geändert werden.« Die Frage in solchen Situationen ist immer, ob es für die beiden Partner *möglich* ist, das ist zumindest mein Eindruck. Manchmal ist die Beziehung dermaßen schwierig, die Aspekte weisen so viele Streßfaktoren auf, es gibt so viele Gebiete, wo die beiden eher gegeneinander arbeiten oder sich gegenseitig unterminieren und konträre Ziele verfolgen... manchmal ist es einfach hoffnungslos.

In vielen Fällen begegnest du jedoch einem Grenzfall. Du kannst eine ganze Menge positive Dinge, einen wirklich guten Energiefluß in der Beziehung erkennen, und auf bestimmten Ebenen besteht eine brauchbare Harmonie, während auf anderen Ebenen Probleme vorherrschend sind. Wenn du diesen Beziehungen mit Hilfe der Astrologie zu etwas größerer Bewußtheit darüber verhelfen kannst, was eigentlich los ist und aus welchen Motivationen heraus sie etwas tun und ihnen vielleicht einen Hinweis geben kannst, daß sie sich nicht in allen Dingen nach dem Partner richten müssen, dann ist es okay, und es besteht eine Hoffnung. Ich werde in meinem Alter etwas zynisch, doch hat es den Anschein, daß die Menschen heutzutage die Muße haben, sich eine Menge Probleme selbst zu verursachen. Vor dreißig oder vierzig Jahren, während des Krieges oder der Wirtschaftskrise, wäre es ziemlich absurd gewesen, über das Ende einer Ehe nachzudenken, da die beiden Partner so offensichtlich voneinander abhängig waren. Ihr Überleben war aneinander gebunden. Zudem hatten sie keine Zeit, darüber nachzudenken, ob sie zueinander passen, da sie die meiste Zeit gearbeitet haben. Auch größere Familien waren absolut üblich.

FRAGE: Du sagst es, Stephen, das ist wirklich wahr.

ANTWORT: Ich habe in so vielen Fällen einen Partnervergleich gemacht, wo sich herausstellte – nachdem ich all die Lügen ihres Spiels aufgedeckt und klargemacht hatte, wo sie im Moment wirklich stehen – daß einer und oft sogar beide einen Uranus- oder Pluto-Transit gehabt hatten und eigentlich nur aus der verdammten Geschichte herauswollen. Sie wollen auf keinen Fall daran weiterarbeiten, denn sie haben es schon getan. Es kommt dann ein schlechtes Gefühl auf, und die Chancen stehen nicht gut, daß ein weiteres ›Sich-damit-Beschäftigen‹ soviel hilft. Sie müssen das und auch den Partner als das akzeptieren, was er ist, oder alles verwerfen. Das ist heute auch leichter möglich, da es sozial akzeptiert ist, sich scheiden zu lassen.

Früher, als alle noch in kleinen Städten gelebt haben und zu einer Kirche gehörten, gab es dieses Getuschel usw.; niemand *wollte* damals geschieden werden, zumal immer noch die ökonomische Unsicherheit dazukam. Heute ist das nichts Besonderes mehr: »Sieh dir das an, Georg und Mary haben sich gerade scheiden lassen und Thelma und Rudolf auch«, und ganz schnell meinen sie, das auch einmal ausprobieren zu müssen. Genau in einer solchen Situation kommt dann noch ein netter, kleiner Uranus-Transit o. ä. hinzu, und du denkst: »Genau, das ist es. Ich werde wieder frei sein.« Dein Ego bläst sich überproportional auf. Uranus ist nebenbei gesagt auch ein sehr gefährlicher Planet, denn seine Energie hat sehr stark egozentrischen Charakter... »Ich, Ich, Ich... Ich werde frei sein, ich werde meine eigenen Sachen machen und mich nicht um die anderen scheren, egal was meine Frau, die Kirche, Kultur oder sonstwer dazu sagt. – Ich werde meine Sache durchziehen.« Sehr, sehr egozentrisch, was nicht schlecht sein muß, und jeder muß so etwas von Zeit zu Zeit zum Ausdruck bringen. Während Uranus-Transiten fühlt man sich jedoch häufig so. Das führt mich direkt zu den Uranus-Aspekten mit Venus und Mars.

Aspekte von Venus und Mars mit den Transsaturniern im Geburtsbild

Ist Uranus mit Venus oder Mars in einem wichtigen Aspekt verbunden, trifft man oft auf eine bestimmte Art von Egozentrik. Es besteht bei diesen Aspekten immer ein Bedürfnis, in einigen Fällen eine regelrechte Sehnsucht nach Erregung. Es ist wie eine Sucht danach.

Hat Mars mit Uranus eine Aspektverbindung, hat das immer mit ›action‹ zu tun, mit der fortwährenden Erregung, die aus der Handlung entspringt, wie z. B. irgendwohin gehen, mit dem Auto herumrasen, mit sexueller Abwechslung. Auf jeden Fall ist es immer eine höchst aktive und sich häufig ändernde Tätigkeit.

Wenn also zwischen Uranus und Mars ein Energieaustausch besteht, dann ist fast immer ein bemerkenswerter sexueller Schwung festzustellen, ein beinahe unersättliches Bedürfnis nach sexueller Aufregung.

FRAGE: Und bei Venus-Uranus?

ANTWORT: Auch da bis zu einem gewissen Maße, doch Mars-Uranus-Aspekte scheinen sich bei fast allen Menschen so auszuwirken, während das Sexuelle von Venus-Uranus-Aspekten sich mehr bei Frauen ausdrückt oder aber dann, wenn Venus in einem sexuell oder erotisch getönten Zeichen steht.

Im Moment will ich mich aber auf Mars-Uranus konzentrieren. Im allgemeinen besteht bei solchen Aspekten dieses Verlangen nach ständig neuer Aktivität, weil alles sehr schnell seinen Reiz verliert. Egal bei welcher Tätigkeit, sei es irgendeine Arbeit oder sexuelle Aktivität, es besteht ein Bedürfnis nach Aufregung und Freiheit. Die Zeichenstellung sagt dabei Genaueres über die jeweiligen Äußerungsformen aus.

Bei einer Mars-Uranus-Konjunktion im Zwilling wird sich dieses Bedürfnis nach Aufregung z. B. als eine intellektuelle Neugier auf fremdartige und unorthodoxe Dinge und Gedanken darstellen. Bei Mars-Uranus im Widder dagegen will man diese Energie direkt in Handlung umsetzen, man will es einfach machen und nicht nur aufregende Gedanken spinnen.

Oft gibt es sexuelle ›Schwierigkeiten‹ bei einer Mars-Uranus-Verbindung, obwohl der Betreffende dies oft nicht als problematisch wahrnimmt und vielleicht sogar sagt: »Ach das ist kein Problem!« Dennoch besitzen sie im Leben dieses Menschen enormes Gewicht, gerade weil er so viel Energie aufwendet, um seine Bedürfnisse nach Aktivität und Sexualität zu befriedigen.

Das berühmteste Beispiel hierfür ist Henry Miller, der sechsmal verheiratet war und wohl außerdem noch sexuelle Erfahrungen mit etwa 7000 anderen Frauen gemacht hat. Er hat eine Mars-Uranus-Konjunktion im Skorpion im siebenten Haus.

FRAGE: Oh, Gott! (Gelächter und andere Kommentare der Zuhörer)

ANTWORT: Er wechselte seine Partnerinnen also sehr häufig.

FRAGE: Deutet Mars-Uranus nicht manchmal auch auf Gewalttätigkeit hin?

ANTWORT: Ja, diese Möglichkeit besteht durchaus, aber nicht jeder mit einer Mars-Uranus-Verbindung bringt dies auch zum Ausdruck. Dieser Energieaustausch bringt nämlich auch einen ungeheuren Schwung, Mut und Originalität mit sich. Tatsächlich ist es so, daß die Mehrzahl dieser Menschen, sogar bei einem Mars-Uranus-Quadrat, ihre potentielle Gewalttätigkeit weder öffentlich noch auf kriminelle Art ausleben. Auf einer eher privaten oder persönlichen Ebene geschieht dies wohl öfters.

Ich kenne eine Frau, deren Mann eine fast gradgenaue Konjunktion von Mars und Uranus im Widder mit einem zusätzlichen Quadrat zu Saturn hat. Saturn steigert in diesem Fall die Spannung noch erheblich. Sie heiratete ihn und lief nach einem Monat davon, um die Scheidung einzureichen, weil er für ihren Geschmack einfach zu unersättlich war. Dazu kommt natürlich, daß Sexualität für sie nicht diese Bedeutung hatte:

Venus und Mars waren beide in den Merkurzeichen Zwilling und Jungfrau und deshalb nicht gerade passend für diese Art der Auseinandersetzung.

Er war nicht gewalttätig, in dem Sinne, daß er sie geschlagen hätte, aber er wollte Sex, fünf-, sechsmal am Tag. Es war ihm dabei gleichgültig, womit sie gerade beschäftigt war. So konnte sie z. B. gerade fernsehen, er kam, nahm sie hoch und trug sie ins Schlafzimmer. Das konnte sie einfach auf Dauer nicht aushalten. Dies empfand sie als mangelnde Achtung ihrer Person.

FRAGE: Ist es nicht möglich, daß er, so wie du die Situation gerade beschreibst, durch ihre Weigerung erst richtig angetörnt wurde?

ANTWORT: Ich weiß es nicht genau, doch ich glaube nicht, daß ihn ihr Desinteresse besonders angemacht hat. Im Gegenteil, es hat ihn wohl mehr frustriert und deshalb vielleicht aggressiver gemacht. Eine gewisse Gewalttätigkeit kommt dann doch oft zum Ausdruck, manchmal aber auch Homo- oder Bisexualität. Glaubt aber auf keinen Fall, daß jeder unbedeutende Mars-Uranus-Aspekt sich bei einer Person sexuell so auswirkt.

Allerdings haben diese Menschen fast immer eine elektrisierende und urplötzliche Art erotischer Empfänglichkeit, so daß sie zu anderen, unabhängig vom Geschlecht, eine sexuelle Anziehung empfinden können, wenn die jeweilige Person für sie attraktiv ist. Ihre Sexualität ist für sie dann gegebenenfalls eben ein homosexuelles Abenteuer.

Dies ist jedoch etwas völlig anderes, als aus einem bestimmten Geburtsbild Homosexualität herauszulesen. Soweit ich weiß, ist dies nicht möglich. Man kann vielleicht vermuten, wenn man die Person sieht, ob sie empfänglich ist für eine bestimmte Ausstrahlung und einige Faktoren im Geburtsbild darauf hindeuten. Dann ist man oft auf der richtigen Spur. (Aber natürlich haben nicht alle Homosexuellen einen Mars-Uranus-Aspekt, der sie antreibt. Dafür gibt es noch andere wichtige Faktoren.)

Menschen mit Mars-Uranus-Verbindungen haben dieses starke Bedürfnis nach Aufregung, und deshalb ist auch Homosexualität dann etwas Neues und Erregendes, insbesondere, wenn ›normaler Sex‹ an Attraktivität verloren hat, aus welchen Gründen auch immer. Man sollte die immense Energie, die in einem solchen Aspekt steckt, nie unterschätzen.

FRAGE: Wenn nun im Horoskopvergleich Uranus des einen auf dem Mars des anderen steht, bedeutet dies auch so einen Impuls sexueller Anziehung?

ANTWORT: Es ist auf jeden Fall ein sexuell aufregender Aspekt. Hauptsächlich bei einer Konjunktion, und in gewissem Maße auch bei der Opposition. Aber diese Aspekte können genauso wie ein Mars-Uranus-Quadrat eine Rebellion in jedem und gegen jeden hervorbringen, besonders die

Konjunktion ist in den meisten Horoskopvergleichen ein Aspekt mit enormer sexueller Energie. Man muß natürlich immer noch die weiteren Aspekte von Uranus und Mars zu anderen Planeten mit berücksichtigen, um beurteilen zu können, ob diese Spannung in die Beziehung integriert werden kann, oder ob es evtl. zum Dauerkrach kommt.

Gewalttätigkeit steht in einer Beziehung zu Lust und Leidenschaft, und daher sind die Übergänge oft fließend.

Venus und Uranus

Die Beziehung von Venus und Uranus hat sowohl mit ›romantischen‹ Sehnsüchten als auch mit dem Bereich der sozialen Beziehungen zu tun. Man kann sagen, daß ein Bedürfnis nach sozialer und emotionaler Erregung und Vielfältigkeit besteht. In bezug auf die sexuellen Beziehungen ist dies im Geburtsfeld einer Frau von besonderer Bedeutung, da Venus bei Frauen einen stärkeren Einfluß auf tiefe emotionale Beziehungen und Sexualität hat.

Venus hat eine soziale und emotionale Wirkung auf alle Menschen, unabhängig vom Geschlecht. Aber im Geburtsbild einer Frau bekommt Venus eine spezielle sexuelle Bedeutung, da sie eine direkte Einwirkung auf die physische Sexualität der Frau hat.

Menschen mit einem Venus-Uranus-Quadrat oder einer Opposition haben oft besonders starke Ängste vor einer Zurückweisung und vor dem Verletztwerden durch andere. Sie handeln oft ähnlich wie Menschen mit Venus im Wassermann: irgendwie losgelöst und weitab. Sie sind sehr experimentierfreudig, was die Liebe oder die emotionalen und sexuellen Belange angeht, aber sie tendieren dabei zu einer gewissen Egozentrik.

Diese Egozentrik gehört wesentlich stärker zu den Venus-Uranus-Konjunktionen, Quadraten und teilweise auch Oppositionen als zu den sogenannten harmonischen Aspekten und zu Venus im Wassermann. In erster Linie sind es die gespannten Aspekte von Venus und Uranus, die zu extremer Egozentrik tendieren, was sich oft in Schwierigkeiten zu kooperieren oder sich anzupassen äußert.

Oft spürt man auch eine gewisse Kälte. Uranus ist ja immer etwas unpersönlich, und wenn sich dies mit Venus verbindet, verliert die emotionale und sexuelle Ausstrahlung an Wärme. Diese Auswirkung findet man recht häufig, insbesondere bei Frauen, die viele Partner oder lesbische Beziehungen hatten. Um es noch einmal zu sagen: Die allermeisten Menschen mit einem Venus-Uranus-Aspekt sind nicht homosexuell, aber getrieben von einer Sehnsucht nach emotionaler und sozialer Aufregung, aber auch nach Rebellion.

Einige erwarten sich die Befriedigung ihrer Sehnsüchte in einer engen Partnerbeziehung, andere Menschen dagegen können diese Bedürfnisse nach Erregung, zumindest bis zu einem gewissen Grade, auch dadurch befriedigen, daß sie viele Freunde haben, ausgehen und alles mögliche unternehmen. Auf welche Art von Vergnügungen man jeweils eingestimmt ist, darüber kann die Zeichenstellung von Venus Auskunft geben. Menschen mit diesen Aspekten realisieren fast nie, wie sie sowohl sich selbst als auch ihren Beziehungspartnern Schwierigkeiten schaffen.

In Büchern, in denen man die Bedeutung von Venus im Quadrat oder in Opposition zu Uranus nachschlagen kann, werden diese Aspekte ›Scheidungsaspekte‹ oder so ähnlich genannt.

Tatsächlich wissen viele Menschen mit diesen Aspekten nicht, warum sie laufend in Partnerschafts- oder Scheidungsprobleme verstrickt sind. Fast immer sagen sie von sich selbst, sie seien ›zu kalt‹ oder ›zu unpersönlich‹. Dabei trifft ›zu unpersönlich‹ die Sache sicher besser, da man sie auf keinen Fall als leidenschaftslos bezeichnen kann. Nur vermitteln sie dem Partner leicht das Gefühl, er würde nicht geschätzt und sei als Individuum austauschbar, Massenware, wie ein Anzug von der Stange.

Besonders bei den Oppositionen gibt es Menschen, die ihre Partnerbeziehungen immer wieder durch ihr egozentrisches und impulsives Verhalten selbst zerstören, was sie später oft bereuen.

Ich erinnere mich an eine Frau mit einer Venus-Uranus-Opposition. Sie reiste mit einer Freundin nach Europa, und dort lernten sie zwei Männer kennen. In Frankreich mieteten sie ein Haus und lebten dort zu viert zusammen. Die Frau mit der Venus-Uranus-Opposition war jedoch so energiegeladen, daß ihr Partner ihr nicht genügte und sie deshalb mit dem derzeitigen Partner ihrer Freundin eine zusätzliche Beziehung anfing. (Uranus legt ja oft eine in gewisser Weise ›perverse‹ Tendenz an den Tag, besonders, wenn es darum geht, soziale Rollen zu durchbrechen.) Als sie dann mit dem anderen Mann auch schlief, führte dies zu einem ernsthaften Bruch in der Beziehung zu ihrer Freundin, und es dauerte über ein Jahr, bis die beiden wieder ein Wort miteinander wechselten.

Eine andere Frau, die sich von mir astrologisch beraten ließ, sperrte anschließend den Scheck, den sie mir zur Bezahlung meiner Beratung gegeben hatte. Dies ist eine der extremen Verhaltensweisen, die diese Aspekte hervorbringen kann. Ich erinnere mich nicht mehr genau an die Einzelheiten, aber auf jeden Fall war sie ein sehr unglücklicher und einsamer Mensch. Sie war 35 Jahre alt und hatte noch nie eine für sie annehmbare Beziehung zu einem Mann gehabt. Dies war der Hauptgrund, warum sie mich aufsuchte. Sie wollte erfahren, warum jeder Mann, den sie treffe, so schnell wieder das Weite suche.

Durch die Sperrung meines Schecks lieferte sie selbst das beste Beispiel für ihr egozentrisches, grundloses und ungereimtes Verhalten. Dies wäre wohl die beste Antwort auf ihre Frage. Sie war nicht bereit, auch nur einen Zentimeter zurückzustecken oder mit jemandem zu kooperieren. Ihre persönliche Freiheit und das Ausleben ihrer Bedürfnisse gingen ihr über alles.

Neptunaspekte mit Venus oder Mars

Neptun-Aspekte mit Venus oder Mars sind ebenfalls sehr interessante Konstellationen. Beide findet man auffallend häufig bei Menschen, die auf einer spirituellen Suche sind. Tatsächlich hat jeder ernsthafte Sucher, den ich bisher getroffen habe, einen starken Neptun-Aspekt zu einem oder mehreren persönlichen Planeten, einen stark gestellten Neptun oder Neptun im ersten Haus. Sie alle wollen eine spirituelle Befreiung auf irgendeine Art. Für solche Menschen sind die sogenannten Spannungsaspekte wie Oppositionen, Quadrate und auch Konjunktionen ihrer spirituellen Entwicklung extrem dienlich, da diese Aspekte ein Antrieb sind, sich aktiv in die Auseinandersetzung zu stürzen. Mit Trigonen ist man vielleicht neugierig auf spirituelle Dinge, aber man tut nicht viel dafür.

Ich habe dies in zahlreichen Fällen beobachten können. Menschen mit vielen Trigonen zu Neptun, insbesondere zur Sonne, lesen vielleicht Bücher über Zen-Buddhismus, über Befreiung usw., doch bleiben sie auf ihrem Hintern hocken, rauchen Marihuana und beginnen nicht ernsthaft mit der Auseinandersetzung um Spiritualität, wie z. B. mit Meditation.

Bei Neptun-Aspekten zu Venus oder Mars besteht immer die ganz große Gefahr der Selbsttäuschung. Die Venus-Neptun-Aspekte beziehen sich dabei mehr auf die persönlichen Beziehungen, während die Mars-Neptun-Aspekte sich mehr auf die persönlichen Zielvorstellungen beziehen. Beide Aspekte tragen eine gewisse sexuelle Verwirrung in sich, und sexuelle Phantasien können dabei eine große Rolle spielen. Besonders bei Mars-Neptun-Aspekten besteht eine seltsame Art von Empfänglichkeit gegenüber allen möglichen Dingen. In diesen beiden Aspekten liegt eine Art von Verführung, die die Menschen in Dinge hineinzuziehen scheint und tatsächlich auch zieht, die sie möglicherweise bewußt nie gewollt haben.

Neptun symbolisiert eine allgemeine Tendenz zur Selbsttäuschung, aber bei Aspekten mit Venus oder Mars kommt dies besonders zum Tragen, da es um emotionale und sexuelle Partnerbeziehungen geht.

Mars-Neptun

Viele Männer mit gespannten Mars-Neptun-Aspekten haben Probleme, wenn es um ihre eigene Männlichkeit geht. – Auf dem letzten Workshop, den ich gehalten habe, habe ich darüber gesprochen, was Mars mit Männlichkeit und damit, wie männlich sich ein Mann fühlt, zu tun hat. –

Diese Männer sind oft etwas verworren in ihrer eigenen Männlichkeit. In einigen Fällen kommt dies dadurch zum Ausdruck, daß sie anfangen, sich homosexuell zu verhalten. Andere produzieren einen ›wahnsinnigen‹ Haß auf Homosexuelle oder betonen ›männliche‹ Aktivitäten. Dann sind sie begeisterte Jäger, Angler oder Killer und versuchen so, superdynamisch ihre Männlichkeit zu kultivieren.

Ich betone immer die sogenannten Spannungsaspekte, da sie ganz offensichtlich die problematischeren sind. Sie drükken sich sehr schnell aus, ganz im Gegensatz zu den Trigonen und Sextilen, die kaum ins Bewußtsein treten.

Frauen mit gespannten oder ›herausfordernden‹ Mars-Neptun-Aspekten haben oft Schwierigkeiten im Umgang mit Männern, weil sie so empfänglich für Verlockungen und leicht zu verführen sind. Ihr Mitgefühl macht sie so leicht beeinflußbar.

Neptun ist bei allen Menschen so mitleidsvoll und mitfühlend. Dies kommt jedoch bei Frauen mit Mars-Neptun-Aspekten besonders zum Ausdruck. Da ihnen oft nicht klar ist, was sie wollen, ist es furchtbar einfach, dieses Mitgefühl auszunutzen. So können sie leicht zu allem möglichen gebracht werden, im Sexuellen genauso wie im Geschäftsbereich. Sie werden deshalb leicht übers Ohr gehauen.

Venus-Neptun

Beinahe jeder Venus-Neptun-Aspekt, insbesondere die genauen, bringen ein ungewöhnlich starkes Verlangen nach einer idealen (Neptun) Liebe (Venus) mit sich. Menschen mit solchen Aspekten sind immer sehr romantisch und haben einen ausgesprochenen Sinn für romantische Beziehungen.

Die meisten sind häufig auf der Suche nach neuen Partnern, einem Traumprinzen oder einer Traumprinzessin, besonders, wenn sie keine spirituelle Ausrichtung haben. Sie lesen vielleicht romantische Bücher oder gehen in schmalzige Opern. Es besteht ein großes Verlangen, sich in die märchenhafte Romanze, in die perfekte Liebe zu flüchten. Manchmal äußert es sich allerdings auch als ein Bemühen um perfekte Kunst oder Schönheit.

In meinen Unterlagen habe ich eine erstaunliche Anzahl von Frauen mit Venus-Neptun-Konjunktionen oder -Quadraten, die schon sieben- oder achtmal verheiratet waren, einige wenige waren nur vier- oder fünfmal verheiratet. Natürlich ist dies nicht zwangsläufig so, aber fast alle, die ich gerade erwähnt habe, hatten eine Venus-Neptun-Konjunktion oder wenigstens einen der beiden Planeten im siebenten Haus oder im sechsten an der Spitze des siebenten. Zumindest beherrschte Venus oder Neptun das siebente Haus. Bei den angeführten Konstellationen kann man, milde ausgedrückt, von einer schwach ausgeprägten Urteilskraft im Bereich der persönlichen Beziehungen sprechen.

In vielen Fällen wird der Betroffene betrogen werden, denn neptunische Menschen glauben, was sie glauben wollen. Sie wollen keine Tatsachen sehen.

Dies ist zugleich der Grund, warum so viele neptunbetonte Menschen sich mit den okkulten und metaphysischen Wissenschaften beschäftigen, denn sie sind sehr offen, intuitiv und spirituell orientiert. Doch oft können sie nicht unterscheiden zwischen dem, was wahr ist, und dem, was unwahr ist, zwischen dem, was brauchbar und dem, was nutzlos ist.

Sie glauben einfach, was sie glauben wollen, und das kann eine wunderbare Quelle der Inspiration sein, die den Glauben zu sprengen vermag und dann zu ›Wissen‹ wird. Doch vielleicht ist alles auch pure Selbsttäuschung!

Ich kenne eine Frau mit dieser Venus-Neptun-Verbindung. Sie ist erst 35 Jahre alt und schon zum fünften Mal verheiratet. Sie mußte zwei ihrer Männer wegen Betruges anzeigen, denn sie versuchten, ihr Haus, ihr Geld, ihr Auto an sich zu bringen. Ihre Person war ihnen völlig gleichgültig, doch dies bemerkte sie überhaupt nicht. Liebe macht blind – das ist Venus-Neptun!

FRAGE: Es reicht, wenn einer der beiden Planeten im siebenten Haus steht und vom anderen aspektiert wird?

ANTWORT: Richtig.

FRAGE: Und das bedeutet dann ein mangelndes Unterscheidungsvermögen?

ANTWORT: Ja, in den allermeisten Fällen. Ich glaube, daß meine allgemeinen Aussagen über diese Aspekte unabhängig von den Häuserstellungen immer zutreffen. Ich habe nur gesagt, daß Menschen, die so oft verheiratet waren, alle diesen Aspekt, zumeist als Konjunktion, im siebenten Haus hatten. Auch einige andere Venus-Neptun-Verbindungen, die mit dem siebenten Haus verknüpft sind, können sich so ähnlich ausdrücken.

In anderen Fällen haben Menschen mit einer Venus-Neptun-Verbindung große Schwierigkeiten, wenn sie der rauhen Beziehungsrealität des Alltags ins Auge blicken sollen, da sie von Romantik dermaßen abhängig sind. Doch eine Beziehung ist nun mal nicht nur romantisch, und wenn es notwendig wird, den alltäglichen Kleinkram zu erledigen, haben sie oft gar keine Lust dazu. Sie sind dann völlig überrascht, da sie dachten, es ginge immer so weiter, wie auf ihrer Hochzeitsreise nach Hawaii. Doch schon bald schrubben sie den Boden, spülen Geschirr usw.

Beispielsweise erzählte mir eine Frau mit einer Venus-Neptun-Konjunktion, fünfmal verheiratet und 31 Jahre alt, daß sie nicht in der Lage sei, sexuell auf ihren Mann einzugehen, außer wenn sie eine ganz besondere, neptunisch-romantische Atmosphäre schaffen könne. Sie mußte das Licht ausmachen, Kerzen anzünden und bestimmte Musik auflegen.

Sie mußte der Situation einen ziemlich irrealen und romantischen Anstrich geben, um überhaupt von ihm angetörnt zu werden. Ihr jetziger Mann, Mars-Uranus-Konjunktion im Widder, war total auf Sex abgefahren, und sehr oft hatte sie mit ihrer Venus-Neptun-Konjunktion in der Jungfrau keine Lust.

Sie mußte sich deshalb mit Kerzen und all dem romantischen Drumherum selbst auf die Situation einstimmen, damit sie es überhaupt aushalten konnte, denn Mars-Uranus im Widder ist ja doch recht grob und überhaupt nicht romantisch.

Es gibt auch andere Fälle, in denen sich Menschen mit Venus-Neptun-Aspekten ihren Verpflichtungen einfach entziehen. Doch dann springen sie manchmal, geblendet von irgendwelchen Illusionen, so schnell in etwas hinein, daß es geradezu lachhaft ist, und dann entziehen sie sich immer und immer wieder und können sich auf Beziehungen nicht einlassen.

Ich kenne einige wirklich gut aussehende Frauen in den Vierzigern und Fünfzigern, die weder verheiratet waren noch sonst eine feste Beziehung hatten. Das soll nicht heißen, daß sie nie ›der Fleischeslust gefrönt‹ hätten, ganz im Gegenteil. Sie hatten zahlreiche Liebesbeziehungen, aber sie konnten sich nie irgendwie festlegen.

Dies ist überall dort, wo Venus (Liebe) eine Verbindung mit Neptun (völlig abgehoben von der Realität) eingeht. Neptun will keine Verpflichtungen oder Festlegungen, denn das würde bedeuten, Grenzen zu akzeptieren. Neptun will ohne Grenzen und Beschränkungen bleiben.

Pluto-Aspekte mit Venus oder Mars

Auch bei Aspekten von Pluto mit Venus oder Mars kommst du zu sehr interessanten Feststellungen. Eine, die aber eigentlich mehr eine Kuriosität für Astrologen ist und die du deinen Klienten nicht unbedingt erzählen solltest, ist die Beobachtung, daß es bei Menschen mit einer Venus-Pluto-Konjunktion oder -Opposition öfters zum Tode eines Geliebten oder Verlobten kommt.

FRAGE: Ja, das stimmt bei mir (Einwurf eines Teilnehmers)!

ANTWORT: Welchen Aspekt hast du?

FRAGE: Venus und Pluto innerhalb eines Grades.

ANTWORT: Konjunktion?

FRAGE: Ja, im zwölften.

ANTWORT: Ich habe das wiederholt beobachtet, doch habe ich auch schon viele Fälle gesehen, wo es anscheinend nicht zutraf. Wenn du also jemanden mit einer Venus-Pluto-Konjunktion kennst, solltest du nicht hingehen und sagen: »Oh, wahrscheinlich wird dir einmal dein Liebster sterben.« Dazu besteht keine Veranlassung. Ein Fall hat mich jedoch wirklich verblüfft. Ein Mann mit einer Konjunktion von Venus und Pluto war viermal verlobt, und jedesmal starb seine Braut kurz vor der Heirat. Ich brauche wohl nicht zu sagen, daß er es nicht noch einmal probiert hat. Eine andere Frau hatte während eines Jahres Beziehungen zu einigen Männern. Zwei von ihnen starben, einer verließ auf mysteriöse Art und Weise das Land, und der letzte mußte ganz plötzlich nach Washington D. C. umziehen. Irgendwie war sie jedesmal enttäuscht.

Nicht in jedem Fall kommt es natürlich zu solch seltsamen Trennungen und Todesfällen, und deshalb solltest du in einer Beratung sehr vorsichtig damit sein, was du darüber sagst. Auf jeden Fall kommt es bei einem Pluto-Einfluß immer zu einer kolossalen Tiefe. Häufig wird man mit diesen abgrundtiefen Mysterien konfrontiert, die unergründlich sind. Tatsächlich ist ›unergründlich‹ eines der besten Worte für Pluto, unheimlich tief. Diese kolossal starken Energien und Erfahrungen in Beziehungen haben einen Bezug zur Konjunktion von Venus und Pluto. Wahrscheinlich ist die beste Art, mit diesen Venus-Pluto-Aspekten umzugehen, die, zu begreifen, daß all dieses emotionale Leid, die Enttäuschung durch eine Trennung von demjenigen, den man liebt, oder wie auch immer diese Aspekte sich im einzelnen darstellen, dazu dienen soll, zu einer völlig anderen Einstellung zu Beziehungen und Liebe (Venus), zu Geben und Nehmen, beim intimen Umgang mit anderen Menschen zu kommen.

Wenn diese Menschen nicht zu einer völligen Wandlung kommen und daran nicht sehr bewußt arbeiten, werden sie oft äußere Umstände zu einer Transformation und drastischen Änderung ihrer Einstellungen, Verhaltensweisen und Wertvorstellungen auf diesem Gebiet drängen. Warum ist diese Transformation notwendig, mag jemand fragen... Zweifellos sind hier viele psychologische, spirituelle und karmische Gründe denkbar. Für das einzelne Individuum ist das bestimmbar. Es gibt Gründe und Wertvorstellungen, die angenehm und richtig zur jeweils speziellen Philosophie des Lebens passen. Das Geburtsbild kann nur die Fakten liefern, es symbolisiert die Qualität von Erfahrung, der man begegnet. Die Frage nach dem ›Warum‹ kann es in keiner präzisen und regulären Art beantworten.

Bei Venus-Pluto-Aspekten im Geburtsbild kommt es auch zur Tendenz, gefühlsmäßig unersättlich zu sein. Du wirst niemals genügend Aufmerksamkeit bekommen. Ist das nachvollziehbar? (Venus im Skorpion ist ähnlich. Es ist ebenfalls eine Wechselbeziehung von Venus und Pluto.) Ich kenne einen fünfjährigen Jungen mit einer Venus-Pluto-Opposition, der unersättlich in seiner Sucht nach Anerkennung ist. Seine Mutter verschwendet sich an ihn, und er will immer noch mehr Zuwendung. Er ist der gierigste kleine Junge, den ich jemals gesehen habe.

FRAGE: Trifft das auch bei Quadraten zu? Z. B. einer Skorpion-Venus im Quadrat zu Pluto?

ANTWORT: O ja, ganz besonders dann, wenn Venus im Skorpion allein steht, und wenn dann noch ein Pluto-Aspekt dazukommt... das ist dann eine Doppelbetonung; zwei plutonische Faktoren geben Venus gleichzeitig dieselbe Tönung. In den meisten Fällen kommt es bei Spannungsaspekten (Oppositionen, Quadraten und Konjunktionen) zwischen Venus und Pluto zu einer Persönlichkeit, die heimtückisch auf die eine oder andere Art fordert. Dies können Forderungen nach Aufmerksamkeit und Zuneigung sein. Es kann zu großen power-trips sexueller Art, insbesondere beim Flirten, kommen. Im schlimmsten Fall findet ein solcher Aspekt seinen Ausdruck in einer gewissen Unbarmherzigkeit gegenüber anderen Menschen, die zumindest unpersönlich, wenn nicht sogar grausam sein kann.

Pluto kann sehr heimtückisch und fordernd sein. Pluto ist der einzige Planet, dessen Energie gleichzeitig nach innen und außen gerichtet ist; es ist wie beim Skorpion. Der Energiefluß läuft kolossal dynamisch nach außen, gleichzeitig verschlingt er dich jedoch völlig. Skorpion und Pluto sind in der Astrologie die einzigen Faktoren mit einem derartigen Erscheinungsbild. Menschen mit einer Skorpion-Venus oder engen Venus-Pluto-Aspekten sind oft sehr heimtückisch fordernd. Sie bringen diese Energien nach außen und versuchen, dich aufzusaugen.

Ich erinnere mich an eine Frau, die ich vor vielen Jahren bei einem meiner ersten Kurse kennengelernt hatte; diese Begegnung machte mir zum ersten Mal klar, was Venus-Pluto-Aspekte bedeuten und wie fordernd sie sein können. Diese Frau kam etwa jedes dritte Mal, und ich wußte nie, ob sie das nächste Mal da sein würde. Ich verkaufte auch wie üblich einige Bücher. Das eine Mal suchte sie sich vier oder fünf aus, kam um den Tisch herum und zog die Nummer ab, daß sie diese Bücher jetzt mitnähme und erst das nächste Mal bezahlen würde. Jeder andere bezahlte sofort, wie ich es verlangte, denn ich hatte damals fast kein Geld, ich brauchte jeden Pfennig. Wie gesagt, sie war ziemlich unzuverlässig und setzte dann dieses schreckliche Lächeln auf, als ob sie damit etwas fordere. Sie forderte dadurch, daß ich sie diese Bücher nehmen lassen würde, auch wenn sie nicht regelmäßig kam. Ich habe sie auch gelassen, denn damals war ich noch eine Waage. (Merke, daß Venus-Pluto darauf Auswirkungen haben kann, wie du mit Geld und Menschen umgehst.) Jedoch mußte ich ihr sechzehnmal schreiben, und es dauerte Monate, bis ich schließlich das Geld von ihr bekam.

Ich lernte jedoch eine Menge über Venus-Pluto-Aspekte. Das ist sowieso ganz interessant bei der Astrologie, daß du immer etwas lernst, egal, wo du gerade hindurch mußt.

Es gibt auch einige sexuelle Probleme bei Kombinationen von Venus und Pluto. Das müssen nicht notwendigerweise riesige Streitereien sein, doch besteht auf diesem Gebiet ein Block oder irgendeine Spannung, die unbedingt Beachtung und Aufmerksamkeit braucht. Ich kenne eine Frau mit Pluto am Aszendenten; das ist so ähnlich wie ein Skorpion-Aszendent. Ihr Aszendent mit Pluto war im Löwen und stand im Quadrat zur Venus im Stier. Sie hatte einen Körper wie die große Erdmutter, war jedoch erst 21 Jahre alt. Sie wollte etwas Großes tun – Pluto am Aszendenten hat häufig große Ambitionen. Sie wollte eine große Industrielle werden; sie wollte eine der mächtigsten Frauen in der Welt dadurch werden, daß sie Präsidentin einer sehr großen Firma würde. Ihr Vater war Industrieller, und das war Teil dieses Images. So hatte sie viele Pläne, um all diese internationalen Projekte zu beginnen. Sie war erst im College, doch schon sehr frühreif. Für ihr Alter war sie sehr praktisch und weltoffen orientiert. Sie war extrem ehrgeizig und hatte spezielle Ambitionen. Sie wußte eine Menge über internationale Ökonomie, was sie von ihrem Vater aufgeschnappt hatte.

Wie ihr euch erinnert, habe ich schon gesagt, daß Menschen mit einer Venus-Pluto-Verbindung oft ihre persönliche magnetische Ausstrahlung einsetzen. Manchmal benutzen sie sie sogar unbarmherzig oder unpersönlich. Du kannst auch deine Attraktivität benutzen, um mittels Flirtereien deine Ziele zu erreichen. So organisierte sie ein Treffen mit fünf oder sechs großen Geschäftsleuten von Südkalifornien, um von ihnen Kapital für das Projekt, das sie im Kopf hatte, lockerzumachen. Sie war erst einundzwanzig und tat es dennoch. So verführte sie jeden einzelnen, um das zu bekommen, was sie wollte. Ich weiß nicht, wie weit sie ging, doch flirtete sie ganz offensichtlich. Nach diesem Treffen, als all diese Männer entschieden, es zu überdenken, ob sie in ihr Projekt einsteigen wollten oder nicht, erklärte ihr jeder einzelne, daß er mit ihr nichts zu tun haben wolle, da er ihr nicht vertraue. Alle hatten wohl das Gefühl, sie sei zu unbarmherzig, und jeder hatte etwas Ähnliches empfunden.

Skorpion-Venus und Venus-Pluto-Aspekte können diese Unbarmherzigkeit mit sich bringen, doch ist das nicht immer der Fall. Diese Menschen können einen sehr starken Willen haben und ziemlich unpersönlich sein. Das hängt von der gesamten Natur des Individuums, seinen Wertvorstellungen und dem Wissen über sich selbst ab. Sie wunderte sich, daß keiner dieser Männer offensichtlich mit ihr zusammenarbeiten wollte, und ich erzählte ihr, daß diese ihr nicht vertrauen könnten, was sie mit vielen Worten versucht hatten zu erklären…

»Vielleicht solltest du ihnen wirklich zuhören!«

Aspekte zwischen Mars und Pluto sind ähnlich wie Mars im Skorpion. Es besteht ein zwanghafter Drang nach Macht und danach, Macht zu erfahren. Oftmals findet dieser Drang einen sexuellen Ausdruck, doch mündet er auch häufig in enormen Ehrgeiz oder die Zuwendung an eine Mission (ob Ehrgeiz oder ›Mission‹ jeweils positiv oder negativ ist…). Mission kann sowohl eine Mission der inneren Transformation als auch die äußere Form, wie »Ich werde die Welt reformieren«, sein. Auf jeden Fall besteht ein enormer Hang zu zwanghafter Macht. Dies ist bei Männern offensichtlicher und wird vielleicht direkter ausgedrückt als dies bei Frauen der Fall ist, wo es meist länger braucht, um an die Oberfläche zu gelangen. Der Skorpion liebt die Macht, er liebt das Gefühl der Intensität, das mit Macht verbunden ist. Bei allen starken Aspekten von Mars und Venus zu Pluto und auch bei Mars und Venus im Skorpion wirst du irgendwie mit Macht umgehen müssen. Wie setzt du deine Macht ein? Wie benutzt du deine Willensstärke, die Macht deiner Gedanken und deinen Magnetismus? Bei allen gespannten Aspekten von Mars und Venus zu Pluto mußt du mit der Frage umgehen: Wie setze ich meine Energien eigentlich ein? Meistens besteht eine gewisse Notwendigkeit, die Energien von Mars oder Venus zu transformieren.

Partnervergleich – ein Beispiel

Der folgende Partnervergleich stammt aus einer Beratung mit einem Paar. Die Frau habe ich mehrere Male während des Jahres gesehen, und ich habe beobachtet, wie sie durch einige sehr enttäuschende Beziehungen gegangen ist. Während des Workshops waren die beiden Geburtsbilder an der Tafel, so daß ich mich leicht auf einzelne Faktoren beziehen konnte. Da ich im Workshop jede Kombination visuell zeigen konnte, war es möglich, die wichtigsten Dinge sehr schnell zu besprechen. Da im Text die visuellen Eindrücke gefehlt haben, wurde er oft schwer verständlich. Deshalb habe ich den Text leicht überarbeitet, damit er klarer wird. Dennoch sollte sich der Leser mit den Illustrationen 2 und 3 auf den folgenden Seiten und dem begleitenden Material vertraut machen und sich darauf beziehen, um dem, was ich sage, direkter folgen zu können.

Hier haben wir einen Widder-Aszendenten und dort einen Aszendenten auf 16° Skorpion. Das Interessante bei diesem Partnervergleich ist für mich, daß es auf den ersten Blick so aussieht, daß die Frau (nennen wir sie hier Jean) mit ihrer Beziehung zu diesem Mann (wir nennen ihn David) sehr glücklich sein könnte und auch gut zu ihm paßt. Sie und auch ich hatten jedoch das Gefühl, daß sie nie glücklich verheiratet war. Sie ist erst 35 und schon zum dritten Mal verheiratet.

Wenn man ihr siebentes Haus beachtet, stellt man fest, daß sie ein sehr aktives siebentes Haus hat. Ihr erinnert euch, als wir im letzten Workshop die Uranus-Aspekte zur Sonne im Geburtsbild einer Frau besprachen. Sie hat eine exakte Konjunktion von Uranus und Sonne. Jeder Mensch mit diesem Aspekt ist sehr unabhängig und oft auch etwas

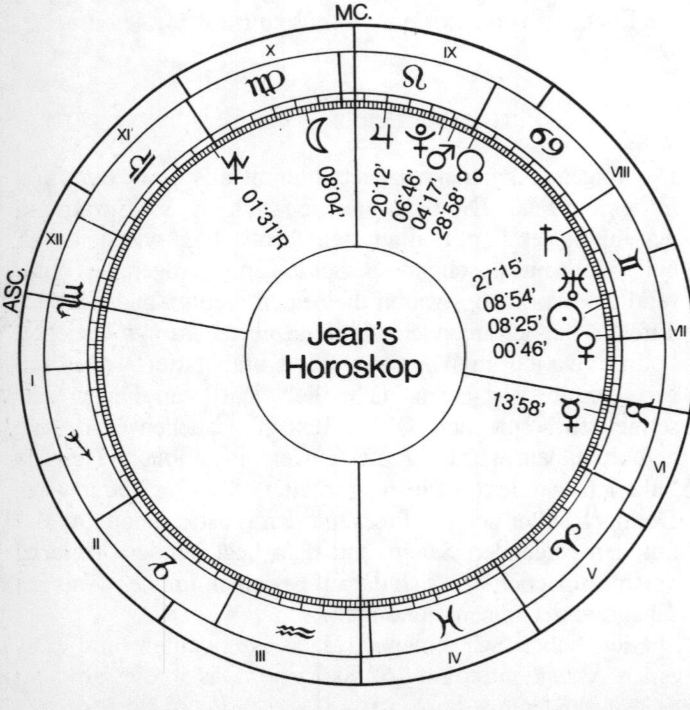

rebellisch. Besonders Frauen mit einem gespannten Uranus-Sonne-Aspekt, hauptsächlich bei einer Konjunktion, haben es schwer mit der traditionellen Eherolle, da sie so rebellisch und unabhängig sind. Na, jedenfalls wurde sie mit 15 oder 16 schwanger und heiratete. Ihr Mann suchte schon das Weite, bevor das Kind da war. Als nächstes heiratete sie einen Nichtstuer vom Strand und blieb drei oder vier Jahre mit ihm zusammen. Das war ziemlich verpfuscht, doch bekam sie ein zweites Kind von ihm. Sie schwor mir dann: »Ich heirate nie mehr!« Als ich ihr Geburtsbild sah, dachte ich mir, daß sie vielleicht wirklich nicht mehr heiraten sollte; möglicherweise würden diese Erfahrungen sonst so weitergehen.

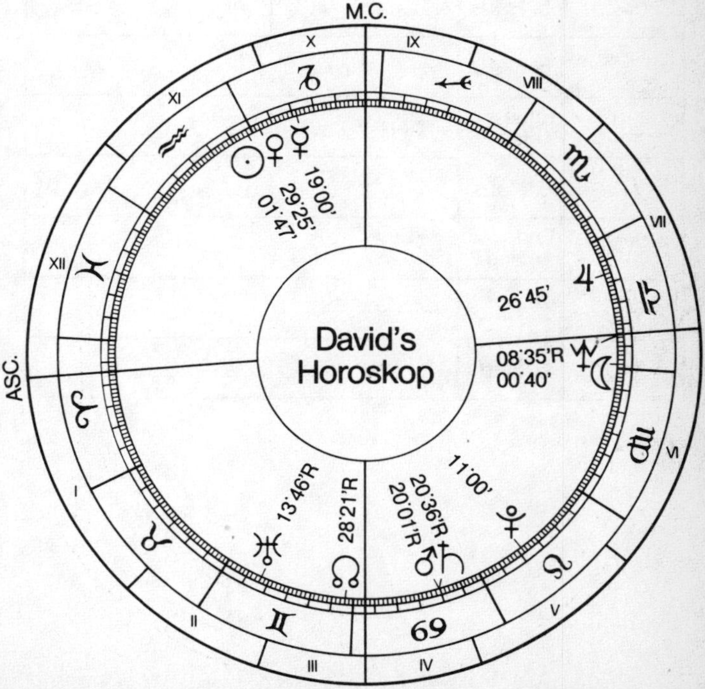

A. Jean		B. David
Die Radixplaneten desjenigen, der den Vergleich will oder der die meisten Probleme hat.	A's Planet steht in diesem Haus im Horoskop von B.	Die Planeten im Horoskop von B, die in einer bedeutsamen Beziehung zu A's Planeten in der linken Spalte stehen.
Asc.	Ende 7. Anfang 8.	△♂☌♄; ⚹☿; □♇; ⚻♅☌ unv. Asc. (aber beide in Mars-Zeichen)
☿	Ende 1. Anfang 2.	⚺♅; ⚹♂; ☌♄; □♇; △☿
♀ Herrscher von ☉+☽	2. Haus	△☽; △♆; unv. ♂; △☉; ⚻MC; △♀ (aber ver. Elemente)
☉♅ M.C.-Herrscher	2. Haus	☌♅; ⚹ASC.; ⚹♇; △♆; △☉☌☽
♄	3. Haus	☌☊; △♃; ⚻♀; ⚻☉ (ver. Elemente) □☽ (aber ver. Elemente)
♂ 2. Herrscher vom ASC.	5. Haus	△ASC.; ☌♇; ⚹☽☌♆; ☍☉; ⚻MC; unv. mit ♀☌♂
♇ 2. Herrscher vom ASC.	5. Haus	△ASC.; ☍☉; ⚹♆; ⚹☽
♃	Ende 5. Anfang 6.	⚹♅; ⚺♂☌♄; ⚹♃; ⚻☿
☽	6. Haus	□♅; ⚺♆; ⚻ASC.; △MC; ver. ♀; unv. mit ☉☌☽
♆	Ende 6. Anfang 7.	☌☽; △☉; △♀; □MC
M.C.	5. Haus	⚹♃; ⚻♀
☊	6. Haus	⚹☽; ☍♀ d.h. A's ☋ ist ☌ B's ♀

ver. = verträglich
unv. = unverträglich

A.David		B.Jean
Die Radixplaneten desjenigen, der den Vergleich will oder der die meisten Probleme hat.	A's Planet steht in diesem Haus im Horoskop von B.	Die Planeten im Horoskop von B. die in einer bedeutsamen Beziehung zu A's Planeten in der linken Spalte stehen.
Asc.	5. Haus	
♅	Ende 7. Anfang 8.	
♂ ♄	9. Haus	
♇	9. Haus	
☾	11. Haus	
♆	11. Haus	
♃	12. Haus	
☿	Ende 2. Anfang 3.	
♀	3. Haus	
☉	3. Haus	
M.C.	2. Haus	
☊	8. Haus	

Alle Aspekte sind identisch mit denen auf der vorhergehenden Seite. Man könnte den ganzen Vorgang jedoch noch einmal wiederholen, wenn man sich hier besonders auf Davids Radixplaneten und speziell seinen Energieaustausch mit Jean konzentrieren will.

Eines konnte ich ihr jedoch versichern. Seht, was für einen starken Willen sie hat. Als erstes, Uranus-Konjunktion Sonne: »Ich mache meine Sache, wenn ich es will, und ich werde mich nicht abhalten lassen.« Mars in Konjunktion mit Pluto im Löwen ziemlich herausgehoben, auch ein starker Wille. Skorpion-Aszendent! Eine Person mit sehr starkem Willen. Deshalb wäre der einzige, der mit ihr umgehen könnte, jemand, der über sehr viel innere Stärke verfügt, jemand, der sich nicht in den Kampf mit ihr stürzen würde, in den Kampf zweier Egos. Den würde sie nämlich wahrscheinlich gewinnen. Damit könnte dann sein Ego nicht umgehen, und er würde versuchen, aus der Sache herauszukommen. Die einzige Art von Mensch, die mit ihr umgehen könnte, wäre jemand, der genauso unabhängig wäre und deshalb mit ihrer Willensstärke, ihrer Kraft und Macht umgehen könnte. Interessanterweise ist der Mann, mit dem sie jetzt verheiratet ist, ein Wassermann. Erinnert euch, daß ihr Uranus in exakter Konjunktion mit ihrer Sonne, beides im siebenten Haus, steht. Oftmals charakterisiert der Planet, der in einem engen Aspekt zur Sonne im Geburtsbild einer Frau steht, die Art von Mann, den sie unter Umständen heiraten wird.

Zudem wurde sie mit einem ziemlich genauen Sonne-Mond-Quadrat geboren, wobei Mond im Quadrat zu Uranus steht. Wahrscheinlich habe ich das im letzten Workshop auch schon erwähnt: Menschen mit einem Sonne-Mond-Quadrat neigen zu Schwierigkeiten, sich auf die gesellschaftlichen Rollen von männlich und weiblich, von aktiv und passiv, einstellen zu können. Sie hatte auf jeden Fall dieses Problem. Längere Zeit bevor sie diesen Mann überhaupt getroffen hatte, dachte ich mir, was ihr neuntes Haus wohl zu bedeuten hätte.

All diese Planeten (zeigt auf die Tafel) stehen im neunten Haus. Traditionellerweise könnten das alle Arten von Reisen in fremde Länder sein. Es stellte sich heraus, daß ihr Mann aus einem anderen Land kommt, und durch ihn ist sie in das Importgeschäft gekommen. Er ist Kunsttischler und restauriert antike Möbel. Das ist ein Handwerk, das hierzulande kaum jemand ausübt. Seine Mars-Saturn-Konjunktion steht im Krebs. Krebs lebt ganz extrem in der Vergangenheit oder ist mit Dingen aus der Vergangenheit verbunden. Seine ganze Arbeitskraft und sein ganzer Ehrgeiz (Mars-Saturn) richten sich auf die Restauration antiker Möbel (Krebs!). Mit einem Widder-Aszendenten ist er ein Typ, der sich selbst motivieren kann und zudem sehr selbstsicher ist – Widder-Aszendent, Wassermann-Sonne. Zur Zeit sind sie ein sehr interessantes Paar. Ich habe angenommen, daß niemals jemand mit ihr wirklich gut umgehen können würde, doch sie machen es gut miteinander.

FRAGE: Wie ist es mit ihren Monden. Sie passen nicht so gut zueinander, stimmt's?

ANTWORT: Doch, sie passen zueinander, denn Jungfrau und Waage sind beide sehr mental. Die Beziehung geht jetzt schon über sechs Jahre. Beide sind so unabhängig – hier Sonne Konjunktion Uranus, dort Sonne in der Wassermann-Energie. Scheinbar legen beide keinen so großen Wert auf häusliches Leben, zumindest sie nicht. Sie hat nichts in ihrem vierten Haus oder im Krebs. Sie hat nur einen Planeten unter dem Horizont, und ihre Energie geht sehr viel mehr nach außen, in die große Welt. Sein Mars und Saturn zeigen, daß er mehr das Bedürfnis nach einem sicheren Zuhause hat. Das Wichtigste, wie ich schon sagte, ist, die Dinge zu sehen, die vorhanden sind und nicht die Dinge, die fehlen. Sein Mond – seine häuslichen Bedürfnisse könnte man sagen – steht im Trigon zu seiner Sonne und im exakten Trigon zu ihrer Venus. Bereits hier gibt es eine Menge gefühlsmäßiger Harmonie. Für die Bedürfnisse seines Mondes ist also gesorgt, wenn man so sagen kann. Ihr Mond, Anfang Jungfrau, paßt von den Elementen her zu seiner Venus und seinem Merkur. Das unterstützt die Kommunikation, obwohl der Orbis zu weit ist, um es ein Trigon zu nennen. Sein

Uranus (13° Zwilling) steht im Quadrat zu ihrem Mond. Jedoch taucht dieser Aspekt bereits in ihrem Geburtsbild auf und ist deshalb keine große Veränderung. Wenn du nun die anderen Aspekte heranziehst, die die beiden Monde betreffen, fängst du an, weniger offensichtliche Dimensionen ihrer Beziehung zu erkennen. Zuallererst ist Jungfrau das mentalste Zeichen nach den Luftzeichen. So paßt ihre Fähigkeit zur Analyse gut zu Sonne und Mond im Luftelement bei ihm, es ist sogar eine Ergänzung.

Wenn man diesen Partnervergleich durchgeht, findet man viele Verbindungen zwischen den beiden, die den Enthusiasmus für ihre gemeinsame Arbeit widerspiegeln.

Ihr Mond steht im Trigon zu seinem Medium Coeli. Ich glaube, es ist von großer Bedeutung, daß eine der Doppelbetonungen in diesem Partnervergleich Mond und Neptun mit einschließt. Sein Mond steht in enger Konjunktion zu ihrem Neptun, und ihr Mond steht in exaktem Semisextil zu seinem Neptun; hier besteht ein gegenseitiges Mitgefühl!

Sein Aszendent auf 8° Widder fällt in ihr fünftes Haus: Viel Spaß miteinander haben, Liebesbeziehungen, sich aneinander erfreuen – und auch Kinder, denn er spielt Vater für ihre beiden Kinder. Sein Aszendent-Herrscher ist Mars, stimmt's? Sein Mars steht 20° Krebs. Auch sein Saturn steht 20° Krebs. Wenn du beide Planeten in ihr Geburtsbild einsetzt, bilden sie ein Trigon zu ihrem Aszendenten. Ein anderer harmonischer Kontakt entsteht durch das Trigon ihrer Mars-Pluto-Konjunktion (beide Herrscher ihres Skorpion-Aszendenten) zu seinem Aszendenten. Diese beiden Trigone, wo beidesmal Mars eine große Rolle spielt, sind eine besonders mächtige Doppelbetonung – besonders, da beide Aszendenten und deren Herrscher davon betroffen sind. Wenn du den Partnervergleich genau studierst (vgl. Illustration 3), wirst du noch viele andere Kontakte zu den Aszendenten feststellen. (Denke daran, daß die Aspekte, die einen oder gar beide Aszendenten des Paares oder die Herrscher der Aszendenten betreffen, immer besonders wichtig sind;

zu einem geringeren Ausmaß gilt das auch für die Deszendenten und ihre Herrscher).

Wir wollen jetzt einmal die wichtigsten Aspekte dieser Art durchgehen, die die Aszendenten, die Deszendenten oder ihre Herrscher betreffen.

Ihr Aszendent steht in einem ziemlich engen Quincunx (das ich zusammen mit dem Sextil für einen recht wichtigen Aspekt halte)* zu seinem Uranus, der ja Herrscher seines Sonnenzeichens Wassermann ist. Zusätzlich steht ihr Aszendent im Sextil zu seinem Merkur; dies bringt außer der dynamischen Kommunikation, die ich bereits erwähnte, noch andere Faktoren herein. Sein Aszendent steht im exakten Sextil zu ihrer Sonnen-Uranus-Konjunktion, wobei ihre Sonne noch Herrscher ihres Medium Coeli ist.

(Ich erzählte vorher, daß ihre gemeinsame Arbeit und Karriere einen sehr breiten Raum in der Beziehung einnimmt.) Sein Aszendent steht zusätzlich im Quincunx zu ihrem Mond und sogar in einem Trigon mit sehr weitem Orbis zu ihrem nördlichen Mondknoten, falls jemand das interpretieren will. Man sollte auch bemerken, daß ihre beiden Aszendentenherrscher Mars und Pluto (Konjunktion im Löwen) in Opposition zu seiner Sonne und gleichzeitig im Sextil zu Neptun und seinem Mond stehen. Es hat keinen Sinn, einen einzelnen Aspekt oder eine Konfiguration zu isolieren und sich damit abzuquälen. Versuche zu erkennen, wie jeder Planet der einen Person sich mit *allen* Energien der anderen Person vermischt!

---

* Ich will hier bemerken, daß ich das Quincunx zwar für einen wichtigen Aspekt halte, ihn aber nicht als ›gut‹ oder ›schlecht‹, ›harmonisch‹ oder ›streßhaft‹ einstufe. Das Entscheidende sowohl beim einzelnen Geburtsbild als auch beim Partnervergleich ist es, zu sehen, auf welche Art sich die spezielle Energie eines Planeten mit all den anderen Energien vermischt. Besonders beim Partnervergleich führt das Isolieren einzelner Aspekte und die künstliche Einordnung in bewertende Systeme zu Fehlschlüssen und wirkt schnell begrenzend. Beim Partnervergleich sollte man den allgemeinen Austausch von Energie als Ganzes zu erfassen versuchen.

Auch mit den Deszendenten und ihren Herrschern kommt es zu einigen interessanten Kontakten. Venus ist Herrscher beider Deszendenten, und die beiden Venusstellungen stehen trigonal zueinander, auch wenn sie nicht in zueinander passenden Elementen sind. Der enge Trigonal-Aspekt ist meinem Gefühl nach ein Hinweis auf eine erwähnenswerte gefühlsmäßige Vergleichbarkeit, selbst wenn es von den Elementen her betrachtet zu keiner begleitenden Harmonie kommt. Ihre Venus steht gleichzeitig im engen Trigon zu seiner Sonne und seinem Mond. Dadurch, daß seine Venus in einem zu ihrem Mond passenden Zeichen steht, kommt es zu einer leichten Doppelbetonung. Bei genauerem Hinsehen findet man noch zwei Trigone zwischen Venus und Neptun, ebenfalls eine Doppelbetonung. Dies hat in den meisten Fällen eine große gegenseitige Sympathie, Toleranz und beinahe eine mystische Nähe und Liebe zur Folge. Das Gewicht auf ihrer gemeinsamen Arbeit wird ebenfalls durch eine Doppelbetonung angezeigt: Sowohl die Venus des einen als auch des anderen stehen in einem engen Quincunx zum Medium Coeli des Partners.

All das soll dir zeigen, daß du dich nicht durch ein paar sogenannte ›schlechte‹ oder problematische Aspekte vom Eigentlichen ablenken lassen sollst. Man muß bei einem Partnervergleich wirklich tief graben und viel Zeit darauf verwenden, um alles richtig zu erfassen, damit du deine Klienten nicht in eine falsche Richtung weist. Es ist unmöglich, innerhalb einer Stunde die Bedeutung Tausender möglicher Kombinationen und Wechselbeziehungen aufzunehmen. Ich sage immer, daß man die Daten in solchen Reihen, wie ich sie auch gezeigt habe (vgl. Illustrationen 1 u. 3) aufschreiben soll, um so vor der Beratung die Informationen im Detail analysieren zu können. Mir hilft es dabei, mit farbigen Stiften Kreise um bestimmte Faktoren zu machen und sie mit anderen zu verbinden, um mir so eine optische Hilfe für das Erkennen von Doppelbetonungen und anderen wichtigen Informationen zu geben.

Bei einer Beratung beziehe ich mich immer wieder auf diese Aufzeichnung, und ich wäre ohne sie ziemlich verloren.

Da ich gerade Doppelbetonungen erwähnt habe, will ich noch ein paar andere zeigen, die in diesem Geburtsbild vorhanden sind. (Du wirst niemals so viele wichtige Faktoren, die doppelt auftauchen, erkennen, wenn du nicht viel Zeit vor dem Beratungstermin darauf verwendest.) Der wohl wichtigste Aspekt, den ich bisher noch nicht erwähnte, ist das enge Trigon ihrer Sonne zum Neptun ihres Partners. Dies vermittelt eine fast telepathische Art gegenseitiger Identität, eine Vermischung ihrer Charaktere und Kreativität. Wenn man dies noch zusätzlich zu ihrer bereits erwähnten Venus-Neptun-Doppelbetonung hinzuzieht, kann man erkennen, daß sehr viel passieren müßte, damit die beiden sich so feindlich gegeneinander stellen würden, daß kein Vergeben und Vergessen mehr möglich wäre. Sie brauchen einander, und ich bin mir ziemlich sicher, daß sie sich dieses gegenseitigen Bedürfnisses bewußt sind. Der Tiefgang dieser Beziehung wird noch durch eine andere Doppelbetonung angezeigt: Ihre Sonne steht im Sextil zu seinem Pluto, und seine Sonne steht in einer weiten Opposition zu ihrem Pluto. Es kommt hier zu einer Wechselbeziehung beider Sonnen mit einem der äußeren Planeten.

Seine Sonne auf 2° Wassermann fällt in ihr drittes Haus. Das ist eine gute Stellung für ihre Zwillings-Sonne, denn Zwillinge benötigt die Kommunikation. Seine Sonne erhellt oder aktiviert ihr Haus der Kommunikation. All ihre bisherigen Freunde waren Dummköpfe, keiner erreichte ihre intellektuelle Ebene. Sie hat mit ihrer Sonne-Uranus-Konjunktion in Zwillinge einen sehr schnellen Intellekt, neue Ideen und sehr praktische Hände (besonders kunsthandwerklich) bei der ganzen Merkur- und Zwillingsbetonung. Nehmen wir mal seine Sonne:

Sie steht nicht nur im Trigon zu seinem Mond auf 1° Waage, sondern sowohl seine Sonne als auch sein Mond stehen im Trigon zu ihrer Venus! Er hat in seinem Geburtsbild ein Sonne-Mond-Trigon, was dir in vielen Fällen ganz klar macht, zu welchem Geschlecht du dich zugehörig fühlst. Das ist für dich dann ganz eindeutig und belastet dich nicht. Du kannst Beziehungen zum anderen Geschlecht aufnehmen, ohne daß du dich bedroht fühlst. Es macht dir nichts aus, wenn deine Frau sehr aggressiv und stark ist, das ist eben ihre Angelegenheit und hat mit dir nicht das Geringste zu tun. David ist so. Es gibt diesen starken Energiefluß in ihm, und eine starke Frau bedroht ihn nicht im mindesten. Seine Sonne und sein Mond stehen im weiten Trigon zu ihrer Sonne und zu ihrem Uranus, der auf neue, erregende und veränderliche Dinge in ihren Beziehungen hinweist. In dieser Beziehung gibt es gerade genügend Konflikte, so daß ich annehme, daß es ganz gut klappen wird.

Seine Sonne auf 2° Wassermann steht in Opposition zu ihrer Mars-Pluto-Konjunktion im Löwen, den beiden Herrschern ihres Aszendenten. Tatsächlich kann es ab und zu zu einem Kampf der beiden Egos kommen. Sie drängt ihn dann und wann, doch kann er mit Druck umgehen, denn er hat einen Widder-Aszendenten. Er mag das sogar ganz gern und drängt selbst ab und zu. Wenn er statt des Widder-Aszendenten einen Krebs-Aszendenten hätte, könnte sie ihn herumschubsen, was er wahrscheinlich nicht unbedingt mögen würde.

FRAGE: Was ist mit der Beziehung zwischen Neptun und Pluto?

ANTWORT: Ja, was ist damit?

FRAGE: Ist das ein exaktes Sextil (bezugnehmend auf seinen Neptun, der im Sextil zu ihrem Pluto steht)? Könnte das nicht eine Hilfe sein, um den power-trip besser zu handhaben?

ANTWORT: Ich messe diesen Aspekten allein eine geringe Bedeutung zu, da jeder, der innerhalb einiger Monate geboren ist, Neptun und Pluto an derselben Stelle hat. Ein solcher Aspekt allein ist also keine besonders individuelle Charakteristik. Ihre Verbindungen zu den persönlichen Planeten und wie sie miteinander verschmelzen, ist jedoch von großer Bedeutung.

FRAGE: Was ich daraus erkenne, ist folgendes: Es scheint, als könne sie ihn aus einigen Dingen herauszaubern, und er könnte sie aus ihrem Hang zur Macht zaubern, da Sonne und Pluto mit Neptun verbunden sind.

ANTWORT: Geht es dir darum, daß seine Sonne mit verschiedenen Punkten gleichzeitig verbunden ist?

FRAGE: Ja, ich habe mich zuerst auf ihre Pluto-Geschichten eingestimmt, und dann erschien es mir so, als ob eine ganze Menge vorhanden wäre, was den Druck, der durch Pluto-Mars in ihrem Geburtsbild erzeugt wird, mindern und dadurch verbessern könnte.

ANTWORT: Ja, doch das Sextil (zwischen seinem Neptun und ihrem Pluto) allein ist nicht so wichtig. Es wird jedoch wichtiger, wenn du all die anderen Sachen mit einbeziehst. Dadurch bekommt das Sextil zwischen Pluto und Neptun eine individuelle Bedeutung.

Besonders für die Luftzeichen sind ein paar harmonische und positive Aspekte zu Merkur sehr wichtig. Bei den beiden steht Merkur im Trigon zu Merkur. Sie betreiben gemeinsam ein Geschäft, und anscheinend geht es ganz gut. Wir sollten also auch nach den Jupiter- und Saturn-Aspekten schauen. In diesem Fall steht sein Jupiter auf 27° Waage und damit in einem weiten Sextil zu ihrem Jupiter, das ist gut für den Humor und gegenseitiges Vertrauen. Sein Jupiter steht zudem im genauen Sextil zu ihrem Medium Coeli (Saturn-Haus). Dies ist jedoch nur eine Wechselbeziehung zwischen Jupiter und Saturn, denn ihr Jupiter steht im beinahe genauen Halbsextil zu seinem Saturn. Sein Jupiter steht im Trigon zu ihrem Saturn. Diese Jupiter-Saturn-Kombinationen sind hervorragend, um Geschäfte zu betreiben und um mit Geld, Zeit und Energie umzugehen. Es ist eine schöne Mischung von konservativer Vergangenheitsverhaftung und dem Erschließen neuer Horizonte. Man könnte das nicht unbedingt sagen, wenn sie in Opposition oder zueinander im Quadrat stünden.

An dieser Stelle haben die beiden ein schönes kleines Mond-Saturn-Quadrat. Sein Mond auf 1° Waage steht im Quadrat zu ihrem Saturn, jedoch mit mehr als 4° Orbis und zudem noch im gleichen Element. Dies macht nicht notwendigerweise einen großen Unterschied, doch glaube ich, daß es ganz schön ist, daß sie auch ein Saturn-Quadrat haben, denn sie brauchen etwas, um sich zu stabilisieren. Ihr Saturn steht in einem losen Quadrat zu seinem Mond und in einem engen Quincunx zu seiner Venus. Das sorgt etwas für Stabilität, zumal sein Saturn im Trigon zu ihrem Aszendenten steht.

Bei den Häusern sollte man auch einige Dinge erkennen. Sein Mond fällt in ihr elftes Haus, beinahe an der Spitze, was eine besonders starke Bedeutung für die Betonung ihres elften Hauses hat... Wenn Mond oder ein anderer persönlicher Planet in dein elftes Haus fällt, kann das sehr nett sein, denn das elfte Haus zeigt, wie du nach einer freundlichen Art von Feedback suchst... Mit anderen Worten sieht sie ihn als einen Freund, wenn sein Mond in ihr elftes Haus fällt, und nicht nur als einen Gefährten und Mitarbeiter. Er ist für sie jemand, zu dem sie gehen kann, wenn sie Rat und Hilfe oder eine entspannende Unterhaltung braucht.

Wenn du ihre Planeten in sein Geburtsbild einsetzt, fallen ihr Mars, Pluto und Jupiter (diese Kombination riesiger Selbstbehauptung mit einem starken Willen) alle in sein fünftes Haus. Er liebt es! Das fünfte Haus zeigt, was du wirklich magst, was dich erfreut und was dich beflügelt, außer wenn vielleicht Saturn dort steht, dann gefällt dir überhaupt nichts. (Gelächter) Ihr Jungfrau-Mond fällt in sein sechstes Haus, und es scheint, als ob sein sechstes Haus durch ihre Unterstützung und ihr Interesse aktiviert würde. Sie hilft ihm bei seiner Arbeit, indem sie ihm bei der Buchhaltung und Verwaltung hilft und ihm die Kundengespräche abnimmt, damit er in der Werkstatt körperlich arbeiten kann; andernfalls würde er immer wieder unterbrochen werden. Einige andere Häuserstellungen sollten auch kurz erwähnt werden, denn wir sind schon über die Zeit. Sein Saturn fällt in ihr drittes Haus, während sein Merkur an ihrer dritten Felderspitze steht. Dies ist ein anderer Hinweis auf gegenseitiges Lernen, eine wahrscheinlich ziemlich intensive Kommunikation und ein Interesse für die Ideen des anderen. Seine Mars-Saturn-Konjunktion steht an der Spitze ihres neunten Feldes, was auch auf eine wichtige Erfahrung gemeinsamen Lernens hinweist; in diesem Falle wird sie ermutigt, ihren Horizont zu erweitern und durch seinen Einfluß zu lernen. Tatsächlich hat sie eine Menge über Antiquitäten gelernt, ihren Wert, den Markt usw. Das hat ihr ziemlichen Spaß gemacht. Sein Medium Coeli (Hinweis auf Karriere) fällt in ihr zweites Haus und zeigt damit an, daß sie sein Wissen und seine Erfahrung schätzt. Wenn irgend etwas in das zweite Haus deines Geburtsbildes fällt, kann das bedeuten, daß du diesen Teil der Natur des Partners wirklich zu schätzen weißt. Du mißt ihm großen Wert bei und willst diesen Teil vielleicht sogar besitzen oder kontrollieren. Denkt aber daran, daß das zweite Haus ein Venus-Haus ist; ihr Merkur (Herrscher des Sonnenzeichens), ihre Venus (Herrscher des Deszendenten) und ihre Sonne-Uranus-Konjunktion fallen in sein zweites Haus. So weiß er ebenfalls eine ganze Menge ihrer Qualitäten und Fähigkeiten zu schätzen. Ihr Merkur steht am Ende seines ersten Hauses und wirkt traditionell auch ins zweite Haus. Ich glaube, er steht nahe genug an der Spitze, um ihn zum zweiten Haus zählen zu können. Zum Abschluß noch sein Uranus (Herrscher seines Sonnenzeichens); er fällt auf das Ende des siebenten Hauses, oder er steht an der Spitze zum achten. Ob nun die Position im siebenten oder achten Haus dominiert, wirst du erst durch Fragen und Nachforschungen erkennen können; es ist auch beides möglich.

FRAGE: Bald wird Uranus über ihren Aszendenten transitieren, was wird das für Auswirkungen haben?

ANTWORT: Ich weiß es nicht. Normalerweise ist es ein Erwachen zu einem neuen Lebensweg. In einigen Fällen kommt es auch zu dramatischen äußeren Veränderungen. In anderen Fällen bleibt an der Oberfläche alles gleich, doch der Betreffende entwickelt radikal neue Gewohnheiten gegenüber allen möglichen Dingen. Letztes Jahr habe ich in einem meiner Kurse über diesen Transit gesprochen und darauf hingewiesen, daß jeder, der das in den letzten Monaten oder Jahren gehabt hat, sich eigentlich damit identifizieren und daran erinnern müsse, was zu dieser Zeit an wichtigen neuen Entwicklungen stattgefunden hat.

Zwei Leute sagten, daß sie diesen oder jenen Skorpion-Aszendenten hätten und daß sie nicht wüßten, was damals losgewesen sein sollte. Wir suchten dann den genauen Zeitpunkt des ersten Transits, und es stellte sich heraus, daß beide zu dieser Zeit angefangen hatten, sich mit Astrologie zu beschäftigen, was ihre Gewohnheiten in vielen Dingen des Lebens revolutioniert hatte. Dein gesamtes Leben wird revolutioniert, wenn Uranus über deinen Aszendenten geht, entweder auf eine unterschwellige oder ganz offensichtliche Art, manchmal sogar beides.

Der Gebrauch der Häuser im astrologischen Partnervergleich

Das Folgende erschien im Original erstmalig in *Aquarian Astrology,* einer Zeitschrift, die von *Popular Library* verlegt wird. Es erschien ein Nachdruck in einem Sammelband über Synastrie: *An Astrological Study of Relationships,* erschienen 1973 bei *The British Astrological Association.* Zudem zirkulieren Hunderte von Fotokopien. Das Folgende ist jedoch eine überarbeitete und überprüfte Version des Originalartikels.

Es ist interessant, wie viele Faktoren der astrologischen Interpretation sich klären, wenn man anfängt, sich mit dem Partnervergleich, auch Synastrie genannt, auseinanderzusetzen. Auch solche Faktoren, die beim individuellen Geburtsbild schwierig zu verstehen und zu interpretieren sind, beginnt man besser zu begreifen. Ich denke, daß der Grund hierfür in der Tatsache zu suchen ist, daß die Interpretation eines individuellen Geburtsbildes vom Astrologen eine Konzentration auf angeborene Fähigkeiten und Tendenzen auf einer *abstrakten* Ebene erfordert. Diese einzelnen Faktoren werden in den meisten Fällen so lange abstrakt bleiben, wie es dem Astrologen nicht gelingt, eine konkrete Verbindung zu ihnen aufzunehmen. Er hat keine Möglichkeit, im voraus zu wissen, zu welchen konkreten Ausprägungen der Anlagen es kommen wird. Wenn jedoch der betreffende Mensch in eine zwischenmenschliche Beziehung tritt, werden durch äußere Ereignisse oder eigene Erfahrungen seine latent vorhandenen Reaktionstendenzen deutlicher, man könnte auch sagen, daß sie beginnen, sich in der Welt zu manifestieren.

Ich habe das Gefühl, daß der Gebrauch des Partnervergleichs bei der astrologischen Forschung sehr viele Dinge klären kann, die bisher zu großen Auseinandersetzungen und Unklarheiten bei vielen Astrologen geführt haben. Beispielsweise kann, was mit Sicherheit einmal notwendig wäre, mit dieser Methode erforscht werden, welches Häuser-System überlegen ist. Ich selbst habe beim Partnervergleich mit den Methoden von Placidus und Campanus, der Methode der gleich großen Häuser und dem Kochschen Häusersystem experimentiert. Jede der drei erstgenannten, besonders die gleich großen Häuser, haben ihre empfehlenswerten Qualitäten, jedoch habe ich die besten Erfahrungen sowohl beim Partnervergleich als auch beim individuellen Geburtsbild mit der Kochschen Methode gemacht. Beim Partnervergleich, wenn ich wissen will, wie mich irgend jemand erfährt, setze ich all meine Planeten und meinen Aszendenten in dessen Geburtsbild ein. Wenn ich sehen will, wie sich meine Erfahrung mit jemandem astrologisch symbolisiert, setze ich dessen Planeten und dessen Aszendenten in mein Geburtsbild ein. Die Planeten und der Aszendent werden an genau dieselbe Stelle im Tierkreis des Geburtsbildes des anderen Menschen placiert, wo sie im eigenen Geburtsbild auch stehen. Ich kann nicht genügend betonen, daß durch die Synastrie ein Weg des Verstehens der anderen Person in ihrer *Gesamtheit* eröffnet wird. Es gibt viele Arten der Verbindung zwischen Menschen, und alle diese Verbindungen sind sehr komplex, da dies der Natur menschlicher Komplexität entspricht.

Wenn deshalb viele Planeten des anderen in meine kardinalen Häuser fallen, ist diese Art der Beziehung betont. Jedoch kann die Beziehung auf keinen Fall durch diesen einen Faktor definiert werden. Beim Partnervergleich dürfen wir nie die Gesamtheit jedes einzelnen Individuums vergessen.

Wir müssen uns deshalb auch die Gesamtheit der Beziehung in all ihren feinen Verbindungen bewußt machen. Wie die beteiligten Individuen, so ist auch die Beziehung selbst eine lebendige Entität. Die Akzentuierung hängt davon ab, welche Planeten in welche Häuser fallen und welche Winkelbeziehungen zwischen den Planeten des anderen und den Planeten in deinem Geburtsbild geformt werden.

Planeten eines anderen Menschen, die in mein Geburtsbild fallen, offenbaren eine Betonung bestimmter Art von Beziehung zwischen mir und ihm. Ich will darauf hinweisen, daß es für einen Astrologen schwierig ist, genau zu wissen, welche Art von Verbindung die beiden Menschen *bewußt* versuchen miteinander aufzubauen.

Wenn ich beispielsweise beabsichtige zu heiraten, und der Mond des Partners in mein siebentes Haus fällt, dann ist das für mich von größerer Bedeutung und wichtiger, als wenn beispielsweise ihr Saturn in mein sechstes Haus fallen würde (so sehe ich es jedenfalls bis jetzt). Was ich hier betonen will, ist die Notwendigkeit für den Astrologen, das zu praktizieren, was der Psychologe Carl Rogers ›bedingungslose Achtung‹ vor dem Klienten nennt. Es ist besser, nichts zu sagen, als etwas zu sagen, das auf persönlichen Vorurteilen, unvollständiger Einsicht in die Beziehung oder nur auf dem ersten Eindruck beruht.

Die Auswirkungen der Planeten und des Aszendenten

Ein Planet wird immer das Erfahrungsfeld und den Lebensbereich anregen und stimulieren, das durch das Feld angezeigt wird, in das er beim Partner fällt. Er gibt dabei eine Vielzahl möglicher Bedeutungen; ob jedoch das Positive oder das Negative die Tendenz hat, während einer bestimmten Periode zu dominieren, ist davon abhängig, wie dieser Planet mit den anderen Planeten des Geburtsbildes, in das er eingesetzt wurde, Aspekte formt und von den Prioritäten, Werten und Verständnisebenen, die die beiden betroffenen Menschen entwickelt haben. Mit der Zeit, das sollte bemerkt werden, kann sich die Bedeutung einer bestimmten Planetenstellung wandeln: sowohl zum Guten wie auch zum Schlechten.

Die kurzgefaßten Bedeutungen der Planeten, die nun folgen, sind besonders auf die Verwendung beim Partnervergleich abgestimmt. Sie sollen nur grobe Richtlinien darstellen und auf keinen Fall als vollständig und erschöpfend begriffen werden.

Die SONNE bringt Leben, Vitalität und Energie in den Bereich des Lebens, der durch das Haus angezeigt wird, in das sie fällt; sie regt den Selbstausdruck und die Kreativität in diesem Lebensbereich an; ihre Position offenbart einen Punkt dynamischer Kontakte zwischen zwei Menschen, woran sich sehr viel Lebenskraft – im besten Fall durch große Unterstützung – offen entfalten kann.

Der MOND kann viele Bedeutungen haben. Er kann den Fluß und die immerwährende Veränderung der Beziehung in dem Bereich offenbaren, den seine Hausposition anzeigt. Der Mond bedeutet einen gefühlsmäßigen Kontakt, der entweder emotional unterstützend und aufnehmend oder auch instabil sein kann. Der Mond kann anzeigen, wie mich die Persönlichkeit des anderen berührt und Gefühle eines häuslichen Wohlbefindens offenbaren, aber auch eine bestimmte Empfänglichkeit, die wir für die andere Person in diesem Bereich unseres Lebens empfinden.

MERKUR regt die Kommunikation in dem Bereich an, der durch seine Hausposition angezeigt wird. Es geht dabei sehr viel um Analyse und Gedanken, wie um die Möglichkeit der Synthese und der Gemeinsamkeit diverser Ideen. Merkur kann auch Anpassungsfähigkeit und Wandelbarkeit im positiven Sinne bedeuten, aber auch zuviel Veränderung, emotionale Kühle und Oberflächlichkeit.

MARS regt jeden Bereich des Lebens, mit dem er in Berührung kommt, mit seiner Energie dadurch an, daß er einen Ruck verursacht und Mut und Initiative fördert. Wenn beispielsweise Mars in mein fünftes Feld fällt, kann es zu einer sehr kräftigen Anregung meines Selbstausdrucks und/oder zu starken romantischen Bindungen führen, aber er kann auch der Grund für Unterbrechungen, Zerstörungen und Temperamentsausbrüche sein. Mars steht immer für Freisetzung irgendeiner Art von Energie, und seine Aspekte vermitteln Einsichten darüber, wie harmonisch sich diese Energie in einer bestimmten menschlichen Beziehung entfalten kann.

VENUS zeigt (falls sie gut aspektiert ist) Harmonie, Leichtigkeit, Gemütlichkeit und Vergnügen. Sie ist ein allgemein wohltätiger Einfluß auf das Lebensgebiet, das durch die entsprechende Hausposition angezeigt wird. Venus kann Liebe, Wertschätzung und Anziehung bedeuten, aber auch Besitzstreben, Eifersucht und in einigen Fällen ästhetischen Umschwung, wenn sie traditionell schwierige Aspekte aufweist.

SATURN kann Beschränkungen, Frustrationen, Hindernisse, Ängste, Schuldgefühle und Verdächtigungen anzeigen, aber auch das Bewußtsein über sich selbst, Gefühle der Unterlegenheit, Peinlichkeit und Unzulänglichkeit auf dem Gebiet, das durch seine Hausposition angezeigt ist, fördern.

Normalerweise weist er auf einen schwierigen Punkt oder eine Belastung hin, wo jedoch tiefgreifende Lernerfahrungen in jeder Beziehung möglich sind. In den meisten Fällen wird er zumindest anfangs als sehr schwer empfunden. Dies kann jedoch auch positive Auswirkungen haben: Er ist hilfreich, die Gewohnheiten eines Menschen auf einem Gebiet zu bestimmen und seinen Sinn für Pflicht, Ehrgeiz und

Sparsamkeit zu entdecken. Wenn der Saturn eines anderen Menschen in eines meiner Häuser im Geburtsbild fällt, kann das bedeuten, daß ich durch seinen Einfluß lerne, mich auf mich zu verlassen, Verantwortung zu übernehmen und eine innerlich sehr ernsthafte Einstellung dem entsprechenden Gebiet gegenüber zu entwickeln, das durch die Hausposition angesprochen wird.

Zudem kann der Saturn eines anderen Menschen, der in mein Geburtsbild fällt, hilfreich für mich sein, meine angeborenen negativen Tendenzen und undisziplinierten Energien zu überwinden.

JUPITER kann Wachstum, Erhaltung, Glück, Breitspur-Lernen, Ausdehnung, Enthusiasmus, das Gefühl von Stärke und Wohlbefinden, Generosität und die Entwicklung eines umfassenden Verständnisses des Gebietes anzeigen, das durch seine Hausposition angeregt wird. Er kann aber auch zu verschwenderischer Extravaganz oder Ermutigung, übermäßiger Erweiterung von Plänen und Aktivitäten führen.

URANUS zeigt gewöhnlich eine Art Umbruch, Reibung, plötzlichen Wechsel oder eine radikale Abkehr von sozialen Normen an. Er kann auch das Unerwartete, das Exzentrische und Unberechenbare symbolisieren. Er wird anfangs zumeist als störend empfunden, besonders von denen, die neuen Ideen und Experimenten nicht offen gegenüberstehen…

Uranus kann jedoch zu originellen Einfällen, einer neuen Art persönlichen Wachstums, innerer Transformation oder einer Neugeburt der persönlichen Freiheit und Unabhängigkeit führen. Die Hausposition zeigt oftmals die Gebiete, in denen es zu Erregung und gleichzeitig zu Instabilität kommt.

NEPTUN weist auf einen Punkt hin, wo ein Kontakt zu den dunklen Tiefen (oder Höhen) menschlicher Erfahrung möglich wird. Er kann auf Betrug, Täuschung, Konfusion, Illusion oder Auflösung in einem bestimmten Lebensgebiet hinweisen. Doch auch die Auflösung kann zu einer Neugeburt des Verständnisses in dem Lebensgebiet führen, das durch seine Hausposition angezeigt wird.

Neptun kann auch mystische Gefühle von Einssein, Gnade, Inspiration, Imagination oder einem spirituellen Erwachen symbolisieren. Er wird zumindest anfangs irgendwie verwirrend oder als eine merkwürdige Intrige erfahren.

PLUTO weist, wenn er in ein bestimmtes Haus meines Geburtsbildes fällt, darauf hin, daß meine Gewohnheiten, die mit diesem Lebensgebiet zusammenhängen, völlig zerstört werden müssen, um dann auf eine neue Art wiederaufgebaut zu werden. Derjenige Aspekt meines Lebens, der von Pluto betroffen ist, soll einer vollständigen Veränderung und Transformation unterworfen werden. Plutos Einfluß wird oft als tiefgründig störend, instabil und als schmerzhaft quälend empfunden, aber auch hier besteht, wie bei den anderen Transsaturniern, die Gelegenheit einer persönlichen Neugeburt.*

Die Stellung des *Aszendenten* eines anderen Menschen in meinem Geburtsbild weist darauf hin, wie die andere Person *grundsätzlich* auf mich einwirkt. Diese Stellung zeigt zumeist auch die offensichtlichste Art, wie der andere in mein Leben tritt und welchen ersten Eindruck er auf mich macht.

Die kardinalen, fixen und labilen Häuser

Die Planeten und der Aszendent werden in kardinale, fixe oder labile Häuser des Geburtsbildes einer anderen Person

* Die Hauspositionen von Uranus, Neptun und Pluto sind nicht annähernd so wichtig wie die Aspekte, wenn man Geburtsbilder von zwei Menschen, die etwa gleich alt sind, miteinander vergleicht.

fallen. Wenn Sonne, Mond, Aszendent oder zwei weitere Planeten in eine bestimmte Sorte Häuser fallen, sind diese Häuser oder diese Art der Verbindung betont.

Die KARDINALEN HÄUSER (1., 4., 7. und 10.):
Eine Betonung meiner kardinalen Häuser weist auf eine aktive, dynamische, intensive Beziehung hin, die auf gemeinsamen Absichten, Richtungen oder Zielen basiert. Die Verbindung ist auf eine bestimmte Aktivität ausgerichtet, und die beiden Menschen werden Dinge zusammen tun. Eine starke Betonung meiner kardinalen Häuser kann bedeuten, daß die andere Person auf meine Identität einwirkt, und zwar sehr direkt. Falls die speziellen Aktivitäten gemeinsame Interessen umfassen und fortwährend stimulieren, kann es zu einer sehr lange anhaltenden Verbindung kommen.

Die FIXEN HÄUSER (2., 5., 8. und 11.):
Die Betonung meiner fixen Häuser zeigt die Möglichkeit einer Stabilität in der Beziehung. Falls wichtige Planeten oder der Aszendent in meine fixen Häuser fallen, kann dies ein Hinweis auf eine langfristige Beziehung sein, die auf unveränderlichen Orientierungen und auf stabilen Einstellungen beruht. Diese Art der Beziehung ist zwar nicht notwendigerweise erregend, hat andererseits jedoch den Vorteil der Verläßlichkeit. Oft kommt es zu einer Betonung von Geldangelegenheiten, Besitzstreben oder anderen Sicherheitsorientierungen.

Die LABILEN HÄUSER (3., 6., 9. und 12.):
Eine Betonung meiner labilen Häuser weist darauf hin, daß sich der Einfluß der anderen Person hauptsächlich durch eine mentale Verbindung äußert. Lernen, persönliche Veränderungen und Wachstum werden starke Orientierungen in dieser Beziehung sein. Wenn ich bereit bin, vom anderen zu lernen, wird sich sein Einfluß in Wachstum und Entwick-

lung niederschlagen, da ich bewußt anwende, was ich von ihm gelernt habe.

Mein Wachstum wird also mit anderen Worten dadurch möglich, daß ich mich selbst bewußt auf eine Art verändere, die vom anderen angeregt wird. Wenn es zu sogenannten ›schädlichen‹ Stellungen in meinen labilen Häusern kommt, die zu anderen Planeten meines Geburtsbildes spannungsreich aspektiert sind, werde ich die andere Person als Nörgler erfahren, die mich nicht akzeptiert und versucht, mich zu manipulieren.

Wenn ich bereit bin, durch die andere Person und durch ihre Anregungen zu lernen, wird die Beziehung fortbestehen können.

Wir können die individuellen Häuser auch in vier Gruppen unterteilen, da sie den vier Elementen Erde, Wasser, Feuer und Luft zugeordnet werden können.

Ich muß in diesem Zusammenhang darauf hinweisen, daß sich die Bedeutung der Häuser beim Partnervergleich oftmals geringfügig von der Bedeutung unterscheidet, die man ihnen traditionell bei der Interpretation eines individuellen Geburtsbildes zuschreibt.

Die Häuser des Lebens oder der Identität

Das sind die Häuser, die mit den Feuerzeichen assoziiert werden. Planeten, die in diese Häuser fallen, können mein Gefühl von Ausstrahlung und Wohlbefinden sowohl ermutigen als auch hemmen. Planeten mit Stellungen in meinen Feuerhäusern können ein Gefühl von Identität anzeigen, das ich mit dem anderen habe. Mit anderen Worten ausgedrückt, geben mir diese Planeten idealerweise Geist und Seele (spirit) und beleben mich. Auch wenn die Beziehungen eher spannungsreich sind, hat der andere doch eine große Einwirkung bei der Formung meiner Identität und meines Selbstvertrauens.

ERSTES HAUS: Planeten, die in mein erstes Haus fallen, regen mich direkt und sofort an, sie geben mir das Gefühl von Identität mit dem Aspekt der Persönlichkeit des anderen Menschen, der durch den in dieses Haus fallenden Planeten symbolisiert wird.

FÜNFTES HAUS: Planeten, die in mein fünftes Haus fallen, betreffen die Fähigkeit, meine Emotionen auszudrücken, mich selbst frei und kreativ zu entfalten und mich direkt an mir selbst zu erfreuen. Ich identifiziere mich gefühlsmäßig mit dem Aspekt des anderen Menschen, der durch seine Planeten in meinem fünften Haus symbolisiert wird. Ich kann Freude und Wege des Selbstausdrucks durch die andere Person auf die Art finden, wie sie durch deren Planeten in meinem fünften Haus angezeigt sind.

Wenn beispielsweise Saturn eines anderen Menschen in mein fünftes Haus fällt, mag meine Fähigkeit, mich an mir selbst zu erfreuen, eingeschränkt oder reduziert werden, doch kann es auch dazu kommen, daß ich mich an der Fähigkeit und Ernsthaftigkeit dieses Menschen erfreue und daher durch dessen Qualitäten auch zu größerer Freude an mir selbst gelange.

NEUNTES HAUS: Planeten, die in mein neuntes Haus fallen, haben Auswirkungen auf meine philosophische Betrachtungsweise, meine religiösen Einstellungen, meine bewußten Entwicklungsziele des persönlichen Wachstums bzw. auf alle Dinge, die für mich bei der Herausbildung von Wertvorstellungen und einer philosophischen Erfassung meiner Umgebung von Bedeutung sind. Planeten in meinem neunten Haus beeinflussen mein Verstehen auf eine Art, die mein Wachstum, ebenso aber auch meine Entwicklung entweder fördert oder behindert und darüber hinaus meine bewußte Orientierung bei der Veränderung meiner selbst. Sie können beim Lernen durch Erfahrung entweder hinderlich oder hilfreich sein.

Die Häuser der Beziehungen oder Verbindungen

Das sind die Häuser, die mit den Luftzeichen in Verbindung gebracht werden. Planeten, die in diese Häuser fallen, stimulieren das intellektuelle Interesse und die persönlichen und sozialen Beziehungen. Mit anderen Worten bringen mich Planeten in diesen Häusern in Kontakt mit anderen Personen, die ich als Individuen begreife und zu denen ich eine wirklich persönliche Beziehung aufnehmen will.

Das DRITTE HAUS: Planeten, die in mein drittes Haus fallen, beeinflussen meine Art der Kommunikation mit anderen, hauptsächlich durch Sprache und assoziative mentale Prozesse. Planeten mit dieser Stellung regen Wachstum, Veränderung und Lernen auf den Gebieten der mentalen Entwicklung und des intellektuellen Ausdrucks an. Sie können das Gefühl erwecken, eine Polarität zum anderen zu bilden, und sie weisen auf die Fähigkeit hin, schnell zu einem persönlichen Austausch mit der anderen Person zu kommen.

Das SIEBENTE HAUS: Planeten, die in mein siebentes Haus fallen, regen mein Gespür für Partnerschaft und besonders für enge Beziehungen auf einer ganz persönlichen Ebene an. Diese Planeten betonen einige Aspekte wirklicher Verbundenheit, eines gegenseitigen Gebens und Nehmens. Diese Art von Partnerschaft ermöglicht meistens einen komplementären Blickwinkel, ein komplementäres Erfassen meines Selbst, falls die speziellen planetaren Energien dazu hilfreich sind. Es kann auch zu Unterbrechungen oder starken Veränderungen meiner Vorstellungen über mich selbst durch die Interaktion mit dem anderen kommen. Diese Art der Beziehung wird im allgemeinen als gemeinsame Erfahrung eines ausgewogenen Energieaustausches zwischen den beiden Partnern empfunden, als ein Austausch, der ganz persönlich zwischen zwei Individuen stattfindet.

Das ELFTE HAUS: Planeten, die in mein elftes Haus fallen, werden den Aufbau freundlicher und geistesverwandter Beziehungen und eine soziale Stabilität entweder fördern oder behindern. Wenn beispielsweise Jupiter oder Venus des Partners in mein elftes Haus fällt, werde ich ihn meist als einen wahren Freund sehen können, als jemanden, der mich liebt und mein Gefühl von Sicherheit und sozialem Akzeptiertwerden erhöht. Zudem kann diese Person gegebenenfalls dazu beitragen, daß ich mir über meine Aufgabe in der Gesellschaft und über meine Zukunftspläne klarer werde.

Eine Überbetonung dieser beiden Arten von Häusern (Feuer- oder Luft-Häuser) macht für mich eine gewisse Vorsicht beim Umgang mit dieser Beziehung erforderlich, da eine solche Beziehung sehr schnell und leicht ausbrennen kann, wenn keine tiefere Grundlage entweder auf emotionaler oder praktischer Ebene vorhanden ist.

Die weltlichen oder besitzanzeigenden Häuser

Diese Häuser werden mit den Erdzeichen assoziiert, und deshalb gehören zu ihnen die praktischen Erwägungen. Planeten, die in diese Häuser fallen, zeigen, daß die Aspekte einer anderen Person, die durch diese Planeten symbolisiert werden, für mich sehr nützlich sind; sie dienen meinen Zwecken. Die Beziehung könnte deshalb eine gute und bequeme Übereinkunft sein (Ehe, Geschäft etc.), wenn die Motive offenliegen und akzeptiert werden. Es kann aber auch zu einer manipulativen und sogar zerstörerischen Beziehung kommen, falls der andere nicht bereit ist, sich für meine Ziele benutzen zu lassen oder ich den anderen nur zu rein selbstsüchtigen Zwecken ausnutze.

Das ZWEITE HAUS: Planeten, die in mein zweites Haus fallen, stimulieren meine Wünsche nach Werten, nach Eigentum und Besitz sowie nach Kontrolle über die andere Person oder über bestimmte Teile, Fähigkeiten oder Qualitäten von ihr.

Ob aus diesen Wünschen eine manipulative Beziehung (oft im Namen der Liebe) oder eine Verbindung entsteht, deren Wert ich hoch einschätze und wo der andere auch in seinem Wachstum von mir frei unterstützt werden kann, hängt davon ab, wie ich mit diesen Wünschen umgehe.

Wenn es mir gelingt zu realisieren, daß der andere zu mir gehört, ohne daß ich ihn besitzen will, dann kann es zu einer tiefen Zufriedenheit in der Beziehung kommen. Planeten, die in mein zweites Feld fallen, können auch finanzielle Verpflichtungen, einen Einfluß auf meinen Besitz, meine Geschäftspläne und damit verbundene Aktivitäten haben.

Das SECHSTE HAUS: Planeten, die in mein sechstes Feld fallen, zeigen einen Einfluß auf meine Gewohnheiten und Bemühungen an, mich selbst zu verändern, indem ich mich grundlegend mit den Aufgaben des Erdelements auseinandersetzen soll. Planeten mit dieser Stellung regen ein Lernen an, das zu Veränderungen und Wachstum in meinem täglichen Leben führen soll. Ein solcher Einfluß kann hilfreich, aber auch hinderlich sein, indem er mich und meine Bemühungen, mich auf meine eigene Art zu verändern, unterminiert. Doch er kann mich auch bei meinen bewußten Versuchen der eigenen Entwicklung unterstützen. Ich werde eine Person, deren Planeten oder deren Aszendenten in mein sechstes Haus fällt und mich dadurch stark beeinflußt, entweder als hilfreich oder nörgelnd empfinden. Eine Betonung auf meinem sechsten Haus kann auch eine positive Anregung meiner produktiven Arbeit bedeuten, doch in einigen Fällen kommt es auch zu Störungen meiner Produktivität und meiner Arbeitsziele.

Das ZEHNTE HAUS: Planeten, die in mein zehntes Haus fallen, dienen meinen Ambitionen und meinen Hoffnungen auf weltlichen Erfolg, Ehre, Reputation und öffentlichen

Beifall. Planeten mit dieser Häuserstellung können auf berufliche und geschäftliche Verbindungen hinweisen, aber auch auf die Befriedigung von Ego-Bedürfnissen und Bedürfnissen nach Anerkennung und Macht; sie können einen großen Einfluß auf die Bildung sozialer Strukturen haben (wie Ehe oder Karriere etc.), die du aufbauen willst. Die Energie eines Planeten, der in mein zehntes Feld fällt, zeigt die Qualität oder Funktion der anderen Person in bezug auf meinen Sinn für öffentliche Billigung, Autorität und die Art der Ambitionen, die ich im Begriff bin zu entwickeln. Falls Sonne oder Aszendent des anderen in mein zehntes Haus fällt, kann ich Ehrgeiz bei gleichzeitiger Hochachtung ihm gegenüber entwickeln; vielleicht habe ich die Tendenz, die Person zu benutzen, und stelle hohe Erwartungen an sie, daß sich durch sie meine Hoffnungen realisieren.

Wenn es mir gelingt, den selbstsüchtigen Aspekt meiner Gefühle zu transzendieren, kann ich, ohne an meine eigene Befriedigung denken zu müssen, auch einfach die Hoffnungen des anderen sich frei entfalten lassen. In anderen Fällen sehe ich die andere Person als Autorität mit den ihr eigenen Rechten, deren Fähigkeiten ich respektieren und geduldig von ihr lernen kann.

Die psychischen Häuser

Diese Häuser werden mit den Wasserzeichen in Verbindung gebracht und haben einen Einfluß auf die Gebiete meines Lebens, in denen ich extrem sensibel und seelisch und deshalb leicht verwundbar bin. Planeten, die in diese Häuser fallen, offenbaren diejenigen Qualitäten und Aspekte der Persönlichkeit des anderen, die mich gefühlsmäßig am stärksten beeinflussen, die in der Lage sind, mich bis ins Tiefste zu durchdringen. Dadurch kann ich mich leicht vom anderen gequält fühlen, da ich für ihn sehr verwundbar bin. Deshalb kann eine Reaktion auf ihn Furcht oder Ablehnung sein, oder ich öffne mich ihm in der Hoffnung, daß wir eine Beziehung auf einer tiefen seelischen Ebene entwickeln können.

Menschen, deren Planeten oder deren Aszendent in meine Wasserhäuser fallen, haben die Fähigkeit, in die tiefsten Tiefen meines Wesens einzudringen und dadurch meine Grenzen, Schwächen und Seelenwünsche zu offenbaren. Ein derartig tiefer Kontakt zwischen Menschen kann zu tiefgründigen, leidenschaftlichen und emotionalen Bindungen führen. Jedoch besteht immer eine Tendenz zu Explosionen, Umwälzungen, Instabilität und Täuschungen auf meiner Seite. Die Zukunft der Beziehung wird nicht nur in großem Maße davon abhängen, wie ich mit dieser Qual (die ja eine Möglichkeit für Nähe ist) umgehen kann, sondern auch davon, wie der andere mit der Macht, die er über mich hat, umgeht. Eine Beziehung mit vielen Bindungen in diesen Häusern wird hauptsächlich gedeihen, wenn beide Personen jeweils mit sich selbst in Frieden leben.

Das VIERTE HAUS: Planeten, die in mein viertes Haus fallen, haben Auswirkungen auf meine persönlichsten, tiefsten und verletzbarsten Gefühle in den Wurzeln meines Seins. Der Einfluß von Planeten in diesem Haus wird deshalb entweder als bequem und sicher oder als störend und frustrierend erlebt. Wenn beispielsweise Pluto in mein viertes Haus fällt, kann dies sehr tiefgründige störende Auswirkungen auf die emotionale Grundlage meiner Existenz haben, was sich als sehr positive oder negative Erfahrung herausstellen kann. Planeten mit dieser Stellung beeinflussen auch die häusliche Ruhe und die Fähigkeit, sich dort völlig zu entspannen, wo der andere wohnt.

Das ACHTE HAUS: Planeten, die in mein achtes Haus fallen, regen häufig sehr tiefe, oftmals sexuelle oder erotische Gefühle in mir an. Falls die Planeten gespannt aspektiert sind, besteht die Möglichkeit eines Machtkampfes. Vielleicht werden meine Bemühungen, Macht oder Kontrolle über den anderen auszuüben, unterbrochen (Uranus in meinem achten) oder durchkreuzt (Saturn im achten Haus). Dieses Haus repräsentiert teilweise meine Suche nach emotionalen Werten, wobei meine Bemühungen von der anderen Person unterstützt oder behindert werden können. Das achte Haus repräsentiert auch eine Prüfung, wie verantwortlich ich mit meiner Macht umgehe. Planeten, die in dieses Haus fallen, können bei mir auch eine bestimmte Art des spirituellen Erwachens hervorrufen und darüber hinaus ein mächtiges Sehnen nach emotionalem Frieden und Heilung auf einer sehr tiefen Ebene.

Das ZWÖLFTE HAUS: Planeten, die in mein zwölftes Haus fallen, haben gefühlsmäßige Auswirkungen, die mich für das Unbekannte, das jenseits unseres Vorstellungsvermögens liegt, öffnen. Sie beeinflussen mich durch sehr vage, normalerweise verwirrende Gefühle. Solche Einflüsse führen dann bei mir oft zu Ängsten, doch können Planeten mit dieser Stellung auch meine spirituelle Entwicklung stark beeinflussen. Planeten, die in mein zwölftes Haus fallen, regen also mein Wachstum, meine Entwicklung und meine Veränderung auf sehr tiefgründige Art an. Sie berühren die Ursprünge der Gefühle auf einer spirituellen Ebene. Die Einflüsse, die durch Planeten repräsentiert werden, die in mein zwölftes Feld fallen, liegen im wesentlichen jenseits meines bewußten Verstehens. Deshalb reagiere ich auf diese Aspekte der anderen Person oftmals mit Mißtrauen, Beunruhigung, Ängsten oder Unbehaglichkeit. Dies trifft besonders dann zu, wenn die Planeten, die in mein zwölftes Haus fallen, als traditionell schwierig beschrieben werden. Falls die Planeten eher zu den ›hilfreichen‹ gehören, kann ich oft eine versteckte Unterstützung von der anderen Person erfahren. Das zwölfte Haus zeigt im allgemeinen den blinden Fleck in uns selbst und die Einflüsse von anderen, derer wir uns nur vage bewußt sind. Wenn beispielsweise der Aszendent einer anderen Person in mein zwölftes Feld fällt, dann bewegt sich derjenige im wesentlichen jenseits meines Verstehens. Er bestürzt und verwirrt mich. Ich fühle mich von ihm überschüttet und überwältigt. Ich kann auf ihn reagieren, indem ich entweder meine ganzen irrationalen Ängste aufbaue oder die Erfahrung von Komplexität und Mysterium, zu der ich durch ihn inspiriert werde, begrüße. Das zwölfte Haus ist besonders für den Partnervergleich von Bedeutung, da es Bedürfnisse der Seele nach zukünftigem Wachstum offenbaren kann und auf bestimmte karmische Bindungen hinweist, die zur anderen Person bestehen. Warum habe ich diese irrationalen Ängste vor einer Gewaltanwendung durch Herrn M.? Astrologisch gesehen, fällt sein Mars in mein zwölftes Feld. Woher kommen diese Gefühle? Zeigen sie eventuell anhand der astrologischen Symbolik eine Beziehung aus der Vergangenheit, wo ich die Möglichkeit der Gewaltanwendung durch Herrn M. wirklich erfahren habe?

Diese Fragen sind nur durch die persönliche Erfahrung jedes einzelnen für ihn selbst beantwortbar. Was ich hier betonen will, ist die Notwendigkeit, daß wir bei unserem spirituell-psychologischen Wachstumsprozeß auch die Dinge benennen und integrieren müssen, die durch das zwölfte Feld – sowohl im individuellen Geburtsbild als auch bei der Synastrie – angesprochen werden.

Deshalb kann eine Analyse des Partnervergleichs unserer engen Freunde (und Feinde!) mit unserem eigenen Geburtsbild Dinge offenbaren, deren wir uns alle bewußt sein sollten, um freier leben und Beziehungen freier gestalten zu können.

Eine übermäßige Betonung der besitzenden und psychischen Häuser (Erde und Wasser) mahnt mich als Astrologen zur Vorsicht beim Umgang mit dieser Beziehung, da sie rasch manipulative und gefühlsmäßig versklavende Elemente entwickeln kann. Wenn beide Partner auf ihren Verhaftungen an die Vergangenheit und auf emotional einschränkenden, Sicherheit gebenden Verhaltensweisen bestehen, kann es zu einer ›negativen‹, sogar lebensverneinenden Beziehung kommen.

Anm.: Das Buch von *Lois H. Sargent, How to handle your human relations* ist ein hervorragendes Werk über Synastrie. Der Teil, in dem Aspekte, die zwischen den Geburtsbildern bestehen, interpretiert werden, ist unübertroffen in Tiefgang und Genauigkeit. Lois Sargent hat ein tiefes Verständnis für die relative Wichtigkeit verschiedenartiger Aspekte beim Partnervergleich. Jedoch sagt das Buch wenig über die Bedeutung der Häuser bei der Synastrie aus. Dieser Artikel kann vielleicht diese Lücke füllen.

Zum Verständnis von Transiten

Die wichtigsten Transite sind die der äußeren fünf Planeten. Auf sie (Jupiter, Saturn, Uranus, Neptun und Pluto) will ich mich in diesem Workshop konzentrieren. Wenn du alle Transite bezüglich deines Grundhoroskops beobachtest, werden auch bei Venus-, Mars- und sogar Merkurtransiten Wirkungen spürbar sein, doch sind das im allgemeinen temporäre Erfahrungen mit keiner längerfristigen Tiefenwirkung und Bedeutung. Dabei haben die Aspekte von Oppositionen, Quadraten und Konjunktionen eine Beziehung zu den wichtigsten Erfahrungen. Ich habe jedoch begonnen, auch den Semisextilen, Halbquadraten und dem Quincunx größere Beachtung zu schenken, ganz besonders aber den Semisextilen.

An bestimmten Tagen wirst du einen besonderen Energiefluß verspüren, und dein ganzer Tag ist von einem harmonischen Gefühl durchdrungen. Wenn du dann bei deinen Transiten nachschaust, wirst du feststellen, daß Venus im Trigon zu deiner Sonne, im Sextil zu deinem Mars oder Jupiter oder im Trigon zu deinem Mond steht. Auch Trigone und Sextile sind beobachtbar, doch sind sie in den meisten Fällen von geringerer Bedeutung, besonders wenn du sie isoliert betrachtest. Dagegen kann ein Sextil- oder ein Trigonalaspekt, den einer der äußeren Planeten zu einem Planeten deines Geburtsbildes wirft, von ziemlicher Bedeutung sein, wenn es *gleichzeitig* zu mehreren herausfordernden Aspekten kommt.

Zur Zeit entsteht eine völlig neue Sichtweise der Astrologie und der Transite, die man im Zusammenhang mit den Transiten als zyklisch oder ganzheitlich bezeichnen könnte.

Es war natürlich *Dane Rudhyar,* der Pionierarbeit bei der Entwicklung und allgemeinverständlichen Darstellung leistete. Wahrscheinlich ist dies das beste System, um besondere Transite zu betrachten. Im Grunde genommen geht man bei allen Transiten so vor, daß man versucht, die innere zyklische Beziehung zwischen zwei beliebigen Planeten aufzudecken. Es gibt viele Möglichkeiten, dies zu tun, doch nehmen wir einmal die augenblickliche Konjunktion von Saturn mit deiner Radix-Venus. In etwa sieben Jahren wird Saturn dann im Quadrat zu deiner Venus stehen, in weiteren sieben Jahren in Opposition und nach noch einmal sieben Jahren wieder im Quadrat usw.

Bei dieser ganzheitlichen Sichtweise beginnt man – wenn man wirklich das Ganze begreifen will und die Transite nicht als isolierte kleine Erkenntniserfahrungen betrachtet – mit der Konjunktion.

Wenn beispielsweise der transitierende Saturn momentan im Quadrat zu deiner Venus steht (geht zur Tafel und zeichnet ein Beispiel)... Wir wollen einmal ein realistisches Geburtsbild aufzeichnen. Deine Venus steht 15° in Krebs, und Saturn steht in der Waage. Wenn nun Saturn über 15° Waage transitiert, kommt es ganz offensichtlich zu einem Quadrat zwischen Saturn und deiner Venus auf 15° Krebs. Was auch geschehen wird, ihr seid wahrscheinlich in der Lage, diesen Transit traditionell richtig zu interpretieren, da ihr wißt, was Saturn, Venus und die betroffenen Häuser etc. bedeuten. Ihr müßt nicht unbedingt die ganze Entwicklung, den ganzen Zyklus mit einbeziehen, und bei der Bearbeitung von fremden Geburtsbildern werdet ihr auch oft nicht die Zeit dafür haben. Jedoch ist ›Interpretation‹ etwas anderes als ›Verständnis‹. Du solltest bei der Arbeit mit deinem eigenen Geburtsbild oder bei Menschen, die dir ziemlich nahestehen und deren innere Erfahrungswelt dir etwas vertraut ist oder bei den wenigen Klienten, denen der tiefere Sinn des Lebens etwas bedeutet, einmal sieben Jahre zurückgehen und herausfinden, was geschehen ist, als Saturn in Konjunktion mit Venus stand. Das, was damals geschehen ist, hat oftmals eine Beziehung zu den momentanen Geschehnissen, da beide Transite Teil desselben Zyklus sind, der die gesamte Interaktion von Venus und Saturn umfaßt. Wenn man Transite auf diese Weise begreift, wird auch der Gebrauch der Semisextile und Halbquadrate wesentlich verständlicher und praktischer anwendbar, denn diese Aspekte können dann als Wechsel oder Perioden der Veränderung innerhalb des Kontextes des gesamten Zyklus aufgefaßt werden, auch wenn es dabei nicht zur Koinzidenz mit äußeren Geschehnissen kommt. Du wirst einfach in der Lage sein, deine laufenden Erfahrungen vollständiger zu erfassen. Besonders für dein eigenes Leben wird es sinnvoll sein, bei den Jupiter- und Saturntransiten ein paar Jahre zurückzuschauen, um festzustellen, was damals passiert ist, als der momentan betroffene Planet das letztemal unter einem Jupiter- oder Saturn-Einfluß stand. Oftmals wirst du dich daran erinnern können, was damals los war, und eine Beziehung zu den momentanen Geschehnissen herstellen können. Du wirst dann auch die entwicklungsmäßige Ordnung, den Prozeß und die Verhaltensmuster besser erkennen können.

FRAGE: Willst du damit sagen, daß wir zu dem identischen Punkt zurückgehen sollen, oder was? Du sprichst über Saturn und sieben Jahre, mußt du nicht 28 Jahre zurückgehen, um zu dem identischen Punkt zu kommen?

ANTWORT: Um den gleichen Aspekt zu finden, trifft dies zu, doch das meine ich nicht. Ich habe gesagt, daß es besonders bei Jupiter- und Saturn-Transiten nützlich ist, zum letzten zurückliegenden Aspekt zu gehen, sei es eine Konjunktion, eine Opposition oder ein Quadrat. (Das kann auch bei Uranus-Transiten sinnvoll sein, doch sollten hier auch Semisextile und Halbquadrate mit einbezogen werden.) Wenn Saturn also im Moment einen Aspekt dieser Art zu deiner Venus hat, solltest du sieben Jahre zurückgehen, um zu erfassen, was damals geschehen ist, als Saturn ebenfalls entweder in Konjunktion, in Opposition oder im Quadrat zu deiner Venus stand.

FRAGE: Um dann den gemeinsamen Nenner der beiden Erfahrungen zu finden?

ANTWORT: Richtig. Manchmal gibt es eine sehr offensichtliche Beziehung zwischen den beiden Transiten. Beispielsweise hast du vor sieben Jahren geheiratet und reorganisierst jetzt dein Eheleben. In anderen Fällen ist der Zusammenhang subtiler. So hast du vor sieben Jahren mit irgend jemand Schluß gemacht, und heute machst du mit jemand anderem Schluß. Es zeigt dir deine Verhaltensmuster in deinem Leben und die Tatsache, daß du vor sieben Jahren mit denselben Dingen konfrontiert wurdest, denen du auch heute noch ins Auge blicken mußt. Wenn du es so betrachtest, kannst du selbst beurteilen, wieweit du dich in den vergangenen Jahren entwickelt hast. Bei den Uranus-Transiten solltest du sämtliche Aspekte aller Vielfachen von 30° verwenden, und du wirst feststellen, daß es auch hier etwa alle sieben Jahre zu irgendeinem Erwachen oder klareren Verständnis einer bestimmten Dimension deines Lebens kommt, die mit dem Planeten deines Geburtsbildes in Verbindung steht, der gerade von dieser periodischen Uranus-Auslösung betroffen ist.

Die Konjunktionen, Quadrate und Oppositionen sind die kraftvollsten (und oft dramatischsten) Transite, doch besonders bei Uranus offenbaren auch die anderen Aspekte stattfindende bedeutende Veränderungen, auch wenn du mit keiner besonderen Krise oder lautschreienden Veränderung konfrontiert wirst.

Da Jupiter in etwa zwölf Jahren einmal durch den Tierkreis geht, steht er etwa alle drei Jahre in Konjunktion, Quadrat oder Opposition zu jedem wichtigen Punkt in deinem Geburtsbild. Bei Jupiter-Transiten mußt du also nur drei Jahre zurückgehen und versuchen, ein bezeichnendes Verhaltensmuster herauszufinden. Oftmals, jedoch nicht immer, wird es dir möglich sein, eine Verbindung zwischen diesen verschiedenen Perioden aufzudecken. In den meisten Fällen kannst du nur bis zur letzten Konjunktion zurückgehen, denn das ist theoretisch der Beginn dieses Zyklus. Wenn also Saturn momentan im Quadrat zu deiner Venus steht, kannst du sieben Jahre zurückgehen, als Saturn in Konjunktion mit deiner Venus stand. Ich bezweifle, ob es sinnvoll ist, weitere sieben Jahre zurückzugehen und ob dadurch Wichtiges zu erkennen ist.

FRAGE: Ich weiß es bei Sonne und Saturn, wenn du da 28 Jahre zurückgehst, wirst du ein paar ziemlich wichtige Dinge erkennen.

ANTWORT: O ja. Ich meine nicht, daß jedes- oder fast jedesmal Umwälzendes zu finden ist, sondern daß die spezifischen Eigenarten von jedem Zyklus irgendwie unterschiedlich sind, besonders beim Zyklus von Saturn.

Wenn du den ersten Umlauf von Saturn betrachtest, bedeutet die Rückkehr von Saturn an seine Radixstellung im Alter von etwa 29 oder 30 Jahren das Ende einer vollständigen Lebensperiode, denn deine gesamte Lebensstruktur, deine Ambitionen und Prioritäten, dein gesamter Charakter wurden geformt.

Man kann natürlich auch andere Saturn-Perioden betrachten, wie Saturn Konjunktion Venus, Konjunktion Mars, Konjunktion Aszendent oder Konjunktion mit irgend etwas anderem in deinem Geburtsbild, worüber wir später noch sprechen werden.

Bei all diesen Konjunktionen beginnt ein jeweils neuer Zyklus, wichtige neue 29 oder 30 Jahre. Diese Zyklen haben eine Verbindung zum Aufbau verschiedener Arten von Strukturen im Leben, abhängig vom jeweils betroffenen Radix-Planeten.

Wichtige Punkte für die Arbeit mit Transiten

Bevor ich weiter ins Detail gehe, will ich noch eine wichtige Vorstellung über Transite erwähnen, die Donna Cunningham in ihrem Buch *An Astrological Guide to Selfawareness* vorstellt. In dem Kapitel *A Spiritual and Psychological Perspective on Transits* liefert sie uns, sehr präzise dargestellt, eine gute Einstellung und ein konstruktives System für den Gebrauch von Transiten. Sie führt aus, daß Transite keine isolierten Ereignisse darstellen, über die man keine Kontrolle hat, sondern Teil eines integrierten psychologischen Prozesses sind, an dem du teilhast. Das ist ein Punkt, auf den ich hoffe, heute immer wieder zurückkommen zu können. Du kannst dir in den meisten Fällen einen spezifischen Transit heraussuchen und nur auf der Grundlage des Wesens der betroffenen Planeten bestimmte, richtige Dinge über ihn aussagen. Um wirklich sinnvoll damit zu arbeiten, mußt du jedoch die innerlich laufenden Verhaltensmuster der Transite begreifen, denn in den meisten Fällen kommt es bei einem bedeutenden Transit in einem Zeitraum von wenigen Monaten zu mindestens einem weiteren, wenn nicht sogar zu weiteren zwei, drei, vier oder fünf Transiten von Wichtigkeit. Solche komplizierten Muster können nicht auf eine strenge oder dogmatische Weise interpretiert werden. Alles, was du tun kannst, ist zu versuchen, ein Gefühl für all die verschiedenen Transite zu entwickeln und sie intuitiv mit dem Kontext der gesamten Lebenssituation und der momentanen Ebene des Bewußtseins zu verknüpfen.

Zudem führt Donna Cunningham aus, daß man die Transite einer Person ohne ein tiefes Verständnis des betreffenden Geburtsbildes nicht vollständig begreifen kann. Sie sagt beispielsweise, daß es bei der Beurteilung eines Quadrats von Neptun zum Radix-Mars in Rechnung gestellt werden muß, wie sich sowohl Mars als auch Neptun im Geburtsbild äußern, in welchen Zeichen sie stehen, welche Häuser sie beherrschen, welche Aspekte sie aufweisen und welche Kraft sie ganz allgemein haben. Das ist wirklich wahr! Darum sind die meisten Bücher über Transite… nun, die meisten Bücher über Transite sind ziemlich wertlos. Sogar die besseren Bücher über Transite sind nur als rudimentäre Richtlinie zu benutzen, um die Erfahrungen bestimmter Perioden zu begreifen, denn im Geburtsbild und im Leben jedes Menschen liegt so viel an Tiefe, Komplexität und subtilen Erfahrungen. Man kann all die Bücher über Transite lesen und wird feststellen, daß die meisten davon die Tendenz haben, dogmatisch und auch ziemlich negativ zu beschreiben. Wenn du überprüfst, was diese Bücher sagen, wirst du in vielen Fällen feststellen können, daß es nicht mit dem übereinstimmt, was für Erfahrungen die Menschen wirklich machen. Wenn du Astrologe bist oder dich damit beschäftigst und all die negativen Dinge glaubst, die – wie in diesen Büchern beschrieben – passieren sollen, dann kommt es leicht dazu, daß sie auch eintreten. Solange du dich vor diesen negativen Einstellungen schützt, wird das, was bei den entsprechenden Transiten abläuft, oft viel subtiler sein, als es in diesen Büchern beschrieben wird.

Am Anfang meines Astrologie-Studiums waren bestimmte Transite der reine Terror für mich, denn ich hatte all diese Bücher gelesen, die aussagten, wie schrecklich diese Transite seien: »Uranus in Konjunktion mit deiner Sonne – plötzliche Unfälle oder sogar Tod usw.; bei Saturn über Saturn werden dir alle Zähne ausfallen, du wirst schrecklich aussehen und krank werden.«

Je mehr solcher sogenannten ›traumatischen‹ Transite ich durchlebt habe, desto mehr erkannte ich, daß sie eigentlich sehr interessant sind. Du kannst wirklich eine Menge aus ihnen lernen. Und viele sind sogar ziemlich spaßig, auch wenn es von Zeit zu Zeit zu Streß kommt. Nur die genaue Kenntnis des Geburtsbildes wird dich in die Lage versetzen, dich mit größerem Tiefgang in die Bedeutung der wichtigen Transite einzustimmen, als das bei alleiniger Anwendung der grundlegenden Prinzipien möglich wäre.

Zudem betont Donna Cunningham, daß Transite ein Prozeß sind: »In der Astrologie wird zu viel Wert auf die Ereignisse gelegt, und die Prozesse, die aus diesen Ereignissen erwachsen, werden zu sehr vernachlässigt.«

Die Ereignisse sind mehr wie Richtungsanzeiger und natürlich sichtbarer als der Prozeß, doch springst du ja auch nicht direkt von einer Stadt in die nächste. Du mußt die Entfernung zurücklegen. Ereignisse können die Kulmination des Prozesses oder auch ein Katalysator sein, der den Prozeß in Gang setzt. Jedoch sind sie sehr nützlich, um die äußeren Anzeichen innerer Entwicklung zu studieren. Ich glaube, daß dies ein wichtiger Punkt ist. Jeder Transit kann als ein innerer Drang, als ein inneres Gefühl zum Ausdruck kommen, ohne daß äußere Dinge geschehen müssen. Doch kann er sich auch als äußere Erfahrung manifestieren, die den Betreffenden drängt, sich einer Sache zu stellen. Das geschieht häufig dann, wenn du nicht wußtest, was bearbeitet werden sollte – die äußere Welt bringt dich dann damit in Kontakt. Es kann auch zu beidem kommen, zur inneren und äußeren Erfahrung. Dies geschieht in vielen Fällen.

FRAGE: Wie kann man festlegen, wie viele und welche dieser beiden Qualitäten…?

ANTWORT: Ich kenne keine Möglichkeit zu bestimmen, wieviel sich innerlich und wieviel sich äußerlich abspielen wird. Die einzige generelle Aussage, die ich kenne und die mir sinnvoll erscheint, ist: Je besser du dich selbst kennst und je feiner und tiefer dein Bewußtsein ist, desto mehr wirst du die inneren Bedeutungen deines Lebens und der Erfahrungen in deinem Leben erkennen und desto mehr werden sich die Transite auf einer feineren und subtileren Ebene als auf einer großen äußeren abspielen.

Bei sehr extrovertierten Menschen, die nicht gerne über sich reflektieren, werden sich Transite in der Tendenz eher als Ereignisse manifestieren. Vielleicht werden 75% der wichtigsten Transite als Ereignisse erfahren, doch sehe ich keine Möglichkeit zu sagen, wie sich diese Tendenz im Einzelfall wirklich auswirken wird.

Wenn du die äußeren Ereignisse als Anzeichen für die Geschehnisse auf der inneren Ebene begreifst, kommt es wirklich nicht mehr darauf an, ob du ein Ereignis voraussagen kannst, denn du kannst dir oder jemandem, dessen Geburtsbild du bearbeitest, verständlich machen, daß alles, was zu einer bestimmten Zeit passieren wird, eine grundlegende Bedeutung hat, die du verstehen kannst.

FRAGE: Wodurch sich ein Mensch auch immer hindurcharbeiten muß, könnte auf einer inneren Ebene geschehen, aber auch auf einer äußeren, doch müssen die Betroffenen immer ähnliche Prozesse durchlaufen...?

ANTWORT: Richtig, besonders bei den wirklich spannungsreichen Aspekten. Saturn ist natürlich besonders bekannt für Arbeit, jedoch ist bei jedem wichtigen Transit von einem der äußeren Planeten Bemühung erforderlich, besonders bei den Oppositionen, Quadraten und Konjunktionen, denn diese Aspekte fordern die Menschen zur Arbeit an sich selbst auf – Energie aufzunehmen oder abzugeben. Wichtig dabei ist, daß diese Arbeit sowohl auf einer inneren Ebene wie auch auf einer äußeren Ebene geschehen kann. Auch Kombinationen davon sind möglich. Wenn Saturn beispielsweise ins Quadrat zu deinem Mars kommt, kann es sein, daß du besonders hart arbeiten mußt. Auf der äußeren Ebene kann es dazu kommen, daß du bei deiner Arbeit plötzlich wesentlich mehr Verantwortung übernehmen mußt. Die Firma hat einen großen Vertragsabschluß getätigt, und du mußt vielleicht monatelang Überstunden leisten. Einige Menschen, die sowieso hart arbeiten und aktiv sind, werden diese Spannung durch äußere Aktivitäten abarbeiten.

Passive Menschen jedoch, die nur herumliegen, sich beklagen und recht negativ mit sich umgehen, werden in eine schlechte Verfassung geraten, da sie nicht aktiv genug sind, diese Spannung auf einer groben Ebene abzuarbeiten. So sind sie selbst verantwortlich für ihre schlimmsten Gefühle von Frustration und dafür, daß sie Ärger und Überempfindlichkeit verspüren. Es gibt eine Alternative, um mit der tieferen Bedeutung des Quadrats von Saturn zu Mars in Kontakt zu kommen. Wenn du das Gefühl großer Frustration hast, kann es sein, daß Saturn den Ausdruck deiner Mars-Energie behindert, in einigen Fällen sogar blockiert. Mit Sicherheit wird die Geschwindigkeit reduziert (Saturn), mit der du bekommst, was du haben willst (Mars). Wenn du jedoch geduldig bist – Saturn-Aspekte sollen ja unter anderem der Entwicklung von Geduld dienen –, kannst du dir klarmachen, daß dies Teil eines notwendigen Prozesses ist und daß es eine Zeitperiode ist, in der du einige Dinge in dir klären sollst, und vielleicht kannst du die Verbindung zu der Frustration, die du empfindest, erkennen.

Viele Menschen, die Erfahrung mit verschiedenen Arten von Psychotherapie haben, können in der Tat bestätigen, daß Frustration ein sehr effektives therapeutisches Werkzeug ist. Wenn du jemanden genügend frustrierst, ist er entweder gezwungen, neue Wege zu entwickeln, mit bestimmten Dingen umzugehen, oder es wird ihm einfach schlechtgehen. Wenn du genügend Frustration hervorrufst und zudem noch Druck ausübst, werden die Betreffenden hoffentlich explodieren oder Neues ausprobieren. Bei Saturn-Transiten über Mars, den Aszendenten oder deiner Sonne wirst du diese Art von Druck und Frustration sehr aktuell verspüren. Du solltest dann beginnen, mit dem Geburtsbild zu arbeiten. Wenn bei dir Sonne und Mond im Widder stehen – zusammen mit einem Schütze-Aszendenten –, wird dir diese Art der Frustration sehr unangenehm sein. Du willst sie auf keinen Fall ertragen. Du wirst versuchen, dir neue Verhaltensmöglichkeiten zu eröffnen und versuchen, diese Spannung durch Arbeit umzusetzen.

Falls du ein recht passives Naturell besitzt, beispielsweise mit Sonne im Zeichen Fische, Mond in der Waage und dazu einem Jungfrau-Aszendenten, kann es schwieriger für dich sein, mit diesen Transiten umzugehen, da du eher zu Passivität neigst, als dazu, neue Möglichkeiten zu erproben. Du kannst dich auch entscheiden, folgendermaßen mit dieser Spannung umzugehen: »Die beste Art damit umzugehen, ist, einfach mich in Geduld zu üben.« Dadurch erreichst du möglicherweise ein tieferes Verständnis und eine bessere Akzeptanz deiner wirklichen Natur.

Bei einer Beratung versuche ich zuerst, eine Vorstellung davon zu gewinnen, was im letzten Jahr alles passiert ist. Das ist etwas, das nicht genug betont werden kann. Als ich vor Jahren begann, mit Transiten zu arbeiten, habe ich das noch nicht gemacht. Ich war so völlig fasziniert von der Vorstellung, etwas über eine bestimmte Zeitperiode aussagen zu können, nur durch das Wissen um die Beziehung irgendeines kleinen Planeten zu einem anderen, daß ich mir weder die Bedeutung von dem, was ich tat, klargemacht habe, noch die Implikationen, die diese Art von Beratung zur Folge hat.

Doch mehr und mehr, nach Hunderten von Beratungen, wurde mir klar, was Donna Cunningham in ihrem Buch sagt: Du mußt dir immer das letzte Jahr und manchmal die letzten zwei, drei oder sogar vier Jahre ansehen, das hängt davon ab, was gerade passiert. Die Begründung hierfür sollte offensichtlich sein. Einer der Gründe ist, daß manche Transite sich über einen Zeitraum von zwei Jahren erstrecken. Transite von Pluto und Neptun dauern im allgemeinen zwei Jahre und länger. Auch auf einen sehr machtvollen Uranus-Transit kann dies zutreffen.

Es ist schwer zu erklären, was ein machtvoller Transit ist und was keiner, doch normalerweise kommt es bei einer Konjunktion, einem Quadrat oder einer Opposition einer der äußeren Planeten mit irgendeinem persönlichen Planeten (Sonne, Mond, Merkur, Venus, Mars), dem Aszendenten oder dem Deszendenten zu einem besonders machtvollen Energiefluß oder Energieblock.

Allein dadurch gibt es schon sieben Punkte, die von Transiten angesprochen werden können. Bei einer Konjunktion von Uranus mit einem dieser Punkte wird eine enorme Veränderung in deinem Leben ausgelöst, und es kommt zu einer kolossalen Energiefreisetzung. Wie lange hält das an? Oft dauert es etwa zwei Jahre, von einigen Monaten vor dem ersten direkten Transit bis einige Monate nach dem letzten Transit. Jeder von euch weiß über die Rückläufigkeit von Planeten Bescheid, ja? Transite ereignen sich oft dreimal. Der Planet geht über einen bestimmten Punkt deines Geburtsbildes, wird dann rückläufig, um zum zweiten Male über diesen Punkt zu gehen und transitiert dann direkt ein drittes Mal über diese Stelle. Es kommt auch bei Neptun oder Pluto vor, daß sie fünfmal über dieselbe Stelle transitieren. Das dauert dann über zwei Jahre, manchmal sogar drei.

Die Transite der äußeren Planeten sind extrem wichtig. Du mußt deshalb sowohl vorwärts wie rückwärts blicken, um dies alles im Laufe einer Beratung in einer klaren und breiten Perspektive vermitteln zu können.

Ein anderes Beispiel sind die Transite von Saturn, wobei es sinnvoll scheint, größere Wirkungsorben anzunehmen, als bei jedem anderen transitierenden Planeten.

Viele Menschen verspüren seinen Einfluß, sobald er in ein bestimmtes Zeichen tritt. Dies ist besonders dann der Fall, wenn dieses Zeichen in einem Quadrat oder einer Opposition zu einem der wichtigen persönlichen Planeten oder dem Aszendenten steht. Wenn beispielsweise deine Sonne im Zeichen Fische steht, kannst du den Einfluß von Saturn vielleicht schon dann verspüren, wenn er in das Zeichen von Jungfrau eintritt, auch wenn deine Sonne erst auf 28° steht und die direkte Oppositionsstellung erst in zwei Jahren erreicht ist.

Oft wird Saturn bereits spürbar, wenn er in dein Sonnen- oder Mondzeichen oder in das jeweilige Quadrat- oder Oppositionszeichen tritt. Auf jeden Fall hält sich Saturn etwa zweieinhalb Jahre in einem Zeichen auf. Dies ist dann ein anderer Faktor, der ebenfalls eine so lange Wirkungsdauer aufweist.

Tatsächlich erscheint es mir angemessen, für alle vier äußeren Planeten beim Transit eine Wirkungsdauer für etwa zweieinhalb Jahre anzunehmen. Diese Dauer bezieht sich nicht allein auf den Zeitraum zwischen dem ersten und dem letzten Transit, auch wenn dies häufig zutrifft, sondern auch auf meine Erfahrung, daß ein bedeutender Wandel im Leben, der normalerweise durch die Planeten Uranus, Neptun, Pluto und Saturn angezeigt wird, mindestens zweieinhalb Jahre zur vollständigen Assimilation seiner Bedeutung benötigt.

Beispielsweise könnte deine Sonne auf 1° Löwe stehen, und Saturn wäre dann letzten Sommer über deine Sonne transitiert. Wahrscheinlich ist sogar schon vor diesem Zeitpunkt etwas geschehen, und wahrscheinlich haben bestimmte Dinge schon angefangen, denn Konjunktionen sind der Beginn eines neuen Zyklus und natürlich auch das Ende des alten. Dies ist der Grund für die starke Wirkung der Konjunktionen, wobei sich eben nicht nur die Energien zweier Planeten vermischen, sondern sich gleichzeitig ein Wechsel von einer Phase deines Lebens in eine andere vollzieht. Ein Abschnitt deines Lebens geht zu Ende und setzt damit einen vollständig neuen Zyklus in Gang. Es kann zweieinhalb Jahre dauern, bis du erkennst, was zu Ende gegangen ist, und du die Bedeutung des Wechsels erfaßt.

FRAGE: Die Konjunktion kann also sowohl Höhepunkt als auch Neubeginn eines Zyklus sein, der sich gerade aufbaut?

ANTWORT: Oft ist es sogar beides, insbesondere bei Transiten der äußeren vier Planeten (Saturn, Uranus, Neptun, Pluto) über deine persönlichen Planeten und auch über Jupiter und Saturn, über den Aszendenten, den Deszendenten oder das Medium Coeli. Im Gegensatz zu den Konjunktionen bezeichnen die Quadrate eher Prozesse der Anpassung. Ich will damit nicht sagen, daß es bei Quadrataspekten der äußeren Planeten zu deiner Sonne, deinem Mond oder deiner Venus zu keinen äußerlich sichtbaren Veränderungen kommt, doch wirst du im allgemeinen eher etwas in Ordnung bringen, an dem du bereits arbeitest. Manchmal hörst du mit bestimmten Dingen vollständig auf und beginnst in diesen Zeiten etwas völlig Neues, doch es kommt wesentlich häufiger vor, daß du dich während eines Quadrataspektes in bereits Bestehendes besser einpaßt. Die Konjunktion dagegen hat ganz, ganz oft einen Zusammenhang mit dem völligen Ende eines Zyklus, es ist mit Sicherheit ein Ende und gleichzeitig ein Neubeginn. Jedoch ist es auch gut zu wissen, daß die Menschen das Ende von etwas sofort ganz genau spüren, im Gegensatz zum Neubeginn eines langfristigen anderen Zyklus, den sie nicht sofort empfinden. Die Transite von Saturn, Uranus und Pluto (manchmal sogar von Neptun) haben etwas mit dem Ende von irgend etwas zu tun. Eine Entscheidung, die etwas beendet, Umstände, die gewaltsam etwas zu einem Ende bringen (bei Transiten von Saturn), oder etwas verschwindet vollständig direkt vor deinen Augen, wie bei einem Pluto-Transit – etwas in deinem Leben sehr Wichtiges ist plötzlich nicht mehr da. Uranus kann beispielsweise die Vergangenheit ganz plötzlich wegreißen und erscheint dabei auch ziemlich gewalttätig. Was Menschen dabei häufig bemerken, ist: »Hilfe! Die Vergangenheit ist nicht mehr vorhanden«, oder: »Das, woran ich mich bisher immer festgehalten habe, existiert nicht mehr, die Sicherheiten, an die ich mich gewöhnt hatte, fehlen plötzlich.« Oftmals bemerken sie nicht, daß etwas Neues beginnt, denn dies ist nicht sofort offensichtlich. Es existiert in Form eines Samens, der erst noch aufgehen muß.

Das ist einer der Werte, die einem durch Astrologie zugänglich werden. Wenn du weißt, nach was du suchen sollst, kann das dein Leben einfacher machen. Du kannst im voraus wissen, daß du während bestimmter Perioden von gewissen Dingen loslassen mußt. Auch kannst du erkennen, daß es an der Zeit für dich ist, einige neue Dinge zu beginnen, daß sich einige neue Formen deines Lebens und deines Bewußtseins anfangen werden zu entwickeln, nachdem die alten Muster vollständig verändert worden sind. Ich glaube, es ist ein Gesetz des Lebens, daß man zuerst die alten Sachen loswerden muß, bevor das Neue geboren werden kann, damit das Neue Raum hat, sich zu entwickeln und zu wachsen. In einem Garten voller Unkraut ist kein Platz, um etwas Neues zu pflanzen. Du mußt all das Unkraut, den ganzen alten Müll, hinauswerfen, um Raum für einige neue Pflanzen zu schaffen. Die neuen Pflanzen können kräftiger, gesünder und schöner als die alten sein, doch weiß man das nicht genau, solange sie erst als Samen oder Sproß existieren.

Ich will mich heute hauptsächlich auf die Konjunktionen, Quadrate und Oppositionen konzentrieren. Wenn ich also über Transite spreche, werde ich mich in erster Linie auf diese drei beziehen, da die anderen normalerweise von geringerer Bedeutung sind als diese drei. Doch sollte man, wie bereits erwähnt, die Semisextile und einige andere Aspekte dabei nicht aus den Augen verlieren, wenn einer der äußeren Planeten darüber transitiert. Die Oppositionsaspekte hängen – wie auch die Konjunktionen – oft mit wichtigen Entscheidungen zusammen und sind nicht nur eine neue Anpassung, wie die Quadrataspekte. Wie ihr wißt, ist eines der gebräuchlichsten Schlüsselwörter für die Oppositionen ›Bewußtsein‹. Dies trifft besonders auf die Oppositionen zu, doch es ist zu hoffen, daß bei *allen* Aspekten Bewußtsein deine Erfahrungen durchdringen wird.

FRAGE: Wenn man dies als einen ganzheitlichen Zyklus begreift, muß die Opposition der Punkt sein, der dir die größte Objektivität gegenüber diesem Zyklus ermöglicht.

ANTWORT: Ja, das meinen die Leute, wenn sie ›Bewußtsein‹ dazu sagen. Im besten Falle ist dies der Höhepunkt an Objektivität, den der Betroffene dann erreicht. Objektivität ist während einer Konjunktion nicht möglich, du bist einfach

Teil einer kolossalen Freisetzung von Energie. Bei der Konjunktion ist man mehr der Gewalt der Impulse preisgegeben als während der Opposition.

Wir sollten auch über die Wichtigkeit der Rückkoppelung von demjenigen, an dessen Transiten wir arbeiten, sprechen. Diese Rückkoppelung sollte zumindest während des Gesprächs über die Transite, besser schon vorher, stattfinden. Wenn du für jemanden etwas schriftlich machst und keine Möglichkeit zum Gespräch besteht, solltest du einige Informationen verlangen, bevor du überhaupt anfängst. In erster Linie ist das praktisch und es wird dir ermöglichen, bessere Arbeit zu leisten. Warum solltest du deine Energie auf Ratespiele verschwenden, wenn du denjenigen nach definitiven Informationen fragen kannst?

Donna Cunningham faßt dies gut zusammen, sie sagt: Nach einer Rückkoppelung kannst du die Informationen in Beziehung mit den Transiten setzen, erkennen, was derjenige bei einem bestimmten Transit für Erfahrungen gemacht hat, und deshalb sind die Voraussagen, die auf diesem Wege zustande kommen, organischer mit dem Leben des Klienten verknüpft als bei den spektakulären Voraussagen, die wie ein Schuß ins Dunkle sind.

Dieser Punkt wird leider viel zu oft bei den traditionellen, einseitigen Deutungen ignoriert. Sensationelle Voraussagen können sehr beeindruckend sein; du kannst damit dein Ego aufblähen, doch in den seltensten Fällen sind sie für einen Klienten wirklich nützlich!

Cunningham spricht auch in einer sehr positiven Art über den Schmerz. Die wichtigsten Transite haben oft mit irgendeinem Schmerz zu tun, doch Schmerz kann vieles bedeuten... Sie zeigt auf, daß Schmerz in vielen Fällen ein Hilfeschrei ist. Wenn wir ihn beachten, können wir etwas Konstruktives damit anfangen, und wir können etwas tun, um weitere Komplikationen zu vermeiden und eine gesündere Zeit unseres Lebens beginnen. Sie führt aus, daß man den Schmerz, der mit Transiten der äußeren Planeten verbunden ist, auch Wachstumsschmerz nennen könnte. Der Wachstumsprozeß erstreckt sich nach oben, außen und innen und erfordert, daß du auch deinen Geist, deinen Körper und alles andere streckst, was oftmals schmerzhaft ist. Sie weist darauf hin, daß Schmerz häufig bei einem Prozeß der Anpassung an größere Anforderungen entsteht, die einem das Leben stellt. Doch der Organismus (mit Organismus meint sie nicht nur den physischen Teil, sondern auch deinen Geist und die Gefühle) wächst und kann auch die neuen Anforderungen erbringen. Sobald dies geschehen und eine höhere, umfassendere Ebene erreicht ist, ist es nicht mehr schmerzhaft, sondern es fühlt sich dann ganz normal an.

Dies ist eine sehr gute Einstellung, und deshalb verwende ich auch so viel Zeit auf diese Art der philosophischen Einführung. Vieles in der Astrologie erscheint recht kompliziert, wenn man es nur von seiner technischen Seite her betrachtet. Bei den Transiten ist es ganz ähnlich. Manche Astrologen arbeiten mit Halbsummen-Transiten zu den Planeten des Geburtsbildes. So kompliziert kann Astrologie sein – so unnötig kompliziert, wenn du keine richtungsweisende philosophische Grundlage hast für das, was du tust.

Wenn du diese Grundlage hast, wird die Arbeit für dich wie auch für andere tiefsinniger, praktischer und hilfreicher. Ich bin sicher, daß einige von euch astrologische Fachliteratur gelesen haben, die ziemlich theoretisch und technisch abgefaßt ist. Diese Bücher können sehr interessant sein, ihre Einsichten und Entdeckungen lassen sich jedoch häufig nicht auf eine praktische Art und Weise auf das menschliche Leben anwenden... Es ist dies oft eine Art von Astrologie, die kaum etwas mit dem zu tun hat, was man unter astrologischer Beratung verstehen könnte und deren Nutzen für das Leben eines Individuums sinnvoll erscheint.

Ich glaube, daß die positive Einstellung gegenüber Schmerz beim Umgang mit Transiten von Saturn, Neptun, Pluto und Uranus über die persönlichen Planeten, den Aszendenten oder den Deszendenten wirklich notwendig ist.

Diese Transite sind zwar nicht immer, doch sehr oft mit schmerzlichen Prozessen verbunden, und die Zyklen beschleunigen den Wachstumsprozeß. Darüber werden wir noch sprechen. Du beginnst schneller zu wachsen, und damit entstehen auch die Schmerzen des Wachstumsprozesses.

Eine andere Tatsache, die man erkennen sollte, ist, daß sich Transite nicht aus dem blauen Dunst heraus entwikkeln. Sie stellen nicht die Ursache für irgend etwas dar, sondern sie haben eine Verbindung zu bestimmten Zeiträumen, in denen du bereits in Berührung mit den Dingen warst, denen du schon lange entgegengewachsen bist. Viele Transite bringen deshalb Dinge in dein Bewußtsein, die du schon lange fühlst, intuitiv gewollt oder gebraucht hast. Du wirst jedoch nicht völlig mit diesen Wünschen, Bedürfnissen, Gefühlen oder was auch immer konfrontiert werden, bis es zu bestimmten Transiten kommt. Es ist, als ob wir diese kosmische Bereitwilligkeit benötigen, um uns von unseren Verhaftungen zu lösen und um wirklich neue Dinge zu versuchen.

Aus diesem Blickwinkel betrachtet, stellt sich heraus, daß, wie Cunningham schreibt, ein großer Teil der Schmerzen bei einem Transit als nichts anderes zu begreifen ist, als eine Nebenwirkung eines Prozesses von Stärkung, Heilung und Wachstum, die mit dem Transit einhergeht. Es muß nicht notwendigerweise zu diesem Schmerz kommen, das hängt von deinen Gewohnheiten ab, damit umzugehen. Wir machen einen Fehler, wenn wir unsere Aufmerksamkeit auf den Schmerz richten, anstatt auf den Wachstumsprozeß und dessen Möglichkeiten.

Viele astrologische Bücher und Lehrer haben die Tendenz, diese Art des negativen Denkens zu verstärken, indem sie die Aufmerksamkeit auf den Schmerz oder auf mögliche negative Auswirkungen richten. Ich kann nicht glauben, daß die Menschen auch so leben. Mein Merkur steht in Konjunktion mit Jupiter, und ich bevorzuge eine positive Art des Denkens, und normalerweise komme ich damit zu weit besseren Ergebnissen als die alte Schule der negativen

Orientierung. Es kommt ab und zu vor, daß jemand nach einer Beratung zurückkommt und sagt: »Du warst etwas zu optimistisch mit dem Saturn-Transit, denn ich bin wirklich durch die Hölle gegangen.« Doch in den meisten Fällen sind meine Klienten durch meinen Optimismus in der Lage, zumindest irgend etwas Positives in dem zu erkennen, was geschieht, auch wenn sie darunter leiden. Da ich versuche, die positive und konstruktive Seite einer Erfahrung oder Zeitspanne herauszustellen, hat dies vielleicht ihren Schmerz gemildert und ihnen eine Perspektive über die längerfristige Bedeutung dieses Prozesses ermöglicht.

Wenn jemand erzählt hätte: »Saturn steht die nächsten neun Monate in Konjunktion mit deinem Mond, dir wird es schlechtgehen, und dein Kind wird sterben, falls du schwanger werden solltest« usw.... dann könnt ihr euch vorstellen, was das in den Köpfen verursacht. Das ist besonders schlimm, wenn diejenigen sowieso etwas ängstlich sind.

Verantwortlichkeit und die Transite von Saturn

Donna Cunningham zeigt, wie man Transite von Saturn betrachten kann und wie sehr es auf die Betrachtungsweise ankommt, wenn man genau die gleiche Sache beurteilt. Beispielsweise kann ein Saturn-Transit mit der Manifestation von Krankheit zusammenhängen, doch ist die Krankheit nicht von Saturn verursacht. Sie ist oftmals ein Resultat der Vernachlässigung einzelner Aspekte unserer Persönlichkeit, wie beispielsweise falsche Eßgewohnheiten oder daß du nicht genügend auf dich geachtet und deshalb zu wenig geschlafen hast usw.

Einer der Hauptcharakterzüge des sogenannten Saturn-Einflusses bei einem Transit ist also, daß dich Saturn auf Dinge hinweist, auf die du achten sollst, die du bisher vernachlässigt hast oder vor denen du weggelaufen bist. Saturn ist der Planet von Verpflichtung und Verantwortung. Er stimmt dich auf die Dinge ein, für die du verantwortlich bist. Um dies zu leisten, wird er dich manchmal durch Krankheit, besonders harte Arbeit oder was auch immer disziplinieren müssen.

Es ist wirklich erstaunlich, wie die Astrologie mißbraucht wird, wenn du beginnst, den Planeten die Schuld für alles zuschieben zu wollen. Es ist wahr, daß Transite sich oftmals auf eine so unpersönliche Art manifestieren, daß du nicht in der Lage bist, irgend etwas, das dir geschieht, zu vermeiden. In den meisten Fällen wirst du es wohl nicht vermeiden können. Manchmal ist es, als ob diese großen kosmischen Hände herunterkommen und beginnen, dein altes Leben auseinanderzureißen. Meinem Gefühl nach kann man eine heutzutage populäre Ansicht auch übertreiben: »Oh, ich bin für alles verantwortlich, ich gestalte mein Schicksal selbst« und all diese Trips der Psychoszene. Dadurch baust du nur dein Ego auf, um wenige Jahre später feststellen zu müssen, daß es wieder zerbricht, weil du eben doch nicht alles unter Kontrolle hast. Warte, bis die kosmischen Hände mitmachen. Einer der Gründe, warum Astrologie viele Menschen in Paranoia versetzt, ist, daß sie dir ziemlich klar zeigt, daß du dich nicht so unter Kontrolle hast, wie du gerne glauben würdest. Ich denke, daß es für die Praxis der Astrologie ein großer Gewinn wäre, mehr Verantwortung für sich selbst zu übernehmen, anstatt alles auf die Planeten zu schieben. Doch gleichzeitig trifft auch zu, daß die äußeren Planeten (je weiter die Planeten entfernt sind, desto unpersönlicher werden sie) sehr unpersönlich wirken. Wenn Saturn auf deiner Sonne sitzt und du dich saumäßig fühlst und erschöpft bist und 12 Stunden Schlaf brauchst, kann dich keiner überzeugen, daß dies nur das Ergebnis davon ist, daß du dich vernachlässigt hast. Du solltest also mit allem etwas maßvoll sein, besonders mit diesen philosophischen Bonbons über »Du bist für alles verantwortlich«. Auf jeden Fall bist du verantwortlich, wenn das karmische Gesetz eine Tatsache ist, und du deshalb nur bekommst, was du auch verursacht hast. Letzten Endes bist du verantwortlich, doch was vielfach nicht aufgezeigt wird – besonders von den Leuten, die auf den verschiedensten psychologischen Gebieten arbeiten und das Geschäft mit der Übernahme von Verantwortung wirklich betreiben – ist, daß du jetzt erst mit den Dingen konfrontiert wirst, die von dir vor vielen Leben initiiert worden sein können und daß dies ebenfalls einen Einfluß hat.

Kommentare zu speziellen Transiten

Ich sollte noch einen anderen Punkt darstellen, der von Cunningham betont wird. Sie sagt: »Einige der Schmerzen im Gefühlsbereich, die wir während eines Transits erfahren, sind nichts weiter als ein launischer Koller, weil wir nicht erhalten haben, was wir zu einem bestimmten Zeitpunkt wollten.« Wie ihr wißt, ist das ohne Zweifel wahr. Vor beinahe zwei Jahren hat Uranus alle Arten von Planeten bei mir in die Mangel genommen, und ich hatte mehr launische Anfälle zu dieser Zeit, als ich seit meinem zarten Alter von drei Jahren erlebt hatte. Es ist erstaunlich, aber Uranus hat natürlich auch die Tendenz zur Ungeduld. Cunningham zeigt auch auf, daß ein großer Teil des Schmerzes aus dem Widerstand gegen Veränderung kommt. Das sollte ziemlich offensichtlich sein. Es trifft besonders bei Transiten von Uranus zu, aber auch bei Jupiter-Transiten. Meiner Erfahrung nach haben Uranus-Transite eine Beziehung zu Taten, an die der Betreffende schon sehr lange gedacht hatte, doch nicht den Mut aufbrachte, sie auch umzusetzen, bis der Uranus-Transit ihn dazu veranlaßte.

Um diese Dinge zu verstehen, sind eigene Erfahrungen mit Transiten unbedingt nötig. Einige dieser Punkte scheinen für dich vielleicht so lange nicht von großer Bedeutung zu sein, bis du angefangen hast, dich mit Transiten zu beschäftigen. Es ist sicherlich sinnvoll, im Verlaufe des Workshops einige der grundlegenden Dinge aufzuschreiben.

Ich will damit sagen, daß Transite von Uranus mit unvorhersehbaren und plötzlichen Ereignissen verknüpft sind, die in der traditionellen Interpretation aus dem Blauen heraus kommen, für die es keinen Grund gibt, und die ohne tiefere Bedeutung oder etwas anderes gesehen werden.

Beispielsweise eine Frau, die mit einem Mann verheiratet ist, der sie schlägt. Es geht ihr miserabel, und alle ihre Freunde wissen, daß sie mit dieser Ehe nicht zufrieden ist, doch aus irgendeinem Grund hält sie es aus. Doch dann kommt Uranus daherspaziert und bildet eine Konjunktion oder ein Quadrat mit ihrer Venus, und sie sagt ganz plötzlich: »Ich haue hier ab!« Sie trennt sich und beginnt eine Beziehung mit einem jüngeren Mann. Ihre Freunde sagen: »Welch plötzliches Ereignis!« Uranus gab ihr die Individualität, individuellen Druck und das Verlangen nach etwas Neuem, etwas Erregendem, etwas Lebendigem, das sie veranlaßte, so zu handeln, wie sie es schon lange gespürt hatte. Dies trifft sowohl auf Uranus als auch auf Jupiter-Transite zu. Du fängst Dinge an, an die du schon lange gedacht hast, oder nach denen du schon jahrelang einen Drang verspürt hast. Transite von Jupiter und Uranus können dir Vertrauen vermitteln. Besonders Jupiter kann dein Vertrauen erweitern. Uranus-Transite geben dir nur dann mehr Vertrauen, wenn du aus dem Drang nach mehr Unabhängigkeit heraus handelst. Wenn du nicht aus diesem Drang nach größerer Freiheit handelst, wirst du kein größeres Vertrauen in dich selbst erfahren. Du mußt dich also darauf einstimmen und mußt dieser Energie irgendwie Ausdruck verleihen, sie durch Handeln manifestieren.

Ähnliches läßt sich wirklich auch für Jupiter sagen. Wenn Jupiter in deinem ersten oder zehnten Haus steht, egal in welchem, besteht die Möglichkeit, genau auf diesem Gebiet mehr Vertrauen zu gewinnen. Du mußt jedoch damit experimentieren. Jupiter ist ja bekannt für Experimente, Abenteuer, die Ausdehnung in neue Bereiche der Aktivität. Du mußt aus diesem Impuls heraus handeln, um in den Vorteil dieser

Gelegenheit zu kommen, um ein größeres Vertrauen und Wachstum zu gewinnen. Tatsächlich sind Transite eigentlich nicht vorhersehbar. Was du vorhersagen kannst, ist im Grunde nur die Zeitperiode und die wesentliche Bedeutung dieser Spanne und in einigen Fällen die Verzweigungen dessen, was du gerade tust. Du bist nicht immer in der Lage vorherzusagen, was geschehen wird oder geschehen sollte. In einigen Fällen ist es offensichtlich, was geschehen sollte, und du kannst dich danach richten. In anderen Fällen liegt die Entscheidung ganz allein im Wertsystem des jeweiligen Individuums. Wie ihr wißt, werden astrologische Berater sehr häufig in Fragen von Scheidung und Trennungen zu Rate gezogen, und dies sind sehr gewichtige Fragen, besonders, wenn noch Kinder davon betroffen sind. Du kannst ihnen also nicht sagen, was sie tun sollten, das müssen sie selbst entscheiden.

Auch bei Transiten von Uranus: Wenn du lange Zeit unter Einschränkungen gelebt hast, kann es bei einem anstehenden Transit von Uranus notwendig für dich werden, mit der Vergangenheit zuerst auf eine sehr extreme Art zu brechen. Um dich von den Verhaltensmustern der Vergangenheit zu lösen, die dich sehr stark gebunden halten, mußt du etwas den Charakter eines Extremisten annehmen. Dies kann, wie ich schon mehrmals gesagt habe, zwei oder zweieinhalb Jahre dauern, bis du die Bedeutung des Uranus-Transits vollständig assimiliert hast.

Nach dieser Zeit jedoch kannst du zu einer harmonischen Bewegung und zu einer ausgewogeneren Sichtweise zurückkehren. Vielleicht nimmst du auch wieder Kontakt zum ehemaligen Partner auf, den du vor zweieinhalb Jahren verlassen hast, und beginnst wieder irgendeine Art der Beziehung. In der Tendenz bedeuten Transite von Uranus, daß du etwas hinter dir lassen sollst und daß du diesen Bereich deines Lebens revolutionierst.

Der Sinn eines Transits von Neptun scheint oftmals darin zu liegen, die Verbindungen zu weltlichen Dingen zu lösen, um sich mehr spirituellen Dingen zuwenden zu können. Die Desillusionierung und Depression, die oft bei einem Neptun-Transit zutage tritt, ist nichts als ein Medium für Spirituelles, das zum Vorschein kommen soll.

FRAGE: Die Stimmung bei Neptun-Transiten ... wie war das?

ANTWORT: Sehr oft kommt es zu einer völligen Desillusionierung eines Teils deines Selbst, einer anderen Person oder irgend etwas anderem, während Neptun in Konjunktion, im Quadrat oder in Opposition zu einem deiner persönlichen Planeten oder deinem Aszendenten steht. Diese Desillusionierung, die du zuerst erfährst, bringt mich auf ein anderes Gesetz im Rahmen der Transite: Die harten Geschichten kommen zuerst. Normalerweise wirst du zuerst von den harten Dingen getroffen. Normalerweise ist der erste Aspekt, der zum Tragen kommt, derjenige, der dich mit den schwierigsten Dingen konfrontiert; die beiden folgenden exakten Übertritte sind oft leichter. Der erste exakte Transit ist gewöhnlich der härteste, weil du zum ersten Mal mit diesem Neuen in deinem Leben, diesem neuen Einfluß, diesem neuen Drang, diesem neuen Teil von dir, konfrontiert wirst.

Es ist wie ein Schock, etwas rüttelt an dir oder fühlt sich sehr schwer an. Sowie du dich jedoch darauf einstimmst, beginnst du dich daran zu gewöhnen und lernst, mit dieser neuen Lebensenergie umzugehen. Deshalb wird es dann immer leichter, damit zu leben. Zudem kann die positive Seite jedes Transits klarer zum Ausdruck kommen, wenn du lernst zu akzeptieren, was im Moment geschieht, und wenn du lernst, damit umzugehen.

Solange du nur den schweren und negativen Teil, diese Dimension eines bestimmten Transits spürst, ist es sehr schwierig und sehr selten möglich, all die positiven Dinge zu sehen, die sich daraus entwickeln werden.

FRAGE: Kann es auch umgekehrt passieren, daß du zuerst ein sehr starkes Gefühl für den positiven Teil hast und sich die negativen Dinge dann erst einstellen?

ANTWORT: Sicherlich, auch das ist möglich, doch habe ich das noch nicht oft gesehen. Bei mir selbst habe ich das jedoch schon erlebt. Hast du das schon einmal so erlebt oder spekulierst du nur? (Antwort: Nur Spekulation.)

Der normale Ablauf ist so, wie ich ihn beschrieben habe, und ich sehe das immer wieder. Neulich habe ich jemanden mit einer Steinbock-Venus getroffen. Der transitierende Pluto steht im Quadrat zu ihrer Radix-Venus, was sich fünfmal wiederholt.

Beim ersten Transit ging ihre Ehe völlig in die Brüche, und sie brach vollkommen zusammen. In der einen Minute war sie noch verheiratet, und in der nächsten war nicht nur von dieser Ehe nichts mehr übrig, sondern ihr Mann zog zu einer anderen Frau und versuchte, gerichtlich sogar noch das Sorgerecht für die gemeinsamen Kinder zu erhalten. Es existierte keine gegenseitige Zuneigung mehr, so schien es zumindest an der Oberfläche. Wer weiß, wieviel Zuneigung anfangs bestand... Wahrscheinlich nicht allzuviel.

Menschen mit Venus im Steinbock sind sehr pflichtbewußt. Doch sie sind nicht nur pflichtbewußt, sie wissen sehr wohl, sich in einem materiellen Sinn um sich selbst zu kümmern. Sie haben ein sehr großes Gespür für die finanziellen Werte, die Sicherheit bedeuten. Venus zeigt die Werte, und Steinbock ist sehr konservativ.

Ich kenne Menschen mit einer Steinbock-Venus, die in ihrer Ehe ausharren, obwohl sie eigentlich nicht zum Aushalten ist. Oft sind sie sehr furchtsame Menschen, sie haben Angst, Risiken einzugehen, verletzt zu werden, und sie haben Angst vor finanziellen Härten. Auf jeden Fall geschahen für sie die härtesten Dinge am Anfang dieser Periode. Sie war völlig im Schock und sagte nichts anderes als: »Ich kann es nicht glauben, daß er so etwas macht.« Eigentlich war sie nicht traurig über seinen Weggang, doch was sie so erschüttert hat, war sein Versuch, die Kinder zu bekommen. Darüber hat sie sich wirklich aufgeregt, das hat auch die letzten Gefühle von Liebe zu ihm, die sie vielleicht empfunden hatte, völlig und endgültig zerstört (Pluto). Beide Kinder waren recht junge Mädchen, und sie war ihnen keine schlechte Mutter gewesen. Auf jeden Fall kam sie alles ziemlich hart an. Doch sie entwickelte sich, und ich brauchte nur zuzusehen, was mit ihr geschieht. Sie kommt mehr und mehr darüber hinweg und kann sich darüber stellen. Sie gewöhnt sich daran, und tatsächlich gewinnt sie große Stärke aus diesem Prozeß.

FRAGE: War das der einzige Transit, den sie zu dieser Zeit hatte?

ANTWORT: Oh, nein. Sie hatte auch noch andere, doch war dieser der bei weitem wichtigste. An die anderen kann ich mich so aus dem Stand heraus nicht erinnern. Dies ist auch der Grund, warum ich euch gebeten habe, eure Geburtsbilder mitzubringen, denn dann können wir gegen Ende des Workshops einige Beispiele benutzen und dadurch sowohl die Komplexität mehrerer gleichzeitiger Transite als auch einzelne isolierte Transite herausgreifen und besser verstehen.

Schritte und Wege, die Bedeutung von Transiten persönlicher zu erfassen

Ich will noch einen letzten Punkt über Transite aus dem Material von Donna Cunningham hier einbringen. Sie sagt, daß dies gute Schritte wären, um die sogenannten harten Transite besser nutzen zu können. Der erste Schritt ist, sich ein wirklich tiefreichendes Verständnis vom Wesen der Planeten anzueignen. Lerne ihre wirkliche Bedeutung kennen. Wir werden kurz jeden einzelnen der äußeren fünf Planeten besprechen, und ich werde ihren Einfluß bei einem Transit beschreiben. Der zweite Schritt wäre, zu einem tiefen Verständnis deines Geburtsbildes zu kommen. »Verstehe dein eigenes Geburtsbild« heißt letztendlich nichts anderes, als dich selbst zu verstehen. Je besser du dich selbst verstehst, desto besser wirst du wissen, auf welche Dinge du dich während eines bestimmten Transits einstimmen kannst.

Der dritte Schritt ist also, sich selbst zu kennen und der vierte heißt: »Lerne dich selbst zu respektieren.« Das bedeutet, daß du vermeiden sollst, unnötige Werturteile aufzustellen, ganz egal, was dir während des Transits passiert. Sage nicht: »Die Art, wie ich damit umgehe, ist schlecht.« Deine Gefühle sind so wie sie sind! Es gibt in diesen Gefühlen oder Erfahrungen etwas für dich Bedeutungsvolles. Wenn du sie gleich verurteilst, wirst du nicht in der Lage sein, von ihnen zu lernen. Der fünfte Schritt ist vielleicht der bedeutungsvollste: »Sieh die Dinge langfristig.« Verstricke dich deshalb nicht in einem bestimmten Ereignis, einer bestimmten Erfahrung oder in einem bestimmten Transit. Diese Dinge sind alle nur Zyklen im gigantischen Drama. Einer meiner bevorzugten Vergleiche ist, das Leben als ein Schauspiel zu begreifen, wo jeder auf der Bühne steht. Es gibt verschiedene Akte und innerhalb der einzelnen Akte verschiedene Szenen. In einigen Stücken bist du Hauptdarsteller, mit Sicherheit bei all deinen individuellen. Manchmal verändern sich die Rollen, Kostüme, Alter und die Situation. So werden verschiedene Aspekte der Rolle entwickelt. Denkt an diese Analogie, und wenn Pluto dann deine Venus beeinflußt und die Ehe zerbricht, dann ist dies eben nur das Ende des ersten Aktes oder der Mittelteil des zweiten. Es ist nicht dein ganzes Leben! Es ist gut, die richtige Perspektive für die Geschehnisse zu bewahren, dann wirft es dich nicht so leicht aus dem Gleichgewicht.

Schritt sechs: Wirf alte Vorstellungen über die Auswirkungen von Transiten auf den Müll.

Schritt sieben: Wenn du eine Zitrone hast, mach Limonade draus. Versuche bei sogenannten herausfordernden Aspekten, ihre positiven Potentiale zu entwickeln. Wenn also Pluto im Quadrat zu deiner Venus steht, betone die positive Manifestation und verwende Energie darauf, deine Venus – deine Werte, Bedürfnisse nach Liebe usw. – zu transformieren.

Der achte Schritt ist, ein Ausweichen zu vermeiden. Schritt neun ist: Versuche herauszufinden, woher deine Schmerzen kommen, und etwas damit anzufangen. Da mein Aszendent Widder ist, bin ich voreingenommen, was ›action‹ betrifft, doch mir erscheint es, als ob Handlung ein vortrefflicher Weg wäre, mit den sogenannten harten Aspekten umzugehen. Manchmal besteht natürlich die Tendenz, daß du zu viel agierst. Du kannst dich ziemlich impulsiv verhalten, besonders bei einem Uranus-Transit. Es ist wirklich von großer Wichtigkeit, sich diesem Teil von sich selbst zu stellen, der durch einen Transit aufgewühlt ist, denn andernfalls sitzt du nur da und verspürst diesen Streß, der dann seinen Tribut fordert, entweder von deinem Körper, deiner physischen Gesundheit, deinem Familienleben, deinem Liebesleben oder von allem.

Es gibt noch einige einführende Dinge, die erwähnt werden sollten, und dann kommen wir zu den Besonderheiten der individuellen Planeten. Ich habe meine Aufzeichnungen dazu mitgebracht, so daß ich es einfach vorlesen kann.

Ein wichtiges Konzept besteht darin, daß du Transite einfach und dennoch als Synthese verwendest, ohne dabei von Büchern abhängig zu sein, die dir nur isolierte Teilchen von Informationen vermitteln können. Im Grunde ist Astrologie ziemlich einfach. Sie geht in erster Linie mit vier Energien um, den vier Elementen Erde, Wasser, Feuer und Luft. Alle Erfahrungen des Lebens, außer den höchsten spirituellen Erfahrungen, sind Manifestationen dieser verschiedenen Energien, die auf verschiedene Arten miteinander verknüpft sind. Jedes planetare Prinzip, also jeder einzelne Planet in deinem Geburtsbild, zeigt, wie diese spezielle Energie fließt und wie sie reguliert wird. Alle Transite regen bestimmte Energien nur an, damit sie auf eine bestimmte Art und in einem bestimmten Rhythmus fließen.

Über die Wege und Rhythmen spezieller Planeten werden wir noch sprechen. Letztendlich sind alle Transite gleich, da sie einfach bestimmte Dinge deines Geburtsbildes aktivieren. Sie wühlen bestimmte Dimensionen deines Lebens und Teile von dir auf. Wenn also deine Radix-Venus von einem Transit betroffen ist, wird sich etwas Venus-Zugehöriges verändern, ganz gleichgültig, welches nun der transitierende Planet ist. Es wird Auswirkungen in den Bereichen deines Lebens haben, die von Venus repräsentiert werden – deine Ehe, deine Werte, deine Einstellungen zu Liebe und sexuellen Dingen usw. Deshalb werden alle Transite, besonders die der äußeren Planeten, nur bestimmte Faktoren deines Geburtsbildes aktivieren. Jedoch aktiviert jeder transitierende Planet auf seine eigene, ihm spezifische Art und Weise. Wir werden etwas Zeit auf die individuellen Planeten, ihre Art der Energiefreisetzung und die Rhythmen, zu denen sie einen Bezug haben, verwenden. Alle Transite der äußeren Planeten (dabei kann man Jupiter und Saturn dazurechnen) sind deshalb so wichtig, weil sie das Unbewußte aufwühlen. Sie bringen dich in Kontakt mit der Essenz deines Geburtsbildes, mit deinem eigenen Wesen, das durch das Geburtsbild repräsentiert wird. Doch arbeitet jede dieser Energien auf eine ganz spezielle Art.

Als Beispiel nehme ich Transite über Mars in deinem Geburtsbild. Sieh dir Mars in deinem Geburtsbild an und stell dir vor, daß Uranus oder Pluto in Konjunktion, Opposition oder im Quadrat dazu stehen würde. Diese beiden Planeten haben die Tendenz, Dinge aufzurühren, Dinge aus dem Unbewußten an die Oberfläche zu bringen. Möglicherweise wirst du zu einer Art ›Krieger‹. Sie können deine Kraft oder deinen Wunsch, die eigene Mars-Energie und -Einstimmung zum Ausdruck zu bringen, verstärken.

Uranus revolutioniert die Dinge, während Pluto sie transformiert. Bei einem Transit dieser Planeten über deinen Mars wird also die Art, wie du deine Stärke, deine Sexualität, deine Power und deine Selbstbehauptung im allgemeinen zum Ausdruck bringst, entweder revolutioniert oder transformiert. Betrachtet jetzt einmal eine Konjunktion, Opposition oder ein Quadrat von Saturn zu eurem Mars. Auch dies beeinflußt Mars und all die Dinge, die mit Mars zusammenhängen, wie ich sie vorher schon erwähnte. Jedoch ist die Art Saturns sehr verschieden von dem, was ich bis jetzt gesagt habe. Saturn will dich realistischer machen in der Art, wie du dich selbst behauptest. Er kann deine Aggressivität oder deine Aktivitäten eine Zeitlang reduzieren oder verlangsamen. Sogar deine physischen Energien können sich verlangsamen, so daß du für eine Weile, einen Monat oder zwei, sehr müde bist. Das hängt alles von deinem Geburtsbild ab.

Jeder Transit hat Auswirkungen auf einen grundlegenden Teil deines Lebens. Er kommt nicht vom Himmel herunter und schon gar nicht aus dem Nichts heraus. Wer weiß, was du machen wirst? Schaut euch euer Geburtsbild an und seht, womit euer Mars alles zu tun hat. Was bedeutet Mars für dich? Welches sind für dich die großen aufregenden Aktivitäten (Mars)? Wie steht es mit deinem Sexualleben (Mars)? Welche Ambitionen hast du im Zusammenhang mit Mars? Wie ist dein tägliches Leben? Wie steht es mit deiner physischen Energie? Wenn du dich auf dein Geburtsbild und deine wahre Natur im momentanen Entwicklungsstadium einstimmst, dann kannst du auch mit den Transiten umgehen.

Wenn du dich nicht auf dein eigenes Geburtsbild einstimmst, kannst du einem Klienten nur eine allgemeine Art systematischer Interpretation über Transite geben.

Mir erscheint es so, als ob Transite von Pluto und Saturn sehr spezielle ›Erntezeiten‹ wären. Doch ist dies nicht als klar gefaßte Regel oder Gesetz zu verstehen.

Es scheinen Zeiten zu sein, in denen du irgendein Karma ›erntest‹, du mit Dingen konfrontiert wirst, die ganz offensichtlich das Ergebnis deiner vergangenen Taten sind. Ich will daraus auf keinen Fall eine strenge Regel aufstellen, denn du kannst Karma zu jedem Zeitpunkt ›säen‹ oder abtragen. Doch oft erscheint es so, daß dir bei Transiten von Pluto oder Saturn plötzlich Dinge begegnen, die du nicht mehr kontrollieren kannst, offensichtlich schicksalhafte Dinge. Es scheint so, als ob man Transite von Jupiter und Uranus auch als Saatzeit bezeichnen könnte, denn du beginnst während dieser Zeiten neue Dinge, wie wenn du Samen säst, die erst noch wachsen und später Frucht tragen werden. Es scheinen Zeiten zu sein, in denen du dich in neue Dinge, neue Abenteuer und neue Experimente stürzt. Ich zögere, dies zu erwähnen, denn diese Regel ist nur mit Vorsicht zu gebrauchen. Sie ist nicht als strenges Gesetz zu verstehen, und mit Sicherheit kannst du diese Transite nicht willkürlich in allen Fällen in diese zwei Kategorien aufteilen. Transite zeigen, wie Energie freigesetzt wird. Sie zeigen nicht, was freigesetzt wird und auch nicht, *was geschehen wird.* Sie zeigen, wie die Energie freigesetzt wird. Sehr viel hängt dabei davon ab, wie du diese Energie benutzt, und wie du sie gewillt bist zu nutzen.

Die grundlegenden Rhythmen und Funktionen der transitierenden äußeren Planeten

Hierbei will ich das Hauptgewicht auf die äußeren Planeten legen, doch auch die anderen kurz erwähnen. Fangen wir mit Venus an.

Venus hat die Tendenz, alles, womit sie in Kontakt kommt, zu harmonisieren und zu glätten. Jedoch sind Transite von Venus kaum von Bedeutung, egal, welchen Aspekt sie gerade bildet. Es kommt vor, daß du dich während eines Transits von Venus für ein oder zwei Tage maximal besonders sozial oder angenehm fühlst. Vielleicht erhältst du etwas Neues oder erfährst die Lösung einer Spannung. Wenn Venus in Konjunktion mit einem der Planeten deines Geburtsbildes steht, kommt es für dich vielleicht zu einer angenehmen Erfahrung, die jedoch für sich allein von geringer Bedeutung ist.

Mars hat die Tendenz, die Dinge auf eine ziemlich aggressive Art zu beschleunigen. Wenn Mars also einen Aspekt zu deiner Sonne oder deiner Venus bildet oder in Konjunktion mit deinem Aszendenten steht, beeinflußt dich diese Energie. Wie sich das äußert, hängt von dem betreffenden Menschen ab. Manchmal kann man diese Energie absorbieren und sie in Aktivität umsetzen und während zwei oder drei Tagen besonders aktiv oder besonders selbstbehauptend sein. Bei einem Kontakt zwischen Mars und Merkur deines Geburtsbildes kommt es häufig zu einer aggressiveren Art der Sprache und zu größerer Reizbarkeit, da Mars das gesamte Nervensystem durcheinanderbringt und dich völlig nervös macht.

Wenn es in anderen Fällen zu einem Aspekt zwischen Mars und deinem Aszendenten, Sonne oder Mond kommt, hast du seine Energie nicht unter Kontrolle, und sie kann sich in Fieber äußern. Während der meisten Fieberanfälle gibt es einen engen Aspekt zwischen Mars und einem deiner persönlichen Planeten oder dem Aszendenten. Tatsächlich ist es sehr sinnvoll, im Falle fieberhafter Erkrankungen die Transite von Mars zu beachten, besonders bei kleinen Kindern. Wenn es einfach nur ein sehr schneller Transit von Mars ist, braucht man sich nicht allzu große Sorgen zu machen. Wenn jedoch höheres Fieber und andere Symptome auftauchen und kein Transit von Mars eine Rolle spielt, ist der Zustand des Betreffenden sehr ernst zu nehmen. Wenn nur ein Transit von Mars ausschlaggebend ist, dann ist die Erkrankung nachvollziehbar und wird schnell wieder vorbei sein, wenn die Wirkung des Transits nachläßt.

Mein Sohn bekam einmal sehr hohes Fieber, als Mars über seinen Mond transitierte. Da sein Mond zudem in Widder steht, bekommt er sowieso sehr leicht hohes Fieber. Das Fieber stieg so schnell, daß er Krämpfe bekam. Diese Krämpfe kamen nicht vom hohen Fieber an sich, sondern hauptsächlich dadurch, daß es so schnell anstieg. Der Kleine macht alles sehr schnell mit seinem Mond in Widder. Die Temperatur stieg innerhalb von Minuten über 40° C. Ich wußte, daß er diesen Transit in Aussicht hatte und erwartete beinahe, daß irgend etwas geschehen würde. Ich rechnete damit, daß er eine Zeitlang sehr gereizt sein würde. Er machte alle diese Anfälle durch, bekam Kiefersperre und lief blau an. Es war ziemlich schlimm. Schließlich schafften wir es, daß er wieder atmete, öffneten seinen Kiefer und zogen seine Zunge wieder heraus.

Trotz allem war ich nicht allzu aufgeregt, denn ich wußte, daß er unter dem kolossalen Einfluß der Mars-Energie stand, und nach zwei Tagen war auch alles wieder vorbei. Ich habe dies sowohl bei ihm als auch bei anderen Kindern häufig beobachtet, auch wenn es zu keinen Krämpfen dabei gekommen ist. Wir riefen deshalb die Ärztin, einfach, um eine andere Diagnose zu bekommen. Sie sagte dann folgendes: »Ihr solltet auf alle Fälle überprüfen, ob er vielleicht eine Hirnhautentzündung hat, denn diese Symptome könnten darauf hindeuten, und dann müßte man sie wirklich ernst nehmen. Ihr solltet das auf alle Fälle überprüfen lassen, auch wenn die dazu notwendigen Untersuchungen ziemlich eingreifend und schmerzvoll sind. Denn falls es wirklich eine Hirnhautentzündung ist, muß er sofort behandelt werden.« Die Ärztin sagte jedoch auch, daß sie nicht das Gefühl hat, daß es eine Hirnhautentzündung sei. Interessanterweise beschrieb sie die körperlichen Symptome als eine intensive Freisetzung von Energie, die so intensiv sei, daß der Körper damit nicht mehr umgehen könne und das Nervensystem völlig überfordert worden sei, wodurch es zu den Krampfzuständen gekommen wäre. Genau dies sagen auch die astrologischen Indikationen: *Zu viel Energie* – das Nervensystem wird überlastet, und der Körper beginnt zu zittern und zu krampfen. Um es kurz zu machen, die Tests waren mir nicht so wichtig, denn ich war zuversichtlich, daß es ihm wieder gutgehen würde. Auf Druck von verschiedenen Seiten erklärten wir uns dann jedoch mit diesen Untersuchungen einverstanden, und es war ein scheußlicher Tag im Krankenhaus, der uns ziemlich auf die Probe stellte. Zwei Tage später hatte er kein Fieber mehr, und es ging ihm wieder ausgezeichnet. Wenn es nur nach mir gegangen wäre, hätte ich ihn überhaupt nicht ins Krankenhaus gebracht zu all den Untersuchungen, denn ich war ziemlich sicher, wie es ausgehen würde.

Transite von Jupiter lassen alles expandieren, womit sie in Berührung kommen. Oftmals öffnen sie Türen für verschiedenste Gelegenheiten und verstärken bei den meisten Aspekten deine Energie. Sie können dir auch ein wesentlich umfassenderes Verständnis von den Gebieten des Lebens vermitteln, die sie gerade beeinflussen, was durch die jeweilige Hausposition und den Planeten gezeigt wird, der gerade von Jupiter aspektiert wird. Das werden wir noch sehr viel ausführlicher besprechen. Ich will nur jeden Planeten kurz darstellen.

Transite von Saturn durch die Häuser und zu Planeten verlangsamen den natürlichen Rhythmus und konzentrieren ihn. Sie konzentrieren deine Erfahrungen zu dieser Zeit. Saturn verzögert den Rhythmus der Natur und bremst deinen Energiefluß. Er hat die Tendenz, dein Energiefeld einzuschränken und zu verdichten. Jupiter dagegen dehnt es aus, du fühlst dich heiter, optimistisch und mitteilsam. Das meinte ich vorher, als ich über dieses ganze Gerede von: »Ich bin verantwortlich für alles« erzählte, was einfach etwas zu weit geht. Während du durch all diese Zyklen gehst, kannst du manchmal die Veränderung in deinem Energiefeld regelrecht spüren, doch du hast keinerlei Kontrolle darüber. Bei einer Konjunktion von Jupiter mit deiner Sonne spürst du einfach dieses Vertrauen. Als ich dreiundzwanzig war, stand Jupiter auf meiner Sonne, während ich in Europa herumtrampte. Dabei war es mir völlig gleich, ob mich jemand mitnahm oder nicht. Ich war glücklich, einfach so an der Straße zu sitzen und zu warten, ob mich jemand irgendwann mitnehmen würde. Mit Jupiter auf meiner Sonne hat mich natürlich immer jemand aufgelesen und genau dahin gebracht, wo ich eigentlich hinwollte, auch wenn ich nicht einmal den Daumen in den Wind hielt. Mit Saturn dagegen fühlst du dich eingeschränkt und hast nicht dieses Vertrauen – du mußt dich für alles anstrengen, was du erhältst. Ich erinnere mich an die Zeit, wo Saturn im Quadrat zu meiner Sonne stand... (Wie ihr wißt, sind alle Aspekte zur Sonne besonders kraftvoll. Aspekte zum Mond sind natürlich wichtig; Aspekte zum Aszendenten und seinem Herrscher sind wichtig, sie haben einen großen Einfluß auf deinen körperlichen Zustand und deine physische Energie.) Es war wirklich erstaunlich, denn Saturn stand ja nicht in Konjunktion mit meiner Sonne, sondern ›nur‹ im Quadrat. Ich hatte das Gefühl, eine große Last auf meinen Schultern zu tragen, die ich mit mir herumschleppte. Ich kann Steinböcke oft schon von weitem an ihrer Körperhaltung erkennen. Achtet einmal darauf. Sie stehen oft da, ihr Kopf ist wie heruntergezogen, und ihre Schultern sind nach vorne gekrümmt, als ob sie alle Last der Welt tragen würden. Genauso habe ich mich bei diesem Transit von Saturn gefühlt.

Es ist eine Tatsache, daß Menschen, die ziemlich formbar und sehr sensibel sind, die Tendenz haben, bestimmte Qualitäten der jeweiligen Transite anzunehmen. Das kann sogar bis in die äußere Erscheinung reichen, die sich plötzlich radikal verändert. Andere Menschen werden denjenigen dann erzählen, wie anders sie auf einmal aussehen. Bei diesem Quadrat von Saturn zu meiner Sonne begannen andere Menschen mich für einen Steinbock zu halten! Ich glaubte, man wolle mir schmeicheln, denn ich habe keinerlei Betonung im Erdelement. Doch ich konnte erkennen, wie sie darauf kamen, denn ich lief nach vorne gekrümmt herum und konnte neun Monate lang nicht lächeln. Alles war so ernsthaft, und ich habe mich wirklich wie ein Steinbock gefühlt.

Uranus beschleunigt die Rhythmen des Lebens, das normale Tempo deiner Entwicklung und deines Wachstums. Er treibt zur Veränderung an. Wenn ich Beschleunigung sage, meine ich nicht eine Beschleunigung um 2 oder 3%, sondern eine um 500%. Es geht wirklich schnell! Bei einem Transit von Uranus über einen deiner persönlichen Planeten, den Aszendenten und sogar bei Aspekten zu Saturn oder zum Radix-Uranus werden die Dinge so schnell sein, so bedeutungsvoll und heiß, sie werden sich so schnell entwikkeln, und du wirst durch so viele Veränderungen hindurchgehen, daß du dich fühlst, als seist du nur noch am Rotieren. Während Uranus-Transiten kommt es auch häufig zu Schlaflosigkeit, denn die Energie von Uranus ist einfach zuviel für das Nervensystem. Der physische Körper kann mit konzentrierten Dosierungen dieser Energie nicht lange umgehen.

FRAGE: Wie unterscheidet sich diese Art der Beschleunigung von der des Mars?

ANTWORT: Mars ist eine grobere, physische Energie. Sie betrifft mehr die Muskeln und die Verdauungsorgane. Die Energie von Uranus entspricht völlig der Energie des Nervensystems, der mentalen Energie. Die Energie von Uranus ist viel elektrischer, viel schneller und viel feiner als die Energie von Mars.

FRAGE: Willst du damit sagen, daß Uranus-Transite als Katalysatoren begriffen werden sollen, als ob sich Uranus auf einen anderen Zyklus rückbeziehen wollte? Du siehst einen ganzen Haufen von Ereignissen, die jedoch nicht eigentlich im Zyklus von Uranus geschehen, sondern in einem ganz anderen Zyklus. Uranus kommt dann daher und verhält sich wie eine Art Katalysator innerhalb eines Zyklus von Saturn oder einem anderen Planeten.

ANTWORT: Mit Sicherheit ist das eine katalytische Angelegenheit, die auch auf diese Art erfahren wird! Und wenn Uranus ein Katalysator ist, ist Pluto die Katharsis (Reinigung). Pluto ist wie eine Reinigung der Vergangenheit. Gelegentlich verhalten sich auch bestimmte Dinge wie Katalysatoren. Doch wenn du diesen Begriff überhaupt verwenden willst, trifft er auf die Transite von Uranus am besten zu. Angelegenheiten, die mit Uranus zu tun haben, haben die Tendenz, plötzlich sehr aktiv und machtvoll aufzutauchen. Sie wirken in dem Sinne katalytisch, daß sie die Dinge sehr schnell aktivieren, zu denen du vorher schon irgendeine Verbindung hattest, die dir schon immer vertraut waren oder zu denen du einen starken Bezug hattest. Ich würde sagen, daß die Verwendung des Begriffs ›katalytisch‹ ziemlich genau zutrifft. Uranus hat die Tendenz, alles, was er berührt, zu revolutionieren.

Nebenbei gesagt, sind die Hauptpositionen der transitierenden Planeten Uranus, Neptun und Pluto von geringerer Bedeutung. Sie halten sich zu lange in einem Haus auf, um wirklich so viel zu bedeuten. Was diese Planeten auch immer in den Häusern bedeuten, es dauert so lange, daß du dich daran gewöhnst. Transite über die beiden Achsen sind jedoch sehr wichtig. Wenn beispielsweise Uranus über Aszendenten, Deszendenten oder Medium Coeli oder die Spitze des vierten Hauses transitiert, wird dies im allgemeinen, und besonders beim Aszendenten und Deszendenten, als eine Beschleunigung des gesamten Lebens, als eine sehr schnelle Serie von Wechseln, empfunden.

In einigen Fällen findet dies auf einer feinen Ebene statt. Ich erinnere mich, daß ich vor Jahren Transite von Uranus über den Aszendenten mit ziemlich einschneidenden und offensichtlichen Veränderungen in Verbindung gebracht habe, was auch häufig zutrifft. Doch innerhalb von zwei Wochen sah ich zwei Menschen, bei denen Uranus eigentlich gerade am Aszendenten stand, jedoch konnten sich die beiden in keiner Weise mit dem identifizieren, was ich über diesen Transit sagte. Ich habe darüber auf einer zu groben Ebene gesprochen, denn es stellte sich dann heraus, daß beide bei diesem Transit angefangen hatten, sich mit Astrologie zu beschäftigen, was ihre gesamte Einstellung zum Leben und die

Art und Weise ihres Selbstverständnisses *revolutionierte.* Wie ihr wißt, ist der Aszendent eure persönliche Art der Auseinandersetzung mit dem Leben. Ich konnte mich nicht darauf einstimmen, bis ich mich daran erinnerte, daß Uranus traditionell der Planet der Astrologie ist.

Uranus beschleunigt also die Dinge und bringt das an die Oberfläche, was gerade direkt unter der Schwelle des Bewußten liegt. Uranus erweckt die Dinge in dir, in die du bereit bist hineinzuwachsen und die real werden sollen. Er erweckt die Dinge, mit denen du dich sehr direkt und ehrlich auseinandersetzen sollst. Ein Beispiel dafür ist die Tatsache, daß viele Menschen mit wirklich großen Veränderungen in ihrer Karriere, ihrer Lebensrichtung, ihrer Ehe oder was auch immer, so lange warten, bis Uranus sie dazu treibt. Uranus gibt dir, wie mit dem Schmiedehammer, eins über den Kopf, wenn es zu einem Transit kommt. Jedoch ist es mehr ein elektrischer Schmiedehammer oder ein Stromstoß. Dein gesamtes Sein wird durchgerüttelt, du wirst beschleunigt und im allgemeinen von neuen Ideen überschwemmt. Eine Quelle neuer Erregung kommt in dein Leben. Es kann eine Person sein, ein Studium, ein neues Ereignis, aber auch eine Reise quer durchs Land, es kann eine ganze Anzahl von Dingen sein. Auch darüber werden wir noch ausführlicher sprechen.

Neptun ist der Planet, über den es am schwierigsten ist zu sprechen, dicht gefolgt von Pluto. Je weiter die Planeten im All stehen, desto ferner liegt uns ihre Aussage und desto feiner und subtiler sind ihre Bedeutungen. Im Grunde sensibilisieren Transite von Neptun das, womit sie in Berührung kommen, ganz unglaublich. Sie haben auch den Hang zur Auflösung, sie haben die Tendenz, die alte Form des Lebensbereichs aufzulösen, der von dem Planeten symbolisiert wird, der vom entsprechenden Transit angesprochen ist. Wenn beispielsweise Neptun über deine Venus geht, wird er diesen Bereich auflösen oder zumindest verfeinern, was ein anderes Schlüsselwort für Neptun ist. Bei einem solchen

Transit hast du vielleicht die Möglichkeit, deine Einstellungen gegenüber der Liebe zu verfeinern. Beziehungen, in denen du steckst, könnten sich völlig auflösen, oder deine Einstellung ihnen gegenüber könnte sehr viel feiner, zarter und sensibler werden. Falls du beispielsweise eine sehr eifersüchtige Persönlichkeit bist, wird sich deine Eifersucht bei einem Neptun-Transit über deine Venus vielleicht erst noch verstärken; die ganzen Gefühle werden aufgewühlt, denn Neptun hat die Tendenz, alles zu verwirren. Transite von Neptun versetzen dich oft wie in einen Nebel, wo du ganz vage diese verschiedenen Gefühle empfindest, jedoch nicht weißt, in welche Richtung du gehen sollst.

Doch wenn du dem, was geschieht, ganz aufrichtig ins Auge blickst, kann dich der Neptun-Transit in die Lage versetzen, verfeinerte Einstellungen gegenüber der Liebe, der Ehe, deinem Partner oder gegenüber allem, was mit Venus zu tun hat, zu entwickeln. Wenn dieser Zeitabschnitt des Transits dann vorbei ist, bist du vielleicht nicht mehr so eifersüchtig und besitzt ein größeres Verständnis für die Bedürfnisse deines Partners und deine eigenen.

Manchmal vergeistigt Neptun auch, indem er dich einstimmt auf das Unfaßbare und die Feinheiten. Das muß jedoch nicht unbedingt spirituell sein. Die meisten derzeit lebenden Menschen sind ja nicht spirituell orientiert und werden bei einem Transit von Neptun nicht auf einmal superspirituell. Wenn jedoch jemand eine Neigung dazu hat oder offen dafür ist, wird derjenige bei einem Neptun-Transit über einen Planeten seines Geburtsbildes mehr auf die Feinheiten, auf spirituelle Wahrheit oder auf eine Kraft, die spirituell genannt werden kann, eingestimmt.

Wenn du sowieso schon sehr stark von Fische- oder Neptun-Energie in deinem Geburtsbild beeinflußt bist und nicht gelernt hast, dich selbst zu schützen, deine Konzentration zu erhalten und die Integrität deines eigenen Energiefeldes zu bewahren, wirst du vielleicht von geistigen Entitäten überflutet und von diesen Kräften erdrückt werden. Dies trifft nicht auf alle Menschen mit einem starken Einfluß aus der Fische-Energie zu, doch ist es nicht ungewöhnlich – Fische ist das Zeichen von Neptun.

Was hauptsächlich bei einem Transit von Neptun geschieht, ist, daß sich die von Neptun betroffenen Gebiete deines Lebens weiter öffnen. Bei einem transitären Einfluß von Neptun auf deinen Merkur kann sich dein Intellekt für sehr viel feinere Wahrnehmungen öffnen. Anfangs magst du dadurch etwas verwirrt sein, und es mag dir schwerfallen, dich wirkungsvoll zu konzentrieren. Deine ganzen alten starren Meinungen, die du bisher für Wissen gehalten hast, können sich bis zu dem Punkt auflösen, daß du denkst, du wüßtest überhaupt nichts mehr. Doch hinter all der Verwirrung geschieht etwas Positives, du wirst offener für eine sehr viel feinere Art der Erkenntnis.

Ich will euch rasch zwei Beispiele geben, wie sich Auswirkungen eines Neptun-Sonne-Transits zeigen können. Bei einem beginnenden Quadrat von Neptun zur Sonne einer über dreißigjährigen Frau zog deren Ehemann aus. Obwohl es – zumindest für einige Frauen – heute eine sehr unpopuläre Vorstellung ist, hat die Sonne im Geburtsbild einer Frau, besonders, wenn sie in einer sehr traditionellen Art von Ehe lebt, sowohl eine Beziehung zu ihrem Ehemann als auch zu ihrer eigenen Individualität. Diese Beziehung der Sonne zum Ehemann findet man besonders bei jüngeren Ehefrauen. Je mehr sich diese Frauen individualisieren, desto mehr wird die Sonne zum Symbol ihrer eigenen Individualität. Neptun stand im Schützen und somit im Quadrat zu ihrer Sonne im Zeichen Fische. Ihr Mann zog aus, und alles hing für eineinhalb Jahre in der Luft. Das war eine dreifache Betonung (»triple whammy«). Neptun wurde rückläufig und traf auf ihre Sonne ein zweitesmal usw.... Mit der Ehe war alles unklar und völlig unsicher, denn ihr Mann konnte sich weder zu einer Scheidung noch zur Rückkehr entschließen. Alles hing in der Luft. Sie war ihr ganzes Leben mit ihrer Fische-Sonne an eine recht passive Rolle gewohnt und überließ ihm somit die Führung. Während der Zeit des Transits ging es ihr anfangs ziemlich schlecht. Doch sie begann dann, sich mit Astrologie und Reinkarnation auseinanderzusetzen. Sie beschäftigte sich mit einer ganzen Menge von Dingen, die ihr eine wesentlich positivere Perspektive zum Leben vermittelten. Dies gab ihr auch die Stärke, um die Initiative zu einer Scheidung zu übernehmen. Es war erstaunlich zu beobachten, wie schnell sie sich innerhalb einer sehr kurzen Zeit – etwa eineinhalb Jahre – entwikkelte. Als ich sie beim ersten Transit von Neptun traf, war sie ein einziges Bündel von Konfusion. Sie lebte die Energie des Fische-Archetyps auf eine negative Art und Weise, beschwerte sich laufend und jammerte. Sie hat dann innerhalb von kurzer Zeit viel Stärke gewonnen.

Letzten Sommer hatte ich eine andere Offenbarung über Neptun. Nicht bei jedem Transit-Einfluß von Neptun passiert eine Scheidung oder etwas so Dramatisches wie beim nächsten Beispiel. Es ist aber eine Zeit, in der man die Augen offenhalten sollte. Letzten Sommer erlebte ich bei einem Kind mit Sonne im Schützen den Transit von Neptun über seine Sonne. Gleichzeitig stand Jupiter in Opposition zur Radix-Stellung, und der Junge machte mit seiner Mutter eine Reise nach England. Jupiter ist ja traditionell bekannt für lange Reisen in fremde Länder. Mit Sicherheit war es sehr lehrreich für den Jungen, da er in all den Museen war. Er traf dort auch zur gleichen Zeit seinen spirituellen Lehrer. Ich weiß nicht genau alle Details, doch im wesentlichen hielt dieser Lehrer eine Initiation für einige Leute ab und stimmte sie auf eine kraftvolle spirituelle Erfahrung ein. Dieser kleine Junge saß hinten im Raum am Empfang, wo viele Leute mit diesem Lehrer sprachen. Plötzlich springt der Junge auf, rennt auf die andere Seite des Raumes, stellt sich vor den Meister und sagt: »Ich will, daß du mich einweihst!« Normalerweise muß man für diese Einweihung 22 oder sogar 23 Jahre alt sein, um überhaupt nur für die Initiation dieses spirituellen Weges in Betracht gezogen zu werden. Dieser Junge ist Schütze und weiß sehr genau, was er will und was in ihm vorgeht. Er sagte einfach: »Ich will es«, und er bekam die Einweihung. Sein Meister berührte seine Stirn, und der Junge verließ sofort seinen Körper. Er flog! – und ist völlig abgefahren (›spaced out‹). Anscheinend hatte er alle möglichen erstaunlichen Visionen und war davon so betroffen, daß er eine ganze Zeit nicht reden konnte.

Dies ist ein Beispiel für eine neptunische Berührung mit dem Spirituellen. Es kann eine rein innerliche Erfahrung sein oder ein Buch, ein Platz oder eine Person, die dich spirituell beeinflußt. Neptun kann dich auf spirituelle Dinge einstimmen. Dies ist ein Aspekt von Neptun-Transiten, den Bücher in keinster Weise klären und der sehr positiv ist. Auf einer anderen Ebene kann man auch sagen, daß Neptun unzufrieden ist. Du fühlst dich unzufrieden und spürst das Bedürfnis zu fliehen; du fühlst dich bestürmt durch Unsicherheit und Konfusion und willst aus diesem Nebel heraus. Auf einer höheren Ebene ist Neptun jedoch Verfeinerung und Vergeistigung all der Dinge, mit denen er in Berührung kommt.

Diese Gegenüberstellung von Positiv und Negativ läßt sich auch bei den anderen Planeten machen. Uranus kann auf der unteren Ebene – man kann auch negative Manifestation dazu sagen – einfach nur Ruhelosigkeit und einen Drang nach Veränderung hervorrufen, der nur um der Vielfalt oder der Veränderung willen, also aus reiner Selbstsucht, aktiv wird. Nebenbei gesagt, ist Uranus der Planet der Selbstsucht. Es gibt verschiedene Arten von Selbstsucht, doch bei einem Kontakt von Uranus mit deiner Sonne, deiner Venus oder deinem Mars besteht die Tendenz zu sagen: »Rutsch mir den Buckel runter, ich werde meine Sache durchziehen.« Kooperation fällt dir zu diesen Zeiten sehr schwer. Positiv gesehen, erweckt Uranus in dir eine neue Art der Klärung. Ich denke, daß Uranus auf der positivsten und höchsten Ebene eine innere Befreiung durch eine Art des Verstehens zeigt, die durch enorme Klarheit erreicht wird.

Wenn es zu einem Kontakt zwischen Uranus und deiner Venus kommt, kannst du, trotz all der verschiedenen Dinge, die diesen Transit begleiten, und trotz oder wegen der verschiedensten Veränderungen, durch die du hindurchgehst, die Erfahrung einer enormen Befreiung von deinen Einstellungen gegenüber Liebe, gefühlsmäßigen Bindungen zu anderen Menschen, gegenüber den ehelichen Beziehungen und gegenüber allen Venus-Dingen machen. Es kann zu einer inneren Freiheit kommen, die sich durch einen Prozeß von Klärung entwickelt. Doch gewöhnlich ist dies nur nach einigen Experimenten möglich. Uranus steht, wie auch das Zeichen Wassermann, für Experimentierfreude. Du probierst alle diese Sachen aus, einschließlich derer, die möglicherweise verboten sind oder zumindest nicht der Konvention entsprechen. Durch Experimente gewinnst du sehr viel mehr Erfahrung und oftmals eine bessere Perspektive darüber, was du wirklich tun willst und was du wirklich brauchst.

Negativ betrachtet, wirkt Pluto hauptsächlich durch Zwang oder auch dadurch, daß er dich durch die schmutzigsten Tiefen zieht. All diese Kräfte kommen in dein Leben, und es besteht ein Drang, Entsprechendes ohne bewußten Grund zwanghaft zu tun. Es ist oftmals zu beobachten, daß du sehr viel unbarmherziger wirst, wenn Pluto in Kontakt mit einem deiner Planeten kommt, besonders mit einem der persönlichen. Doch Unbarmherzigkeit kann auch ihre guten Seiten haben, das hängt davon ab, wie du mit ihr umgehst. Manchmal kann es gut sein, unbarmherzig zu dir selbst zu sein. Es kann sogar gut sein, wenn du unbarmherzig dein Leben reorganisierst, wenn du nicht zufrieden bist, wie es ist. Im Negativen kann Pluto zu Exzessen der Unbarmherzigkeit führen, auf einer höheren Ebene jedoch kann es zu einer positiven Art der Unbarmherzigkeit kommen, die sich in einer bewußten Hingabe an die Energien der Transformation deines Selbst oder eines Aspektes deines Lebens ausdrückt.

Für die meisten von euch dürfte Saturn ziemlich offensichtlich sein. Auf der negativen Ebene manifestiert sich Saturn als Depression, Angst usw. Ich habe darüber ein ganzes Kapitel in: *Astrologie, Karma und Transformation* geschrieben, das etwa 30 Seiten lang ist. Allzuviel werden wir nicht über Saturn reden können, doch einiges werden wir besprechen. Eine der wichtigsten Bedeutungen von Saturn bei einem Transit ist, daß es an der Zeit ist, deinen Ängsten zu begegnen und ihnen ins Gesicht zu blicken. Negativ kann sich Saturn als Angst darstellen. Positiv mit Saturn umzugehen, heißt, seinen Ängsten ins Auge zu blicken. Wenn du nicht bewußt die Tatsache akzeptierst, daß du diesen Ängsten begegnen mußt, wirst du dazu gedrängt, ihnen dennoch zu begegnen. »Das, was ich befürchtet habe, ist eingetreten«, oder wie dieser alte Bibelspruch auch immer heißt. Das ist Saturn für dich, wenn du dich deinen Ängsten nicht stellst. Sie werden dann wachsen und wachsen, weil du dich weigerst, dich ihnen zu stellen. Sie springen in dein Leben, wenn sie sich zu ihrer vollen Größe aufgeblasen haben und mächtig geworden sind. Positiv gesehen, konzentriert Saturn deine Aufmerksamkeit, du fühlst vielleicht weniger Energie, doch die Energie ist konzentrierter. Deine Wahrnehmung wird tiefgehender sein. Ebenfalls eine positive Möglichkeit, mit Saturn-Transiten umzugehen, ist, sich von Abwehrhaltungen zu lösen und die Verantwortung zu übernehmen, die du meinst, in dem Gebiet übernehmen zu müssen, das durch die Hausposition des transitierenden Saturn und/oder den betroffenen Planeten angezeigt wird. Bei Transiten von Jupiter ist das Positive sehr einfach: Optimismus, Vertrauen, Ausdehnung und der Drang, dein Leben auf irgendeine Art zu verbessern. Negativ gesehen, führt Jupiter zu Exzessen, verschwendet eine Menge Geld und Energie und versucht zuviel auf einmal zu machen, wobei er Geld, Energie und Zeit vergeudet.

FRAGE: Was war die positive Art von Pluto?

ANTWORT: Eine seiner Bedeutungen ist die positive Hingabe an die Transformation bestimmter Bereiche deines Lebens oder dir selbst.

FRAGE: Fängt das, was du tust, als etwas Unbewußtes an? Ist es eine Sache, die erscheint und die du dann überdenken mußt oder...?

ANTWORT: Was ich mit ›bewußter Hingabe‹ meine, ist eine der positivsten Möglichkeiten, mit einem Pluto-Transit umzugehen, indem du dich selbst auf eine energetische Art hingibst, wie: »Ich werde anfangen, mein Leben auf diesem Gebiet umzuformen.« Denn wenn du dies nicht auf eine bewußte Art machst, haben Pluto-Transite die Tendenz, sich aus dem Unbewußten heraus zwanghaft zu manifestieren. Wenn Pluto transitierenderweise einen Aspekt zu irgendeinem deiner Planeten im Geburtsbild bildet, wird dieser Bereich, der durch diesen speziellen Planeten symbolisiert wird, innerhalb der nächsten zwei Jahre, wenn Pluto vorwärts und rückwärts über diese Position läuft, tiefgreifend verändert – entweder auf die eine oder die andere Art. Deshalb ist es in den meisten Fällen das Beste zu sagen: »Ja, das wird sich ändern, es muß sich ändern, und deshalb ist es besser, wenn ich anfange, es selbst zu tun.« Dadurch kannst du diese Energie von Pluto benutzen; nimm sie in dein Leben hinein und benutze sie als einen Teil von dir selbst, benutze sie bewußt, um Dinge umzuformen. Denn wenn du diese Energie nicht als Teil von dir selbst akzeptierst, wird sie sich, wie Jung es nennt, als »autonome psychische Energie« verhalten, wie ein autonomer Komplex, wie etwas, das nur aus sich selbst heraus lebt und völlig von deinem Bewußtsein abgespalten ist.

Was bei vielen dieser Transite, sei es nun von Pluto, Uranus oder Saturn, geschieht, ist, daß du anfangs weder bemerkst, was los ist, noch welche Veränderungen vor dir liegen, denen du dich unterziehen sollst. Es wird sich ein Druck aufbauen, entweder von außen oder von innen oder von beiden Seiten, der dich so quält und dadurch drängt, etwas zu tun. Ihr wißt ja, der logische Verstand ist dumm und gewöhnlich mit der Realität von Lebensprozessen wenig in Berührung, da er gewohnt ist, alles auf eine rigide Art nur in kleinen Bruchstücken zu erfassen.

Bei den meisten Transit-Perioden kommen deshalb die schwierigsten und härtesten Erfahrungen zu Anfang. Dadurch baut sich im allgemeinen dieser Druck auf, der dich so zum Verzweifeln bringt, daß du anfängst, etwas zu tun, oder dieser Druck wird dich letzten Endes beinahe körperlich in eine neue Phase deines Lebens drängen.

Was mir neulich passiert ist, ist ein gutes Beispiel, und ich sollte es eigentlich besser wissen, so denken wenigstens einige Leute. Ich hatte all diese Transite, Pluto, Uranus, Saturn... Alle wiesen auf radikale Veränderungen hin, und ich wußte, daß ich in meinem alten Büro nicht länger arbeitsfähig sein würde. Ich hatte ein kleines Zimmer, etwa halb so groß wie der Flur hier. Es war ein schrecklicher Platz, es gab keine Fenster, keine frische Luft, noch sonst etwas. Ich hatte all die Arbeit vor mir liegen, und mir ging es miserabel, denn der Druck durch die vor mir liegende Arbeit wurde immer größer. Laufend riefen Leute an, und die an mich gestellten Anforderungen waren einfach wahnsinnig. Vom ästhetischen Standpunkt war dieser Ort einfach scheußlich. Ich erkannte nicht, daß es an der Zeit gewesen wäre, in dieses größere Büro hier umzuziehen, denn hier muß ich dreimal soviel Miete bezahlen. Doch alles übte solchen Druck auf mich aus, so daß ich schließlich doch einen Mietvertrag unterschrieb, auch wenn ich nicht wußte, woher ich das Geld für die Miete nehmen sollte. Es wurde einfach *notwendig!* Heute fällt es mir leicht zu erkennen, daß einfach alles bereit war, damit dies geschehen konnte. Auch die Frage der Bezahlung ist kein Problem mehr, denn alles läuft besser und mit größerer Effizienz, auch ökonomisch. Ich sah die kommenden radikalen Veränderungen meiner Arbeit nicht und wußte nicht, wie populär meine Bücher werden würden.

Der Auszug aus diesem winzigen Büro symbolisiert eine Menge innerer Veränderungen, besonders, wie ich die alten Beschränkungen meiner Arbeitssituation gelöst habe (Pluto). Jetzt habe ich Platz und Raum. All diese Transite sagten mir: »Nimm Veränderungen in deinem Leben vor, laß dieses und jenes hinter dir, fang Neues an!« Doch ich fühlte mich immer noch unsicher und zögernd. Das ist die übliche Reaktion, besonders, wenn du wie ich viele Planeten in fixen Zeichen hast. Dann besteht die Tendenz, bis zur letzten Minute mit den notwendigen Veränderungen zu warten, da du an deiner Sicherheit festhalten willst.

Die Hauspositionen von Jupiter und Saturn

Bei einem Wechsel von Uranus, Neptun oder Pluto in ein anderes Haus kann man häufig eine Veränderung im Leben feststellen, die mit dem jeweiligen Haus und Planeten zu tun hat. Dieses Gefühl von Veränderung ist jedoch im allgemeinen nicht während der ganzen Aufenthaltsdauer des Planeten im jeweiligen Haus dominant. Dagegen weisen Jupiter und Saturn während ihres ganzen Aufenthaltes in einem bestimmten Haus auf wichtige Entwicklungen hin, die mit diesem Haus und dem Leben der Person zu tun haben.

Jupiter hat eine Umlaufzeit um die Sonne von etwa 12 Jahren. Deshalb bleibt er im Durchschnitt etwa ein Jahr in jedem Haus, außer du hast ein Geburtsbild mit extrem großen und kleinen Häusern. Dies hängt auch vom Häusersystem ab, das du benutzt. In den meisten Fällen wechselt Jupiter also nach einem Jahr in ein anderes Haus. Saturn hält sich in jedem Haus etwa zweieinhalb Jahre auf.

Wir wollen den Kreis einfach mal hier teilen (geht zur Tafel) und nur die Häuser betrachten. Die Zeichen ignorieren wir mal völlig und beobachten nur die Transite von Jupiter und Saturn durch die Häuser. Diese Vorgehensweise ist ein sehr sehr nützliches Werkzeug.

Den Rest der Astrologie könnt ihr beiseite lassen, denn allein der Gebrauch von Jupiter- und Saturn-Transiten durch die Häuser deines Geburtsbildes ist besser geeignet als jede andere Methode, die ich kenne, um die zyklische Natur wichtiger Entwicklungen, Veränderungen und Wachstumsperioden in deinem Leben zu verstehen.

Wir werden jetzt gleichzeitig die Transite von Jupiter und Saturn durch die jeweiligen Häuser besprechen. Selbstverständlich stellen die Einflüsse beider Planeten polare Gegensätze dar. Jupiter bringt die Tendenz zur Ausdehnung und Saturn die zur Konzentration und Verengung.

Wo auch immer Jupiter steht, willst du die Dinge verbessern und ausweiten. Die jeweilige Hausposition von Jupiter zeigt das Gebiet deines Lebens an, in dem du ein umfassenderes Verständnis durch weiterreichende Erfahrung, durch Abenteuer und durch eine allgemeine Ausdehnung erreichen kannst. Jupiter-Transite zeigen die Lebensgebiete, wo du entweder Dinge verbessern willst, weil du einen Drang dazu in dir verspürst, oder – falls du diesen Drang nicht spürst – bietet sich zumindest eine Gelegenheit, die dich in die Lage versetzt, in diesem Teil deines Lebens zu Verbesserungen zu kommen. Das heißt jedoch nicht, daß du diese Gelegenheit auch wahrnimmst. Vielleicht erkennst du die Gelegenheit noch nicht einmal. Nur weil Jupiter in einem bestimmten Haus steht, wirst du nicht automatisch all diese wunderbaren Dinge tun und diese großartigen Erlebnisse haben, wie einen dies viele Bücher glauben machen.

Immer noch ist ein gewisses Maß an Aktivität dazu erforderlich und auch die Fähigkeit, offen zu sein für eine breite Sichtweise, die überhaupt erst die Voraussetzung für das Erkennen von Möglichkeiten schafft. Natürlich treffen diese Dinge auch alle auf einen Transit von Jupiter über Planeten dieses Geburtsbildes zu, nicht nur auf die Häuser. Ich werde das gleich weiter erklären.

Ein anderer wichtiger Punkt ist, daß Jupiter dir den Drang gibt, dich zukunftsorientiert zu verhalten. Jupiter, Schütze und das neunte Feld bilden das, was man den neunten Buchstaben der Astrologie nennt. Jeder dieser drei Teile hat eine Verbindung zur Zukunft. Schütze ist beispielsweise bekannt als das Zeichen der ›Prophezeiung‹. Oftmals sind es Schützen wie William Blake, der englische Visionär, die prophetische Gaben besitzen. Viele von ihnen haben ein Gespür für das, was die Zukunft bringen wird. Ähnlich ist es bei Aspekten von Jupiter zu einem Planeten in deinem Geburtsbild in einem bestimmten Haus, wo du manchmal sehr genau spürst, wie die zukünftigen Möglichkeiten und Entwicklungen in diesem Teil deines Lebens aussehen werden. Gewöhnlich ist es nicht nur ein Gedanke, sondern eine Art Zukunftsvision darüber, wie Dinge eventuell verbessert werden könnten, oder du erfährst eine Art inneres Wissen oder inneren Glauben, um die Dinge so zu verbessern, wie du sie in deinen Visionen gesehen hast. Dies sind einige der Grundbedeutungen von Jupiter-Transiten, die wir gleich noch genauer besprechen werden.

Saturntransite durch ein bestimmtes Haus oder bestimmte Aspekte zu Radix-Planeten geben dir die Möglichkeit, Dinge besser zu verstehen. Doch ist dies eher ein tieferes Verständnis und nicht – wie bei Jupiter – ein breiteres und umfassenderes. Saturn eröffnet immer die Möglichkeit, dein Bewußtsein zu *vertiefen.* Natürlich hast du immer dort, wo sich Saturn gerade aufhält, das Bedürfnis, die Dinge zu definieren, festzulegen, in der Gegenwart zu leben und Geduld zu lernen, Sicherheit zu gewinnen und aufzubauen. Eines der Schlüsselworte zum Verständnis von Saturn ist: Aufbau unter Mühe und Anstrengung. In dem Lebensgebiet, das durch Hausposition oder Aspekte von Saturn betroffen ist, wirst du aufbauen.

Ich werde die Planeten hier einzeichnen (zeichnet die Planetensymbole, die mit jedem Haus des einfachen Geburtsbildes mit gleich großen Feldern in Verbindung stehen). Dies sind die Planeten, die traditionellerweise mit den verschiedenen Häusern und den Zeichen, die dazu gehören, in Verbindung gebracht werden. Mars ist deshalb im ersten Haus, Venus im zweiten (Stierhaus), Merkur im Haus von Zwilling (drittes Haus) usw. Die Gründe, warum ich die Planeten hier einzeichne, sollten gleich deutlich werden. Im Grunde genommen ist es bei einem Durchgang von Saturn durch das dritte Haus nämlich ganz ähnlich wie bei einem Aspekt des transitierenden Saturn zum Radix-Merkur. Wenn wir den Durchgang durch die Häuser besprechen, wäre es gut, wenn jeder von euch wüßte, wo bei ihm der transitierende Jupiter und Saturn gerade steht. Einige von euch wissen das ganz automatisch, doch wer es nicht weiß, sollte herausfinden, in welchem seiner Häuser Jupiter und in welchem Saturn gerade steht, um zu sehen, ob er nachvollziehen kann, worüber wir hier sprechen werden. Beachtet dabei besonders alle Konjunktionen, Oppositionen und Quadrate zu Planeten in eurem Geburtsbild. Auch Quincunxe und Semisextile, die dabei vorkommen, sollten nicht außer acht gelassen werden.

Transite von Jupiter und Saturn durch das erste Haus

Das erste Haus beschäftigt sich mit deinem spontanen Selbstausdruck und Aktivitäten in der Außenwelt. Es hängt mit Mars zusammen und ist deshalb ein sehr aktives, extrovertiertes Haus, das dich persönlich charakterisiert und beschreibt, wie du deine eigenen Angelegenheiten unabhängig angehst. Während Jupiter das erste Haus durchläuft oder einen Aspekt zum Radix-Mars bildet, kommt es zu einer Ausdehnung oder Verstärkung deines Dranges, dich selbst zu behaupten. Im allgemeinen verstärkt sich deine körperliche Energie, dein Selbstvertrauen, und es kommt oft zu einer Gewichtszunahme. Wenn Saturn ins erste Haus eintritt, verliert man oft Gewicht. Als Jupiter das letzte Mal in mein erstes Feld kam, haben sich meine Energie und mein Appetit verdreifacht. Dabei habe ich fast 20 Pfund zugenommen. Das war nötig gewesen, denn zuvor hatte ich beim Saturn-Durchgang durch mein erstes Feld 30 Pfund verloren und war ziemlich dünn geworden.

Auf jeden Fall ist der Jupiter- und Saturn-Transit im ersten Haus eine enorm wichtige Zeit…, denn mit dem ersten Haus beginnt ein völlig neuer Zyklus. Es ist der Anfang neuer Entwicklungen, die du durch bestimmte Aktionen und Verpflichtungen einleitest. Jupiter gibt dir das Vertrauen, Dinge zu beginnen, die sich schon lange in dir vorbereitet haben. Im allgemeinen wird diese Zeit als eine recht positive Periode erfahren, die dir eine ganze Menge Optimismus für die Zukunft mitgibt. Natürlich sind dies allgemeine Trends, und wenn du dir ein spezielles Geburtsbild vornimmst, findest du möglicherweise zur gleichen Zeit, während Jupiter über den Aszendenten geht, noch ein Quadrat von Saturn zur Sonne oder eine Opposition zum Radix-Mond. In diesen Fällen wird die Erfahrung nicht ganz so optimistisch sein, doch zweifellos ist es eine wichtige und entscheidende Zeit, wenn so viele Transite von Jupiter und Saturn gleichzeitig ablaufen. Hat jemand von euch im Moment Jupiter in seinem ersten Haus stehen? (Keine Antwort der Zuhörer.) Ich vermute, daß alle mit Jupiter in ihrem ersten Haus sich irgendwo draußen vergnügen oder so beschäftigt sind, daß sie nicht ruhig sitzen und jemandem zuhören können. Bei Jupiter-Transiten kommt es auch – besonders bei der Annäherung an den Aszendenten und im ersten Teil des ersten Hauses (aber auch bei Aspekten zu Merkur und gelegentlich zu Sonne oder Mond) – häufig vor, daß derjenige Erkenntnisse über die Zukunft hat. Manchmal kommt es zu Zukunftsvisionen oder präkognitiven Träumen.

Diese Sache kannst du, falls du überhaupt solche Dinge bei dir kennst, überprüfen, wenn du in deine Vergangenheit zurückgehst. Es handelt sich nicht immer um etwas Großes,

Sensationelles, sondern oftmals nur um ein Gefühl oder eine Ahnung. Sogar Geschäftsleute, Aktienmakler und wirklich realistische, skeptische und materialistische Menschen erzählen von diesen Ahnungen. Sie halten es nicht für etwas Mediales, Visionäres oder gar für eine Prophezeiung, für sie ist es eben eine ›Ahnung‹. Was ist aber eine solche Ahnung? Es ist ein Gespür dafür, wie sich die momentanen Trends entwickeln werden und welche zukünftige Situation sich daraus ergeben muß. Jupiter kann dich auf diesen zukunftsorientierten Energiestrom einstimmen. Wir haben hier nicht die Zeit für zahlreiche Beispiele, doch kenne ich viele Menschen, die einen Geistesblitz hatten, als Jupiter über ihren Aszendenten ging, der ihnen zeigte, womit sie jetzt beginnen sollten, damit sich diese Angelegenheit in der Zukunft günstig entwickeln und wachsen würde. Ihre Vision der Zukunft oder ihre präkognitiven Träume realisierten sich später bis ins Detail.

Nicht immer bewahrheiten sich diese Träume so genau, doch wenn du unter Jupiter-Einfluß solche Erlebnisse hast, bestehen gute Chancen, daß sie sich ziemlich genauso entwickeln werden.

Saturn im ersten Haus signalisiert in den meisten Fällen anfangs eine Zeit geringeren Vertrauens. Die Menschen sehen ihre Fehler deutlicher, und ihre Wünsche nach unabhängigem Handeln (symbolisiert durch Mars und das erste Haus) werden irgendwie enttäuscht. Selbstverständlich trifft dies auch auf Transite von Saturn über den Radix-Mars zu. Dies ist oftmals eine Zeit der Schwere. Viele Menschen erkennen ihre Fehler, ihre Verfehlungen und Schwächen. Das Beste, was man in diesen Zeiten machen kann, ist, ein Gespür dafür zu entwickeln, was – ganz realistisch gesehen – bei einem in Ordnung ist und was nicht.

Dies ist die Grundlage, um den Charakter (unter Anstrengungen) so zu formen, wie man ihn haben will. Die beste Möglichkeit, um den Saturn-Transit durch das erste Haus zu charakterisieren, ist:

Es ist die günstigste Zeit, um alles über dich selbst herauszufinden. Zu dieser Zeit brauchen die Betroffenen wirklich ein Feedback über sich selbst, das ehrlich und aufrichtig ist.

Es ist eine Zeit, um viel Mühe darauf zu verwenden, deine verschiedenen charakterlichen Facetten selbst zusammenzufügen, dich selbst zu einer neuen und solideren Gesamtpersönlichkeit zu integrieren. Das erste Haus symbolisiert natürlich deinen persönlichen Ausdruck und das Image deiner Persönlichkeit, das andere Menschen wahrnehmen. Hat jemand von euch zur Zeit Saturn in seinem ersten Haus? (Drei Leute bejahen.) Will jemand dazu noch etwas sagen?

ZUHÖRER: Ich habe mich sehr erleichtert gefühlt, als Saturn in mein erstes Haus gegangen ist, nachdem er in meinem zwölften Haus war.

Nach all der Verwirrung, ja. Auch das ist üblich. Saturn im ersten Haus vermittelt dir etwas Festes, einen klareren Sinn für die Richtung. Mühe oder Arbeit mag erforderlich sein und eine Einstimmung auf die Tatsachen, daß bestimmte Anforderungen eine Zeitlang hart sein werden, doch oftmals entsteht auch das Gefühl größerer Sicherheit, da alles deutlicher zu erkennen ist. Wie gesagt, hängt das ganz stark von der jeweiligen Persönlichkeit ab. Du bist ein ziemlich feuriger Typ (zu jemand von den Zuhörern gewandt). Du bevorzugst Aktion und Taten, wie sie auch durch das erste Haus angezeigt werden. Jemand mit einem ziemlich neptunischen Charakter, der zwischen den Räumen lebt und sich dabei wohl fühlt, kommt mit Saturn im zwölften Haus vielleicht besser zurecht. Du mußt auf alle Fälle immer den Bezug zum individuellen Geburtsbild herstellen.

Ein ebenfalls übliches Verhaltensmuster beim Eintritt von Saturn ins erste Haus ist oftmals eine gewisse Schwere oder Förmlichkeit oder sogar Depression. Doch ab dem Moment, wo die Betroffenen beginnen, an sich selbst zu arbeiten, beispielsweise mit einer bestimmten Diät oder mit einem

Übungsprogramm, das ihr Leben oder ihren Körper besser organisiert, ab dem Moment werden sie sich wesentlich wohler fühlen. Während sich Saturn im ersten Haus aufhält, kannst du dir eine enorme innere Stärke erarbeiten, auf physischer, emotionaler, wie auch auf mentaler Ebene. Doch sie kommt nicht von alleine, du mußt daran arbeiten. Beim Aufenthalt von Jupiter im ersten Haus ist sie dagegen eher ein Geschenk. Jupiter gibt dir Stärke, Vertrauen, und du mußt dich nicht wirklich dafür anstrengen. Du mußt jedoch dafür offen sein und es akzeptieren können. Möglicherweise kannst du es nicht richtig nutzen, doch auf jeden Fall bekommst du es ziemlich leicht. Hat jemand Saturn im ersten Haus?

ZUHÖRER: Ja, beim ersten Transit habe ich es nicht richtig wahrgenommen, doch beim zweiten Transit über meinen Aszendenten habe ich eine Diät angefangen und 12 Pfund abgenommen. Zudem habe ich auch mit bestimmten Übungen begonnen, obwohl ich sie eigentlich nicht mochte.

Für jeden ist es wirklich anders, es hängt davon ab, wie du auf den oder die betroffenen Planeten eingestimmt bist. Ich weiß nicht, ob ich das vorher deutlich genug gesagt habe. Das Geburtsbild zeigt, wie du auf eine bestimmte Schwingung eingestimmt bist. Deine Erfahrungen bei einem Saturn-Transit hängen beispielsweise sehr stark davon ab, wie Saturn in deinem Geburtsbild gestellt ist. Wenn du mit Saturn sowieso alle möglichen Schwierigkeiten hast, dann sind die Transite für dich in der Tendenz härter. Das ist eine so individuelle Geschichte, daß man sie in einem Buch einfach nicht richtig erfassen kann, da Verallgemeinerungen notwendig sind, die dem Individuellen nicht mehr gerecht werden können. Individuen, die ihr eigenes Geburtsbild studieren, erfassen, wie sie am besten mit bestimmten planetaren Energien zurechtkommen. Wenn du mit Saturn zurechtkommst, dann bezeichnen die Transite von Saturn oftmals eine positive Kulmination wichtiger Entwicklungen und oftmals öffentliche Anerkennung eines weltlichen Erfolges. Menschen, die Saturn hassen, sind gewöhnlich faule Menschen, aber wirklich! Doch sollte betont werden, daß die Art, wie du mit bestimmten Planeten zurechtkommst, nicht immer verläßlich und selbstverständlich aus dem Geburtsbild zu ersehen ist. Auch wenn nur Quadrat-Aspekte zu einem Planeten im Geburtsbild bestehen, kann man eine positive Umsetzung entwickeln.

Ein Aspekt des transitierenden Saturn zu Mars ist ähnlich wie der Hausdurchgang Saturns durch das erste Haus. Oftmals werden die Energien von Mars auf eine bemerkbar tiefere Energieebene reduziert oder verlangsamt. Ich habe erst gestern einen Brief von einer Frau bekommen, deren einzige Klage war: Oh, Gott, ich bin immer so müde, war bei lauter verschiedenen Ärzten und fühle mich immer noch die ganze Zeit erschöpft usw. Ich schaute mir ihr Geburtsbild an, und der laufende Saturn war am Anfang ihres ersten Feldes. Auch ein Aspekt von Saturn und Mars kann sich auf diese Art auswirken, doch kann man das nicht im voraus wissen. Das Wichtigste ist, die grundlegenden Prinzipien zu verstehen. Was ist die essentielle Bedeutung von Jupiter oder Saturn in einem bestimmten Haus? Wenn du dafür ein Gespür entwickelst und dazu eine Verbindung aufnehmen kannst, dann kannst du das auf die individuellen Fälle anwenden. Ich kenne eine Frau, die wirklich schwächlich war und für ihre 25 Jahre sehr wenig Energie hatte. Ich dachte: »Wenn Saturn in ihr erstes Haus kommt, wird sie zu einem Wrack werden, falls sie nicht wirklich hart an sich arbeitet. Ihr Körper würde das nicht mehr aushalten.« Als Saturn dann auf ihren Aszendenten kam, begann sie jeden Tag zu joggen. Ihre körperliche Stärke hat sich im Vergleich zu vor einem Jahr etwa verdoppelt. Es ist ziemlich erstaunlich, und ich kann es immer noch kaum glauben. Doch ein Teil dieser Entwicklung ist auch Disziplin. Sie disziplinierte sich selbst wirklich so, daß sie jeden Morgen rausgeht und läuft. Das

Wochenende gibt sie sich frei. Saturn ist der Planet der Disziplin und der Struktur.

FRAGE: In den meisten Fällen wird also eine Reduzierung von Stärke und Energie erfahren, außer man diszipliniert sich selbst zu körperlicher Aktivität, um die physische Kondition oben zu halten?

ANTWORT: Das würde ich so sagen. Das ist mit Sicherheit die Tendenz, wenn sich Saturn im ersten Haus befindet oder irgendeinen Aspekt zu Mars bildet.

Transite von Jupiter und Saturn durch das zweite Haus

Während sich Jupiter und Saturn im zweiten Haus aufhalten, kommt es mit Sicherheit zu einer Betonung der Aktivitäten, die mit dem zweiten Haus assoziiert werden: Geld oder eine Ausbildung, die dem Gelderwerb dient, eine Verbesserung deiner materiellen Sicherheit, vermehrte Kenntnisse über Investitionen, es könnten tausend Dinge sein, doch sind sie gewöhnlich mit irgend etwas Praktischem oder Materiellem verbunden. Oftmals besteht auch eine Verbindung zu Arbeit und Karriere. Es ist eine Tatsache, daß alle Erdhäuser, das zweite, sechste und zehnte, die in Verbindung mit den Erdzeichen stehen, deine Arbeit oder Einstellung gegenüber der Arbeit, die du tun willst, beeinflussen, wenn Jupiter oder Saturn in diese Häuser kommt.

Einige Bücher behaupten, daß du reich wirst, wenn Jupiter in dein zweites Haus eintritt, was auch gelegentlich zutreffen mag, doch darauf zählen sollte man wirklich nicht. Zumeist ist es mehr das Bedürfnis, deine finanzielle Situation zu verbessern. Gewöhnlich haben die davon Betroffenen etwa nach der Hälfte dieser Periode mehr Vertrauen in ihre Fähigkeiten gewonnen, mit Geld umzugehen oder genügend Geld zu verdienen. Sie haben einen Zugang zu der

Art von Hilfsmitteln, die sie meinen zu brauchen. Saturn im zweiten Haus kann sich als ein Drang darstellen, mehr Geld verdienen zu wollen. Doch in der Tendenz werden die Dinge verlangsamt. Saturn ist langsam. Jupiter ist in der Tendenz eher schnell und leicht und beträchtlich erfreulicher als Saturn. Es kommt jedoch auch vor, daß Leute, während Saturn im zweiten Haus stand, eine große Summe Geld gemacht haben, Erben geworden sind oder einen Wettkampf gewonnen haben. Das kann passieren, ich habe es auch schon erlebt, aber sehr selten.

FRAGE: Bei Jupiter oder Saturn im zweiten?

ANTWORT: Eigentlich bei beiden, doch habe ich mich gerade auf Saturn bezogen. Es ist jedoch wahrscheinlicher, daß jemand leicht zu Geld kommt, wenn Jupiter im zweiten Haus steht. Doch Saturn schließt das nicht aus, denn er kristallisiert und konsolidiert die Dinge und bringt sie auf die irdische Ebene. Oftmals wird also deine finanzielle Situation konsolidiert, wenn Saturn durch dein zweites Feld geht; sie wird fester und klarer. Dein Weg, Geld zu verdienen, wird bestimmter. Etwas, das ich immer wieder festgestellt habe, doch nie in einem Buch gefunden habe... – die ganzen Bücher behaupten, daß Saturn im zweiten Haus alle Arten von Ängsten verursacht, die mit Geld zu tun haben, sogar schreckliche Armut oder Konkurs. Angst wird oft empfunden, besonders, wenn sich Saturn dem zweiten Haus nähert oder gerade eingetreten ist; doch es bedeutet auf keinen Fall Armut oder eine finanzielle Katastrophe, sondern du empfindest einen Druck, dir darüber klarzuwerden, wie du in dieser materiellen Welt gedenkst mit deinem Körper umzugehen oder zu klären, wie du zu Geld kommen willst, um Essen und Unterkunft und all diese Dinge bezahlen zu können. Ich habe oft gesehen, daß viele Menschen als allererstes ihren Job wechseln. Einer der Gründe für einen solchen Wechsel war, daß ihnen der neue Job eine größere finanzielle Sicherheit vermitteln konnte. In vielen anderen Fällen konnte ich feststellen, daß Menschen (wenn Saturn in ihr zweites Haus kommt) mit einer Ausbildung beginnen, von der sie sich eine Fähigkeit versprechen, mit der sie später mehr Geld verdienen können. Wenn also das Geld nicht nur so hereinströmt, wenn Saturn im zweiten Haus ist, dann heißt das nicht, daß dies nicht noch eintreten wird. Man kann dafür keine Regel aufstellen. Astrologie zeigt mehr die inneren Motivationen als deren äußere Manifestationen. Das Innere wird genauer gezeigt als das Äußere. Auch wenn jemand bei Saturn im zweiten Haus zur Schule geht, könnte Saturn die Motivation für diese Schulung aufdecken, nämlich etwas zu lernen und für etwas zu arbeiten, das demjenigen später helfen kann, mehr Geld zu verdienen, um damit eine größere Sicherheit in dieser materiellen Welt zu erlangen. Ein Astrologe mit starren Ansichten würde glatt sagen: »Du solltest jetzt nicht zur Schule gehen, denn zur Zeit steht nichts in deinem dritten oder neunten Haus.«

Auch wenn Saturn in einem Aspekt zur Radix-Venus steht, sei es in Konjunktion, Quadrat, Semisextil, Quincunx, Opposition oder auch gelegentlich bei einem Trigon, kommt es zu ähnlichen Erfahrungen, wie wir sie beim zweiten Haus besprochen haben. Diese Erfahrungen sind von der Tendenz her kürzer, als wenn Saturn oder Jupiter im jeweiligen Haus stehen. Dabei solltet ihr euch jedoch daran erinnern, daß die Dinge, die wir besprochen haben, sich auf das zweite Haus bezogen haben, denn ein Transit über Venus kann sich sowohl auf der Seite des zweiten Hauses als auch auf der Seite des siebenten Hauses (oder bei beiden) manifestieren. Manchmal wird sich ein Transit über Venus völlig auf enge Beziehungen, die Ehe und andere Angelegenheiten des siebenten Hauses beziehen, ohne Bezug zu praktischen Dingen zu haben, zum zweiten Haus also.

FRAGE: Bei mir steht Saturn im Moment im zweiten Haus in Konjunktion mit meinem Mond, und alles wird anders; meine Beschäftigung wandelt sich eher in Richtung Kunst als zu einem intellektuellen Streben; mit den Dingen, die ich besitze, habe ich die letzten fünf oder sechs Monate nichts anderes gemacht, als sie genommen und weggegeben.

ANTWORT: Restrukturierung ist ein anderes Schlüsselwort für Saturn. Wahrscheinlich wirst du auch klären, was du brauchst und was dir wirklich wertvoll ist. Bei jedem ist es individuell ganz verschieden.

Alles ist dermaßen individuell. Das Beste, was du im allgemeinen durch eine konzeptionelle Behandlung mit Astrologie erreichen kannst, ist die systematische Darstellung einiger grundlegender Prinzipien, in der Hoffnung, daß es dir gelingt, dadurch etwas in die essentiellen Dinge einzudringen. Bei jedem Menschen ist es anders.

Transite von Jupiter und Saturn durch das dritte Haus

Beim dritten Haus, und das trifft auch auf Aspekte von Jupiter und Saturn mit Merkur zu, gibt es immer eine Entwicklung, die mit der Art zusammenhängt, wie du deine Ideen zum Ausdruck bringst, deine Art zu denken und sogar in der Art, wie du Dinge wahrnimmst. Bei einem Transit von Jupiter über deinen Merkur und beim Durchgang durch das dritte Haus gibt es eine Tendenz, die dich optimistisch stimmt und zu einem positiven Denken drängt. Bei einem Transit von Saturn durch dein drittes Haus oder einem Transit über Merkur kommt es mehr zu ernsthaftem und manchmal zu pessimistischem Denken oder sogar zu Depressionen, Angstzuständen und Sorge. Um es noch einmal zu sagen, es hängt alles von der individuellen Persönlichkeit ab, von ihrer Natur, ihrer Offenheit, ihren Gewohnheiten und Verständnisebenen. Man kann beispielsweise die transitierenden Planeten als kosmische Wesen begreifen, die dir Botschaften überbringen, denen du bei einem Transit über einen Planeten deines Geburtsbildes sehr nahe bist. Es ist, als ob du Botschaften von ihnen bekommen könntest oder als ob sie zu dir sprechen würden, oder ihre Schwingungen aus deinem Unbewußtsein herausdringen könnten. Es ist schwer, dies in Worte zu fassen, doch einige wissen vielleicht, was ich meine.

Das beste Beispiel für einen Transit von Saturn habe ich erfahren, als ich noch überhaupt nichts von Transiten wußte. Ich hatte damals gerade das College abgeschlossen und arbeitete in der College-Bibliothek. Der laufende Saturn stand in genauer Opposition zu meinem Merkur, und ich erlebte eine erstaunliche Reorganisation und Restrukturierung meines Denkens. Die ganze Art, wie ich bis dahin gedacht hatte, wurde zu einem mehr praktischen Denken umstrukturiert. Saturn übt auch Druck auf dich aus, realistischer zu werden. Es war, als ob ich von einem ›Saturnwesen‹ einige wichtige Informationen erhalten hätte, wie ich in Zukunft denken und die Dinge sehen soll. Seiten über Seiten füllte ich in dieser Zeit, die etwa zwei Wochen dauerte, mit Notizen über die Dinge, die Saturn mir vermittelte.

Es war wirklich interessant. Die meisten Menschen, mit denen du über solche Dinge – wie Nachrichten und Botschaften von einem Planeten – sprichst, werden dich entweder für einen ›Ufo-Freak‹ oder für völlig verrückt halten. Dennoch ist es eine nützliche Metapher und auf die eine oder andere Art genauso wahr, wie jede andere Möglichkeit, deine Erfahrungen über einen Transit oder die Möglichkeiten, die bei einem Transit bestehen, zu beschreiben.

Deine innere Stimme sagt dir vielleicht, wenn du beispielsweise Jupiter momentan im ersten Haus hast: »Du kannst das machen, du kannst es tun, hab Vertrauen – mach weiter und probier es aus.« Bei einem Transit von Saturn kann die Botschaft sein: »Es ist besser, wenn du das gründlich überprüfst, achte auf dich selbst, erkenne deine Grenzen, beeile dich nicht, sei praktisch.« Bei Transiten von Uranus bekommst du die konstante Botschaft: »Verdammt – weg mit all den Einschränkungen!« Gott weiß, was Neptun sagt. Neptun spricht auch nicht in irgendeiner Sprache, sondern höchstens in Form eines Gedichts oder in Liedform. Neptun geht in die Nuancen. Pluto sagt einfach: »Ich habe keine Lust mehr! Alles ist vorbei.« Er bevorzugt drastische Ausdrucksformen.

Transite von Jupiter und Saturn durch das dritte Haus oder im Aspekt zu Merkur werden normalerweise nicht als eine besonders kritische Zeit erfahren, doch sie kann später als eine Zeit des Lernens begriffen werden, wo du froh bist, daß du hindurchgegangen bist. Dies trifft besonders auf Saturn zu. Beim Transit von Saturn durch das dritte Haus oder einem Aspekt zu Merkur kannst du wirklich dein Verständnis von den Dingen vertiefen, sicherer werden in dem, was du denkst, und erkennen, welchen Wert bestimmte Meinungen, Ideen, Konzepte und Tatsachen für dich haben. Die Tendenz bei solchen Transiten von Saturn ist, diese Konzepte und Ideen zu prüfen, um dadurch festzustellen, ob sie auch für dich irgendwie praktisch nutzbar sind. Hat jemand zur Zeit Jupiter oder Saturn in seinem dritten Haus?

ZUHÖRER: Bei mir steht Jupiter im dritten Haus, genau auf meiner Konjunktion mit Mars.

ANTWORT: Du bist geboren mit einer Konjunktion von Mars und Jupiter im dritten Haus? Und der transitierende Jupiter steht jetzt in Konjunktion mit den beiden? (Ja.) Der ganze Prozeß, der durch den Transit von Jupiter aufgezeigt wird, begann vor ein paar Monaten und wird noch eine Weile dauern. Was hast du gemacht?

ZUHÖRER: Im Januar habe ich ein MBA-Programm am College angefangen.

Natürlich werden wir auch über die Rückkehr von Jupiter zu seiner Radix-Stellung sprechen. Etwa alle zwölf Jahre kehrt Jupiter zu der Stelle zurück, an der er bei deiner Geburt stand.

Demnächst müßtest du also etwa 24 sein. Diese Zeit ist für viele Menschen üblicherweise eine Zeit, in der sie ihre weiterbildenden Aktivitäten ausweiten, besonders beim zweiten Umlauf in den frühen Zwanzigern. Doch auch beim Beginn des zweiten Umlaufs findet etwa im Alter von zwölf Jahren sicherlich ein Wechsel der Interessengebiete beim jungen Menschen statt. Zudem nimmst du Unterricht in Astrologie. Das gehört sicher auch dazu. Hier haben wir die Auswirkungen einer Rückkehr von Jupiter im Zusammenhang mit seinem Transit durch das dritte Haus. Alles in allem eine starke Betonung auf Lernen und Erweiterung deiner Fähigkeiten und Interessen.

Rückkehr von Jupiter, Saturn und Mars zu ihren Radix-Stellungen

FRAGE: Sprechen wir jetzt von der Rückkehr?

ANTWORT: Da das Gespräch jetzt sowieso darauf gekommen ist, werde ich auf drei Beispiele eingehen. Jupiter kehrt alle zwölf Jahre zu seiner Radix-Stellung zurück. Diese Zeiten werden von beinahe allen Menschen als äußerst positiv empfunden – neue Pläne, neue Möglichkeiten, neue Sehnsüchte, eine ganze Menge Optimismus und klare Erkenntnisse über zukünftige Gelegenheiten beginnen Form anzunehmen.

Häufig kommt es auch zu schnellen Veränderungen, doch gewöhnlich besteht bei der Rückkehr von Jupiter, ganz egal, welche Aspekte sonst noch vorhanden sind, die Tendenz zu einer allgemeinen ›Fortschritts-Stimmung‹. Ob dies nun ein besserer Job ist, eine Graduierten-Förderung oder etwas anderes, das man als Fortschritt und Verbesserung bezeichnen könnte.

Über die Rückkehr von Saturn zu seiner Geburtsstellung könnte man Bücher schreiben, die es auch tatsächlich gibt und worin es nur um den Zyklus von Saturn und seine Rückkehr geht. Auf die eine Art ist dies etwas übertrieben (die anderen Transite völlig zu vernachlässigen), doch Saturn ist wichtig, denn deine Kindheit dauert bis zur ersten Rückkehr von Saturn (im Alter von etwa 29 bis 30 Jahren) immer noch an. Viele Menschen entwickeln, bis zu dieser ersten Rückkehr von Saturn, kein richtig klares Gespür dafür, was sie wirklich wollen. Vor dieser ersten Rückkehr besteht dein Leben aus zufälligen Versuchen in die verschiedensten Richtungen, wobei jedoch viele nichts anderes als fehlgeleitete Experimente darstellen. Die Rückkehr von Saturn bezeichnet oft den Punkt, an dem deine Bestimmung Form annimmt. Saturn ist eine Art Planet des Schicksals. Deshalb geschehen auch so viele offensichtlich schicksalhafte Dinge bei einem Transit oder Aspekt des transitierenden Saturn. Nicht nur die Rückkehr von Saturn ist dabei von Bedeutung, sondern auch alle Aspekte, die Saturn zu den äußeren Planeten bildet. Oftmals entwickelt sich in diesen Zeiten ein sicheres Gespür, wohin deine Bestimmung dich führt. Manchmal wirst du einfach hineingezwungen, auch wenn du dich wehrst. Zu anderen Zeiten kann auch Saturn als enorme Befreiung erfahren werden, auch wenn so viele Leute behaupten, daß Saturn Einschränkung bedeutet. Denn plötzlich erkennst du, was deine Aufgabe ist, während du dir darüber zuvor nie ganz sicher warst. Oberflächlich betrachtet, kann es den Anschein gehabt haben, daß du frei warst, doch kannst du auf deiner inneren Erfahrungsebene ziemlich frustriert gewesen sein...

Nach der Rückkehr von Saturn kann es so aussehen, als ob es dir an äußerer Freiheit mangele, doch innerlich bist du vielleicht wesentlich freier als zuvor. Es wird zu einer weiteren großen Veränderung in deinem Empfinden von Freiheit und Verantwortlichkeit im Alter von etwa 58 bis 60 Jahren kommen, wenn der zweite Zyklus von Saturn beendet ist.

Gelegentlich ist auch die Rückkehr von Mars an seine Geburtsstellung von Bedeutung. Dies geschieht etwa alle zwei Jahre und wird oftmals als eine Erneuerung von Energie oder als neue Pläne erfahren, doch gewöhnlich sind es nur neue Pläne, die mit dem zusammenhängen, was du bereits machst.

Nur ganz selten weist die Rückkehr, für sich alleine genommen, auf wichtige neue Schritte hin. Falls du ein Geschäft betreibst, kann es beispielsweise bei einer solchen Rückkehr dazu kommen, daß du ein anderes Produkt deiner Firma auf den Markt bringst oder mit einem neuen Reklame-Gag aufwartest. Falls jedoch diese Rückkehr von Mars mit einigen anderen wichtigen Dingen (wie Transitaspekte von Saturn, Uranus oder Jupiter) zusammen erscheint, dann wirst du dich im gesamten dynamischer verhalten oder etwas wirklich Neues beginnen.

Auch die Opposition des transitierenden Mars zum Radix-Mars, die ebenfalls alle zwei Jahre passiert, sollte beobachtet werden, da sie oftmals eine Zeit der Blockierung oder Frustration mit sich bringt. Es dauert kaum mehr als einige Tage, doch einige Menschen fühlen sich dann wirklich sehr unter Druck.

Man sollte sich das so vorstellen, daß der eine Mars hier ist und der andere genau gegenüber, so daß der Betreffende seine Energien scheinbar nicht mobilisieren kann. Es mag Menschen geben, die das nicht so erfahren, doch habe ich das wiederholt beobachten können sowohl bei mir selbst als auch bei anderen. Es ist eigentlich keine große Sache, außer wenn du versuchst, an diesen Tagen ein großes Projekt auf die Beine zu stellen. An den Tagen des exakten Aspekts scheint sich dann alles gegen dich und das Projekt verschworen zu haben. Ich würde nie ein großes Projekt in den Tagen einer Opposition vom laufenden Mars zu meinem Geburts-Mars übernehmen wollen.

FRAGE: Als du von der Rückkehr von Jupiter gesprochen hast, hast du gesagt, daß es so etwas wie einen Schlüssel für die erste, zweite und jede weitere Rückkehr von Jupiter gäbe. Jetzt gibt es etwa fünf solcher Stellungen im Leben eines Menschen; haben sie alle auch untereinander etwas gemeinsam?

ANTWORT: Die dritte Rückkehr ist ziemlich einfach zu charakterisieren. Sie geschieht etwa im Alter von 35, was für viele Menschen, besonders für Frauen, eine fast magische Schwelle zu sein scheint. Viele Frauen scheinen bei dieser Rückkehr regelrecht abzuheben. Für sie ist dieser Zeitpunkt oft wichtiger als die zweite Rückkehr von Jupiter im Alter von etwa 24 Jahren. Dies ist besonders dann der Fall, wenn sie damals Kinder und elterliche Verpflichtungen hatten. Für persönliche Ambitionen, weiteres Lernen und all das bezeichnet die dritte Rückkehr von Jupiter oft eine sehr wichtige Zeit. Für jeden bedeutet die Rückkehr von Jupiter neue Möglichkeiten. Man stellt sich zu dieser Zeit darauf ein, daß es tatsächlich neue Gelegenheiten gibt, neue und verheißungsvolle Dinge zu tun, Dinge, an die du möglicherweise nie zuvor gedacht hast. Ich weiß nicht genau, wie ich die vierte, fünfte oder sechste Rückkehr genau charakterisieren soll. Ich habe zwar schon viele Menschen erlebt, die das gerade erfahren hatten, doch im allgemeinen beschreibe ich meinen Klienten die Rückkehr auf eine allgemeine Art, so daß sie sich damit identifizieren können.

Eine andere Rückkehr, die ich erwähnen will, ist die von Uranus, auch wenn viele Menschen nicht lange genug leben, um sie zu erfahren. Sie geschieht etwa im Alter von 84 Jahren. Ich weiß nicht, was sie genau bedeutet. Ich denke mir, daß du, wenn du so lange gelebt hast, nachdem du möglicherweise allen sozialen Einschränkungen entwachsen bist, ein neues Empfinden für Freiheit entwickelst oder sehr rebellisch wirst. Was bei der Rückkehr von Uranus geschehen wird, ist noch weniger vorherzusagen als bei allen anderen Transiten; es ist eine völlig individuelle Angelegenheit.

FRAGE: Es kann sein, daß es nicht mit dem zusammenhängt, worüber wir gerade sprechen, doch in Florida lebt ein alter

Mann, der im Alter von 110 angefangen hat, lesen zu lernen, er war Farmer gewesen und wollte die Bibel lesen.

ANTWORT: Ja, das hat damit überhaupt nichts zu tun. Die Idee zu seinem Entschluß könnte bei der erneuten Rückkehr von Jupiter (etwa im Alter von 108) geboren worden sein. Bei einer Rückkehr von Jupiter bekommen Menschen nicht nur einen starken Drang zu lernen und sich selbst zu verbessern, sondern erfahren häufig einen neuen religiösen Glauben.

FRAGE: Was geschieht bei der zweiten Rückkehr von Saturn?

ANTWORT: Das hängt hauptsächlich davon ab, was du bei der ersten gelernt hast, und wie effektiv du dein Lernen auch in die Praxis umgesetzt hast. Manchmal ist sie begleitet von enormen Gefühlen der Frustration, wenn du herausfindest, daß du nicht im Einklang mit deiner wahren Natur, bzw. deinem Potential gelebt hast.

ZUHÖRER: Viele Menschen begehen zu dieser Zeit Selbstmord.

ANTWORT: Die Folgerung aus dem, was ich gerade sagte. Es hängt davon ab, wie sehr du das Gefühl hast, ein erfülltes Leben gelebt zu haben und das getan hast, was für dich bedeutungsvoll war.

Die meisten meiner bisherigen Klienten waren im Alter der ersten Rückkehr von Saturn (plus/minus wenige Jahre) oder sie kamen zu der Zeit, als Saturn in Opposition zu ihrer Geburtsstellung stand. Ich glaube, ich hatte nur ein paar Dutzend Klienten im Alter der zweiten Rückkehr von Saturn. Üblicherweise ist das Leben dieser Menschen dann ziemlich organisiert. Derjenige ist im allgemeinen von seiner Ehe oder dem Lebensstil festgelegt oder hat sich ihm ergeben, auch wenn es Ausnahmen gibt. Es kommt ab und zu vor, daß sich jemand zu dieser Zeit von seinem Lebensgefährten trennen will, doch in den meisten Fällen denken die

Menschen an die Planung ihrer zukünftigen Sicherheit, ihren Rückzug usw. Eine Dame, die ich letzten Monat gesehen habe – Saturn stand gerade zum zweiten Mal an ihrer Geburtsstellung –, hatte wichtige Entscheidungen vor sich. Die Rückkehr von Saturn ist beinahe immer eine Zeit der Entscheidung. Grant Lewi weist darauf hin, daß es eine Zeit ist, wo du enorm frei sein kannst. Es ist eine der wenigen Zeiten, in denen du wirklich wählen kannst. »Ja, ich werde mit Soundso verheiratet bleiben. Ja, ich werde diese Karriere weitermachen oder etwas völlig Neues beginnen!« Diese Dame mußte zusammen mit ihrem Ehemann, dessen Saturn ebenfalls zum zweiten Male an seine Geburtsstellung zurückkam, entscheiden, ob sie ihr Geschäft verkaufen sollten und etwas anderes mit dem Rest ihres Lebens beginnen sollten oder ob sie es als eine Art Sicherheit behalten sollten. Das würde jedoch auch bedeuten, daß sie weiterhin jeden Tag arbeiten müßten. Sie arbeitet jeden Tag ziemlich lange im Geschäft, er nicht. Er spielt die meiste Zeit Golf und ist deshalb mehr geneigt, das Geschäft zu behalten. Er führt die Bücher, denn er ist Rechnungsprüfer. Sie macht jedoch die ganze körperliche Arbeit, obwohl sie schon sechzig ist. Sie haben noch nicht entschieden, was sie nun machen werden. So ist es sehr häufig: eine praktische Entscheidung über die Art deiner Lebensführung und über Sicherheiten steht an. Für die meisten Menschen ist dies wesentlich, doch können kontemplativere, mehr innerlich orientierte Menschen auch die Erfahrung einer neuen Art der Wahrnehmung, einer inneren Aufgabe zu dieser Zeit erfahren.

Ich kenne einen Mann, dessen zweite Saturn-Rückkehr sich nähert. Der genaue Transit wird erst in zwei Jahren stattfinden. Bei ihm stehen Jupiter und Saturn in Konjunktion im achten Haus in Jungfrau mit Mars an der Spitze des achten Hauses, Ende Löwe. Der transitierende Saturn steht in Konjunktion mit seinem Geburts-Mars und nähert sich der Konjunktion von Jupiter und Saturn in seinem Geburtsbild. Er hat jetzt sein Geschäft verkauft, in das bisher seine ganzen Energien geflossen sind. Er hat seit dem ersten Transit von Saturn über Saturn seine ganze Energie darauf verwandt. Im Alter von 29 hat er der Firma gekündigt, bei der er bis dahin gearbeitet hatte, und eröffnete sein eigenes Geschäft. Er hat daran gearbeitet und gearbeitet und gearbeitet... Es wurde ein großer Erfolg, und nun bei der zweiten Rückkehr von Saturn verkauft er es zu einem enormen Preis, Millionen von Dollars. Er hat keine beruflichen Verpflichtungen mehr und hat deshalb für den Rest seines Lebens Zeit, fischen und jagen zu gehen. Für ihn ist es eine große Erleichterung, und eine große Last ist von seinen Schultern genommen.

Ich sollte noch etwas anderes über den Zyklus von Uranus erwähnen. Auch wenn viele Menschen die Rückkehr von Uranus zu seiner Geburtsstellung nicht erleben, so betreffen die meisten Menschen doch andere Teile seines Zyklus. Wenn ihr daran denkt, daß der Uranus-Zyklus 84 Jahre dauert, dann steht Uranus im Quadrat zu seiner Radix-Stellung, wenn du etwa 21 Jahre alt bist. Es kann auch schon im Alter von nur 19 Jahren zu einem exakten Quadratsaspekt kommen. In den Jahren zwischen 19 und 21 beginnt häufig dieser rebellische Trip: »Ich muß von Mutti und Vati loskommen und mein eigenes Leben führen.« Dann kommt es im Alter von etwa 42 zur Oppositionsstellung, die oft schon im Alter von 38 wahrgenommen werden kann. Üblicherweise finden in diesen Jahren radikale Wechsel und ein weiterer Bruch mit der Vergangenheit statt, aber auch neue und erregende Aktivitäten. Und wieder kommt es in den späten Fünfzigern oder Anfang der Sechziger zu einem Quadrat von Uranus zu seiner Radix-Stellung. Üblicherweise beginnt dann mit 60 oder 65 der Rückzug, wo oftmals eine Menge an Kreativität und Originalität (aber auch Exzentrik) aktiver und positiver ausgedrückt werden kann, als dies vorher möglich war. Es kann und sollte auch eine Zeit ausgesprochen persönlicher Freiheit, sozialen Bewußtseins und wiederbelebter kreativer Interessen sein.

Transite von Jupiter und Saturn durch das vierte Haus

Der Durchgang von Jupiter und Saturn durch das vierte Haus ist auf der einen Ebene ein sehr üblicher Hinweis (auch einer der beiden Planeten kann ein Hinweis sein) auf Bewegung oder Verbesserung deines Landbesitzes oder Heims oder auch die Beschäftigung mit deinen ›Wurzeln‹. Besonders Jupiter im vierten Haus gibt dir den Drang, dein Heim komfortabler zu gestalten. Diejenigen haben das Bedürfnis nach mehr Platz und vergrößern oder verbessern deshalb ihr Zuhause oder ihre häusliche Umgebung. Das kann auch bedeuten, daß sie in ein geräumigeres Haus umziehen. Manchmal manifestiert es sich auch als ein Anbau an ihr momentanes Haus. Sie bauen ein anderes Schlafzimmer an oder bauen den Keller zu einem Erholungsraum um, all solche Dinge. Ich habe darüber erst neulich in einer Klasse gesprochen, und einige Leute meldeten sich: »Wir haben gerade angebaut, und Jupiter ist in meinem vierten.« Doch auch mit Saturn im vierten Haus kommt es oft zu einer Verbesserung deines Besitzes, doch nicht in erster Linie, weil du das Bedürfnis nach mehr Raum hast, sondern weil du dein Heim solider gestalten willst. Du steckst dann oft viel Mühe, Energie oder Geld in dein Haus oder deinen Hof, um das Gefühl zu bekommen, daß es fester und dauerhafter ist als vorher. Auf jeden Fall liegt die Betonung bei einem Transit von Jupiter oder Saturn durch das vierte Haus mehr auf dem privaten und manchmal inneren Leben.

Als Saturn in mein viertes Haus kam, begann ich, Backsteinmauern zu errichten, richtig aus Backstein, Mörtel, Steinen und Zement. Ich habe das nie zu Ende gemacht, denn ich habe keinen einzigen Planeten im vierten Haus. Es war keine fortdauernde Energie da, um das fertig zu machen. Ich habe nur das Fundament (Saturn) gelegt und zwei Reihen von Steinen gemauert. Letztendlich habe ich dann jemanden angestellt, der alles fertig gemacht hat, ohne zu wissen, was eigentlich zu tun war. Es ist die lustigste Steinmauer, die ihr jemals gesehen habt. Sie sieht aus wie eine Mörtelmauer mit einigen Backsteinen darin.

Beim Durchgang von Jupiter durch das vierte Feld ist es üblich, daß die Betreffenden umziehen oder beginnen über einen Umzug in weiter Zukunft nachzudenken. Ich kenne keinen Fall, bei dem diejenigen, die wirklich umgezogen sind, ihr neues Heim oder die Umgebung nicht gemocht hätten. Sie haben sich dort wohl gefühlt, obwohl ihnen vielleicht weniger Quadratmeter an Wohnfläche zur Verfügung standen als vorher. Doch die ganze Umgebung war für sie so viel angenehmer, daß sie ihren Umzug nie bereuten.

FRAGE: Weil es vielleicht luftiger oder auf dem Land war?

ANTWORT: Das hängt vom persönlichen Geschmack ab.

Manche würden vielleicht gern nach New York City umziehen. Ich kenne beispielsweise einen Typen, der in Santa Ana in Südkalifornien lebt, wo schrecklicher Smog ist. Er hatte ein ziemlich nettes Apartment, das – gemessen an der Miete – recht groß war. Als Jupiter in sein viertes Feld kam, zog er nach Laguna Beach in ein winziges Apartment um, das nur halb so groß war wie sein bisheriges. Zudem mußte er mehr Miete bezahlen, da die Mieten dort sehr hoch sind. Er fühlte sich jedoch in seinem neuen Heim sehr viel wohler, denn er ist ein Fische-Typ, der den Ozean liebt. Zudem war die Luft dort besser. Auf jeden Fall können Transite von Jupiter und Saturn sehr ähnliche Dinge anzeigen, jedoch besteht ein feiner Unterschied. Der größte Unterschied liegt in der Motivation. Was motiviert dich zu deinem Verhalten? Bei Saturn im vierten Haus verbesserst du vielleicht dein Haus, weil du das Bedürfnis hast, daß es solider wird. Du willst, daß es sicherer wird, du willst in dein Haus investieren, weil es eine gute Geldanlage ist. Bei Jupiter-Transiten hat die Motivation eher den Charakter von Freude oder Genuß. Auf einer tieferen Ebene können diese Transite durch das vierte Haus oder ein Aspekt von Jupiter oder Saturn zu deinem Mond eine Beziehung haben, zu Veränderungen oder Neueinschätzungen deines Selbstbildes oder zu einer Veränderung deines innerlichen Vertrauens.

FRAGE: Das trifft auch alles auf individuelle Geburtsbilder zu. Mein Mann hat in seinem Geburtsbild Saturn im vierten Haus, und ich habe Jupiter in meinem vierten. In den letzten zwanzig Jahren sind wir bestimmt 17- oder 18mal umgezogen. Er selbst ist sicher etwa 48mal umgezogen. Das wirkt sich wirklich so aus.

ANTWORT: Die grundlegenden Prinzipien funktionieren sicher auch im Geburtsbild, doch ist das im Moment nicht unser Thema. Tatsächlich ist es sogar noch schwieriger darüber zu sprechen, denn die Manifestationen der Plazierungen von Planeten im Geburtsbild sind sogar noch vielfältiger als bei den Transiten. Doch selbst bei den Transiten sind wir weit davon entfernt, alle Manifestationen besprochen zu haben.

Transite von Jupiter und Saturn durch das fünfte Haus

Transite durch das fünfte Haus und Aspekte der transitierenden Planeten Jupiter und Saturn zur Sonne betreffen deine kreative Energie und die ganze Art, wie du deine Energie kreativ zum Ausdruck bringst.

Saturn hat die Tendenz zur Schwere. Tatsächlich wird ein Transit von Saturn durchs fünfte Haus oder ein Aspekt zur Sonne zu den härteren Transiten gerechnet, ist jedoch oftmals einer der lohnendsten.

Ich würde sagen, daß Saturn im fünften Haus eine Zeit ist, die die Menschen als fast genauso schwer und gewichtig erfahren wie Saturn im ersten Haus, denn das fünfte Haus ist das Haus der Sonne, das Haus der Lebenskraft. Saturn im ersten oder fünften Haus wird oft als eine schwere Zeit empfunden, eine Zeit geringer eigener physischer Energie und als nicht sehr optimistisch. Jedoch solltest du damit vorsichtig sein. Die Zeit des Saturn-Eintritts ins fünfte Haus wird oftmals als sehr viel schwieriger und schwerer empfunden, als wenn Saturn sich dem Ende dieses Hauses nähert. Mit Saturn an der Häuserspitze wirst du oftmals realisieren, wie es um deine Kreativität, deine schöpferischen Fähigkeiten und auch um dein Liebesleben wirklich steht. Du erkennst, welche Fähigkeit du hast, Liebe und Energie zu geben, und siehst realistischer, wieviel du erhältst. Wenn du dich dann wirklich ungeliebt, nicht willkommen oder geschätzt fühlst, ist das auch eine wichtige Botschaft!

Wenn Saturn mehr am Ende des fünften Hauses steht, kannst du dann etwas damit anfangen... hoffentlich. Zumindest kannst du dich anpassen und das akzeptieren, was wirklich ist.

Es ist zu hoffen, daß du Schritte und Mühe aufwenden kannst, deine Zuneigung und Kreativität sehr viel bestimmter auszudrücken. Die Zeit von Saturn im fünften oder ein Transit-Aspekt mit der Sonne ist eine Zeit, die Art zu strukturieren, zu disziplinieren und zu verfeinern, wie du deine schöpferische Energie zum Ausdruck bringst. Schöpferische Energie sehe ich hier so breit wie möglich; ob du deine Kreativität und Vitalität nun in einer Liebesbeziehung oder in irgendeiner Arbeit oder mit Kindern oder durch alle drei zum Ausdruck bringst... Am Anfang wird Saturn im fünften Haus zumeist als sehr frustrierend erfahren, doch wird es um so leichter, je mehr man sich daran gewöhnt und die Lektionen dieser Zeitspanne lernt.

Dies trifft auch auf Transit-Aspekte zur Sonne zu. Manchmal sind diese Aspekte für Männer und Frauen unterschiedlich. Transit-Aspekte zum Mond sind für Frauen oft sehr große Entscheidungen, wichtige Erfahrungen usw.

FRAGE: Kannst du mehr über die Transit-Aspekte zum Geburts-Mond sagen?

ANTWORT: Zum ersten gehören all die Dinge mit dazu, die ich zum vierten Haus gesagt habe. Es könnte zu Umzügen, Entscheidungen über das Zuhause und die Umgebung usw. kommen. Für die meisten Menschen ist es eine Zeit, in der sie auf sich selbst zurückgeworfen sind. Sie werden realistischer oder haben zumindest die Gelegenheit, realistischer zu erkennen, wie sie sind. Mond symbolisiert u. a. deine Gefühle zu dir selbst und wie wohl du dich mit dir selbst fühlst. Ein Transit von Saturn über Mond oder in einem Aspekt zu Mond wird von vielen Menschen als Zeit schwerer Erfahrungen erlebt. Depressionen sind sehr häufig. Ich glaube, daß das auch daher kommt, daß der Mond ein passiver Planet ist. Der Mond repräsentiert einen unbewußten oder nur halbbewußten Teil deines Selbst und wie du dich fühlst. Dieser Teil ist nicht richtig greifbar.

Oftmals treffen Menschen wichtige Entscheidungen zu dieser Zeit. Sie werden auf sich selbst zurückgeworfen und entweder durch etwas Äußeres oder etwas Inneres dazu gedrängt zu überprüfen, was sie machen. Ich erzähle euch schnell zwei Beispiele.

Ein junger Mann hatte sich bei einem Transit von Saturn über seinen Mond bei 10 medizinischen Schulen beworben, und alle haben ihn abgelehnt. Die letzte Ablehnung traf mit dem exakten Transit zusammen. Er hatte drei oder vier Tage lang ziemliche Depressionen und war sehr mürrisch. Zu dieser Zeit mußte er erneut überprüfen, ob er wirklich berufen ist, Arzt zu werden, und ob er immer noch einer werden will. Er mußte sich mit der Tatsache auseinandersetzen, daß er, wenn er wirklich Arzt werden will, im Ausland studieren muß, da seine Zeugnisse für ein Studium innerhalb der USA nicht gut genug waren.

Das hat er dann auch getan und hat sein Medizinstudium heute in Frankreich fast abgeschlossen. Doch er mußte sich damit erst einmal auseinandersetzen. Eine der besten Aussagen über das Wesen von Transiten ist: »Lernen, die Dinge in Worte zu fassen.«

Ein anderer Mann, bei dem Saturn über seinen Mond im sechsten Haus transitierte, wurde aus einem Haus geworfen. Er bemühte sich verzweifelt um Arbeit, die er nicht bekam. Und dann traf er folgende Entscheidung: »Meine einzige Hoffnung ist, daß mich meine reiche Freundin heiratet.« Er fragte also die Frau, mit der er zusammenlebte, ob sie ihn heiraten wolle. Da sie ein hart arbeitender Steinbock-Typ war, erhoffte er sich zumindest etwas Unterstützung von ihr. Doch auch sie schmiß ihn raus. Einige Wochen lang war er recht deprimiert. Er wurde immer wieder mit all den Dingen konfrontiert, vor denen er weglaufen wollte. Er war schließlich gezwungen, sich endlich der Tatsache zu stellen, daß er eines Tages vielleicht wirklich anfangen muß, seinen Lebensunterhalt selbst zu verdienen. Er mußte der Situation mit der Frau realistisch ins Auge blicken (Mond) und sich mit seinen wirklichen Gefühlen und Bedürfnissen auseinandersetzen.

Jupiter im fünften Haus unterscheidet sich von Saturn im fünften. Jupiter im fünften schenkt dir kreative Energie im Überfluß. Tatsächlich ist erst in den letzten Tagen bei mir eine Frau im Büro erschienen und sagte: »Jupiter ist in meinem fünften Haus, und ich weiß nicht wohin mit all meiner Kreativität!« Sie stellt irgendwelche Kunstgegenstände her. Viele kreative Menschen verstärken bei Jupiter im fünften Haus ihre Anstrengungen. Sie eröffnen sich neue Wege. Als ich zwanzig war, stand Jupiter in meinem fünften Haus, und ich machte Filme, schrieb Stücke und Gedichte und begann, mich mit Astrologie zu beschäftigen. Alles gleichzeitig! Zudem hatte ich noch eine große Liebesaffäre. Als Jupiter das nächstemal in meinem fünften Haus stand, nahm er eine ganz andere Form an – bei weitem nicht so ein sorgloser Spaß. Jupiter im fünften ist bekannt für Liebesabenteuer oder Liebeserfahrungen, die du meist als sehr erfreulich empfindest.

Bei Saturn im fünften Haus können Liebesangelegenheiten schwerwiegender sein, oder vielleicht läuft auch gar nichts, obwohl du immer auf der Suche bist. Wenn Saturn in dein fünftes Haus kommt, fühlst du dich vielleicht auch besonders zu Menschen mit saturnalem oder Steinbock-Charakter hingezogen. Wenn Jupiter in dein fünftes Haus kommt, fühlst du dich mehr zu Menschen mit einer jupiterhaften Ausstrahlung hingezogen, zu optimistischen Menschen. Meist beschert Jupiter im fünften Haus eine ziemlich glückliche Zeit. Saturn im fünften Haus weist nicht auf ein völliges Fehlen von Kreativität hin, doch du lebst nicht in diesem Überfluß kreativer Energie, die so typisch ist für Jupiter im ersten oder fünften Haus.

Während Saturn im fünften Feld steht, bietet sich eine gute Gelegenheit, die Art, wie du mit deiner kreativen Arbeit umgehst, zu disziplinieren. Falls du ein Schriftsteller, Maler oder etwas Ähnliches bist, bringt dir Saturn im fünften Haus eine Zeit, um zu lernen, deine Arbeit wirklich zu tun, fast auf eine mechanische Art – täglich eine bestimmte Zeit lang.

Mit Jupiter im fünften kannst du dich mehr auf deine Inspiration verlassen und trotzdem etwas zustande bringen. Bei Saturn im fünften jedoch wirst du nichts vollenden, wenn du deine kreativen Methoden nicht einer Disziplin unterwirfst.

Transite von Jupiter und Saturn durch das sechste Haus

Wenn wir jetzt zum sechsten Haus kommen, so ist es bei Transiten von Jupiter oder Saturn offensichtlich an der Zeit, Veränderungen in bezug auf deine Arbeit, deinen Job, oftmals auch in bezug auf Angewohnheiten, die deine Gesundheit betreffen, wie Eß- und Schlafgewohnheiten, vorzunehmen. Du fragst dich oft selbst: »Zu was bin ich nütze?« Wie ihr euch erinnert, ist das sechste Haus das Haus von Jungfrau und von Zeit zu Zeit etwas selbstkritisch. Wenn Saturn in deinem sechsten Haus steht, bist du dir selbst gegenüber oft zu hart und selbstkritisch. Manchmal treten auch störende chronische Gesundheitsprobleme auf. In der Hauptsache solltest du während dieser Transite von Jupiter und Saturn Energie auf deine Gesundheit und alltäglichen Angewohnheiten verwenden. Speziell Jupiter im sechsten Haus neigt dazu, daß die Betroffenen ihre Arbeitssituation, sei es der Job selbst oder nur die Arbeitsumgebung oder ihre Mitarbeiter verbessern wollen. Bei Saturn im sechsten Haus erleben diejenigen oftmals eine Menge Ärger in diesen Bereichen. Dies drängt sie dann dazu, Entscheidungen der Art zu treffen, ob sie diesen Job behalten wollen oder nicht. Hat jemand Jupiter oder Saturn zur Zeit in seinem sechsten Haus?

FRAGE: Ich habe Saturn im sechsten Haus.

ANTWORT: Wie lange ist er schon da?

FRAGE: Seit 24° Krebs.

ANTWORT: Eine ganze Weile also schon... hast du einen Job?

FRAGE: Nein, seit etwa September bin ich arbeitslos und habe dann mit der Schule angefangen.

ANTWORT: Also hast du mit deinem Job aufgehört, während Saturn in deinem sechsten Haus war?

FRAGE: Ja, und die Jobs zwischen Januar und September waren unregelmäßig. Ich habe einen ziemlich erfolgreichen Beruf aufgegeben, als Saturn in mein sechstes Feld kam. Seit Dezember 1975 bin ich dabei, dieses ganze Gebiet für mich neu zu bewerten.

ANTWORT: Beschäftigst du dich mit deiner Gesundheit?

FRAGE: Ich beschäftige mich konzentriert mit Gesundheitsfragen und lese immer mehr Bücher darüber. Ich habe Interesse an vegetarischem Essen und solchen Dingen gefunden.

Transite von Jupiter und Saturn durch das siebente Haus

Transite von Jupiter und Saturn durch das siebente Haus sollten ziemlich offensichtlich sein. Es ist eine Konzentration auf Beziehungen, wie dies auch bei Transiten von Jupiter und Saturn zur Venus der Fall ist. Komischerweise treten in vielen Ehen gerade dann mehr Probleme auf, wenn Jupiter im siebenten Haus ist, als wenn Saturn im siebenten Haus ist.

Der Grund hierfür dürfte in der Tatsache zu suchen sein, daß du bei Jupiter im siebenten Haus den Drang hast, deine Beziehungen zu verbessern und deinen Blickwinkel für Beziehungen zu vergrößern; und wenn du dann mit jemandem zusammen bist, der ›tot‹ ist, oder die Ehe im Grunde genommen tot oder unverbesserbar ist, hast du vielleicht den Drang, deinen Gesichtskreis über die Beziehung hinaus auszudehnen.

Saturn dagegen macht dich sehr realistisch, denn er wird dich im siebenten Haus damit konfrontieren, was deine Ehe wirklich taugt. Du wirst sie sehr ernsthaft betrachten. Viele Beziehungen durchlaufen große Veränderungen und finden oftmals ein Ende, wenn Jupiter oder Saturn im siebenten Haus steht.

Wenn es dann zu einer Scheidung kommt, hast du all die Amtsgänge, Geldgeschichten und die damit verbundenen finanziellen Auseinandersetzungen, wie sie für Jupiter und Saturn im achten Haus beschrieben werden.

Der Planet, der im siebenten Haus war, wird auch mittlerweile ins achte Haus gegangen sein. Manchmal wächst es sich zu einem ziemlichen Durcheinander und einer recht schmutzigen Angelegenheit aus.

Doch unsere Zeit wird allmählich knapp. Ich denke, wir müssen den Rest der Häuser jetzt im Schnellverfahren erledigen, da es schließlich noch andere Themen gibt, auf die ich eingehen will.

Transite von Jupiter und Saturn durch das achte und neunte Haus

Hat jemand zur Zeit Jupiter oder Saturn in seinem achten Haus?

ANTWORT: Jupiter steht zur Zeit in meinem achten Haus.

FRAGE: Du hast deine astrologischen Studien ausgeweitet?

ANTWORT: Ich beschäftige mich nicht nur mit Astrologie, sondern auch mit anderen Arten okkulter Studien und auch mit den meisten anderen Dingen, die dem achten Haus zugeschrieben werden.

FRAGE: Erst seit Jupiter in deinem achten Haus ist oder schon vorher?

ANTWORT: Besonders, seitdem sich Jupiter in meinem achten Haus aufhält.

Es ist schwer, über das achte Haus zu sprechen, da alles, was mit ihm und mit Pluto und Skorpion in Verbindung steht, untergründig und unbewußt ist. Doch gewöhnlich betonen Jupiter und Saturn im achten Haus eine Beschäftigung mit tieferen Dingen, sei es mit dem psychologischen Zustand deines Geistes, deinen Gefühlen oder anderen Arten tiefer »seelischer Sicherheiten«. Oftmals kommt es auch zu einer Betonung von Macht und Sexualität. Saturn im achten Haus bedeutet oftmals eine Periode emotionaler und sexueller Frustration, während Jupiter in diesem Haus eher dazu neigt, sexuelle Interessen und Abenteuer auszuweiten. Es ist nicht immer so, daß du durch Umstände frustriert wirst: im positiven Fall entscheidest du dich, deine Art des Umgangs mit allen Arten von Macht zu disziplinieren und zu verfeinern. Dies trifft besonders auf sexuelle Energie und finanzielle Macht zu.

Wie man erwarten könnte, sind die Transite von Jupiter und Saturn durch das neunte Haus eine Periode der Suche nach Wahrheit, wobei es von grundlegender Bedeutung ist, zu lernen, wer du bist. Es ist eine hervorragende Zeit, um zu lernen, besonders wenn sich dies auf die Ausweitung des philosophischen und religiösen Horizonts bezieht. Da Jupiter durch sein eigenes Haus geht, während er sich im neunten aufhält, ist es so ähnlich wie die Rückkehr von Jupiter zu seiner Radix-Stellung – erneuerter Glaube, neue Studien, oftmals Reisen usw. Mit Saturn im neunten Haus ist die Quelle deines Glaubens oft beschränkt – zumindest für eine Weile. Vielleicht zweifelst du an allem, was du dachtest zu *wissen.* Doch um es noch einmal zu sagen, der Druck Saturns ist nicht vergeblich, sondern er soll, während du durch diese Periode gehst, eine tiefergehende und festere Grundlage deines religiösen Lebens und deiner Inspiration bilden. Dieser Teil deines Lebens wird sich danach dann mehr auf persönliche Erfahrung stützen können als auf Tradition und vergangene Anpassung. Möglicherweise entsteht zu dieser Zeit ein Interesse an irgendwelchen gewaltigen Gedankensystemen oder an Ideen, die deinem Leben eine sinnvolle Richtung oder neuen Inhalt geben können. Es gibt während dieser Zeit bei den Betroffenen auch eine Menge Aktivitäten, die mit der Planung ihrer Karriere zusammenhängen (in Verbindung zu deinen Idealen). Dies ist eine Vorbereitung auf das bevorstehende zehnte Haus.

Transite von Jupiter und Saturn durch das zehnte, elfte und zwölfte Haus

Zusätzlich zu den üblichen Bedeutungen, die mit Jupiter und Saturn in Verbindung gebracht werden, während sie durch das zehnte Haus gehen, könnt ihr euch die Bedeutung dadurch erarbeiten, indem ihr euch daran erinnert, daß das zehnte Haus das Haus von Saturn ist. Dadurch werden alle Arten von Lebensstruktur, Verantwortlichkeit und langfristigen Planungen betont. Diese Transite sind ähnlich wie

Aspekte von Jupiter und Saturn zum Geburts-Saturn. Für Beratungen ist dies ebenfalls eine sehr nützliche Hilfe. Wenn beispielsweise jemand arbeitslos ist und sich wirklich nach einem besseren Job umsieht, achte einmal auf Aspekte von Jupiter und Saturn zum Radix-Saturn, und besonders auf eine Konjunktion oder ob Jupiter gerade im 10., 6. oder 2. Haus steht. Diese Transite helfen dir, die Jobs zu bekommen, die du wirklich willst oder deine Arbeitssituation auf bemerkenswerte Weise zu verbessern.

Das heißt nicht immer sofort eine phantastische Bezahlung. Einige Menschen kündigen beim Transit von Jupiter oder Saturn durch das zehnte Haus ihre ziemlich sichere Stellung mit guter Bezahlung einfach, weil sie mehr Wahlmöglichkeiten in ihrem Leben haben wollen und die Gelegenheit sehen, das zu tun, was sie tun wollen oder zu was sie sich berufen fühlen. Jupiter im zehnten Haus bedeutet also nicht immer Geld, doch du könntest eine Tätigkeit beginnen, mit der du besser klarkommst und die Zukunft hat, da Jupiter ja für seine Zukunftsorientierung bekannt ist.

Die Erklärungen zum elften Haus sind in den meisten Büchern noch armseliger als die zu den anderen Häusern, und ich habe nicht mehr die Zeit, es jetzt besser zu erklären. Das elfte Haus beschäftigt sich – neben anderen Dingen – mit deinem Sinn für eine soziale Verantwortung, damit, wie du in die Gesellschaft hineinpaßt. Das letzte Kapitel meines Buches über die Elemente* beschäftigt sich mit einigen Details über jedes der Häuser. Beim Durchgang von Jupiter oder Saturn durch dein elftes Haus wirst du dich oftmals mehr an Gruppenaktivitäten beteiligen. Du machst das, da du ein besseres Gespür für deine Rolle in der Gesellschaft hast. Du erkennst, was du für andere Menschen tun kannst oder wie du in die Welt als ein Ganzes – nicht von deiner Berufung her, sondern persönlich – hineinpaßt. Ich kenne eine

---

* *Astrologie, Psychologie und die vier Elemente* (Hugendubel, München 1982)

Dame, die, als Saturn in ihr elftes Feld eintrat, sehr schnell die Organisation einer Gruppe von etwa 60 oder 70 ›Singles‹ leitete. Sie begann damit, indem sie die Verantwortung für die Freizeitaktivitäten der Organisation übernahm. Saturn im elften Haus ist für das, was sie tat, fast ein perfektes Symbol; wie ein Wassermann (der Wasserträger) hat sie ihre Energien zu dieser Zeit für andere eingesetzt.

Das zwölfte Haus ist außerordentlich und genau wie Neptun nur sehr schwer in Worte zu fassen. Doch besonders Saturn im zwölften Haus deutet oft auf eine Periode von großer Bedeutung hin. Sowohl Jupiter als auch Saturn haben die Tendenz ›abzuheben‹, wenn sie sich gerade im zwölften Feld aufhalten. Doch ist dieses Abheben in den meisten Fällen nicht so besonders störend, wenn Jupiter im zwölften Haus ist. Bei Saturn entsteht jedoch oftmals das Gefühl, verloren oder richtungslos zu sein. So beschreiben es zumindest viele Menschen, wenn Saturn ihr zwölftes Feld durchläuft: »Ich habe keine Richtung und keine Ahnung, was als nächstes auf mich zukommt.« Die alten Strukturen, die durch Saturn symbolisiert werden, haben – wenn sich Saturn im zwölften Feld befindet – den Hang, sich sehr schnell aufzulösen. Was für dich gewöhnlich von Bedeutung war oder dir Unterstützung und Energie geben konnte, zerfällt in Bruchstücke, und du selbst fühlst dich oft leer, wirklich leer. Du siehst dich um und sagst: »O je, ich muß etwas finden, an dem ich mich festhalten kann.« Das zwölfte Haus ist – wie auch Neptun und die Fische-Energie – unfaßbar. Wenn sich also Saturn oder Jupiter in deinem zwölften Haus aufhalten, kannst du nicht allzuviel tun, außer dich auf das Unergründliche einzustimmen, dich einstimmen auf spirituelle Dinge und Ideale, auf Feinheit oder Kunst, wie Poesie und Musik. Es gibt für dich keine Möglichkeit, diese Zeit des zwölften Hauses an deine weltlichen Ambitionen und Wünsche anzupassen. Während dieser Periode solltest du dich in einer innerlichen, feinen und künstlerischen Art entwickeln. Viele Menschen empfinden eine bemerkbare Desorientierung, während sich Saturn in ihrem zwölften Haus aufhält. Ob diese Desorientierung als angenehm oder unangenehm empfunden wird, hängt von deiner Offenheit gegenüber dem Grenzenlosen ab.

Hat jemand von euch zur Zeit Saturn in seinem zwölften Haus?

(Einige melden sich.) Was habt ihr erlebt?

ANTWORT: Ich habe es wirklich genossen. Einfach weil Teile meiner Vergangenheit wiederaufgetaucht sind und ich wußte, daß ich mich darauf einstimmen sollte... zudem habe ich ein Vertrauen entwickelt, mich mit dem Leben und den Ängsten zu konfrontieren... und mich mit Vermeidungstendenzen auseinanderzusetzen. Das ist im Moment wirklich eine dicke Sache für mich.

Ihr wißt ja, Neptun, Fische, 12. Haus – Vermeidung und Flucht. Während sich Saturn im zwölften Haus aufhält oder einen Transit-Aspekt zu Neptun bildet, ist eine der Kernaussagen dieser Zeiten, daß du mit dem konfrontiert wirst, was du versucht hast zu vermeiden.

Dies geschieht auch, wenn Pluto einen Aspekt zu deinem Geburts-Neptun bildet; das haben viele Menschen in den letzten Jahren erlebt, als Pluto über die jeweilige Radix-Stellung von Neptun in Waage gegangen ist. Bei Saturn im zwölften Haus sollte man natürlich daran denken, daß dies das absolute Ende eines Zyklus ist. Es ist das Ende eines gesamten Lebenszyklus, und viele Menschen erfahren dies als ein Ende nicht nur ihrer allgemeinen Lebensstruktur, sondern auch als das Ende ihrer alten Persönlichkeitsstruktur. Alte Gewohnheiten und Ideale, Prioritäten und Ambitionen lösen sich auf. Dieser Prozeß kann jedoch auch sehr inspirierend sein.

Wenn du weißt, was in dir vorgeht, kannst du mitfließen. Es ist eine Zeit der Vorbereitung, in der ›klar Schiff‹ gemacht werden soll, um einen völlig neuen Lebensstil und eine völlig neue Persönlichkeitsstruktur aufzubauen. Das beginnt, wenn sich Saturn dem Aszendenten nähert und ins erste Haus eintritt.

FRAGE: Kannst du noch etwas mehr über Jupiter im elften Haus sagen, bei mir ist er gerade dort.

ANTWORT: Und hier sitzt du in einer Gruppe – einer Gruppe mit Entwicklungsbemühungen.

FRAGE: Ja, natürlich, ich habe auch noch Mars in Konjunktion mit Jupiter im elften Haus.

ANTWORT: Was, du bist geboren mit einer Jupiter/Mars-Konjunktion im elften Haus?

FRAGE: Ja.

ANTWORT: In welchem Zeichen ist diese Konjunktion?

FRAGE: Im Zwilling.

ANTWORT: Warst du einmal Lehrer oder so etwas?

FRAGE: Ja, ich habe gelehrt.

ANTWORT: Fremdsprachen oder Englisch?

FRAGE: Physik, Biologie, Botanik und auch Sprachen.

ANTWORT: Zwilling hat die Tendenz, sich mit Wissenschaft oder verbalen und manuellen Fähigkeiten zu beschäftigen.

FRAGE: Ich habe sowohl fremde Sprachen und Literatur eine Zeitlang studiert als auch teilweise gelehrt. Ich habe mein Leben lang mit fremden Sprachen zu tun gehabt, aber eigentlich nur als Hobby.

ANTWORT: Jupiter ist also erst kürzlich zu seiner Geburtsstellung im neunten Haus zurückgekehrt. Wahrscheinlich wirst du dich verstärkt einer Aktivität zugewandt haben, die sich eventuell zu einer Gruppenaktivität entwickelt. Da die ganze Zwillingsorientierung sich auch noch in einem Luft-

Haus (11., 3. oder 7. Haus) abspielt, muß es zu einem direkten Kontakt mit anderen Menschen dabei kommen.

Im elften Haus geht die Tendenz in Richtung Gruppen. Möglicherweise können das fünf oder mehr Leute als ein Brennpunkt von viel Energie sein.

FRAGE: Ja, das traf immer zu. Ich habe viel gelehrt und war häufig in allen möglichen Studiengruppen tätig.

ANTWORT: Das elfte Haus hat Beziehungen zu Wassermann und Uranus, das bedeutet nicht nur Gruppenaktivitäten, sondern auch Politik, Wissenschaft und alle Arten sozialer und revolutionärer Veränderung und Aktivität. Beinahe jeder, den ich bisher kennengelernt habe, dessen Sonne im elften Feld steht, ist wirklich auf politische Veränderungen und Trends eingestimmt. (Dies wird von den meisten Büchern offensichtlich nicht für erwähnenswert gehalten.)

Das heißt nicht unbedingt, daß die Betreffenden im politischen Bereich auch aktiv sind, doch verstehen sie diese Dinge auf sehr natürliche und leichte Art. Oftmals sind sie sogar davon fasziniert, auch wenn sie nicht aktiv daran teilnehmen. Auf jeden Fall besteht gewöhnlich ein Bedürfnis, die eigene Energie auf die eine oder andere Art in die Masse zu verströmen, wenn es zu einer Betonung des elften Feldes kommt.

FRAGE: (Der Teilnehmer mit der Konjunktion von Jupiter und Mars in Zwilling nimmt seine Frage wieder auf.) Beim ersten Transit von Jupiter über meine Geburtsstellung traf ich die Entscheidung, in das geistliche Seminar zu gehen, um Priester zu werden. Doch ich habe dann damit aufgehört. Jetzt – bei der dritten Rückkehr von Jupiter – bekomme ich wieder mit einer anderen Kirche und mit Lehrern zu tun.

ANTWORT: Die einzige Person mit einer Jupiter/Mars-Konjunktion in Zwilling, die ich kenne, ist seit etwa zehn Jahren an der Grundschule.

FRAGE: Ich bin nun seit 15 Jahren auf der Schule.

ANTWORT: Menschen mit einer starken Betonung im Zwilling müssen alle möglichen Arten neuer Dinge ausprobieren.

FRAGE: Ich habe dazu noch Sonne im neunten Feld, was es nur noch schlimmer macht.

ANTWORT: Zweifellos. In welchem Zeichen steht Sonne bei dir?

FRAGE: Widder, und Mond steht im Löwen.

ANTWORT: Vielleicht solltest du deine eigene Schule aufmachen.

FRAGE: Tolle Idee!

ANTWORT: Eine radikale und erneuernde Schule für das Neue Zeitalter.

Einige Details zu Transiten von Uranus

Eine Sache bei Uranus-Transiten, die ich kurz erwähnen will, ist, daß Uranus sehr viel mit Dingen zu tun hat, denen man entwächst. Sie sind oft Signale dafür, daß du alten Verhaltensmustern entwachsen und zu Veränderungen bereit bist, auch wenn du das selbst noch nicht weißt. Es ist wie bei Menschen, die sich ihres eigenen Wachstums nicht bewußt sind. Sie verändern sich fortwährend, und man kann hoffen, daß sie dabei immer lernen. Doch realisieren sie für sich nicht, wie sehr sie gewachsen sind und wieviel sie gelernt haben. Doch wenn Uranus kommt und dich in Stimmung versetzt oder dich mit seinem elektrischen Strom blitzartig auflädt, wird dir oft sehr schnell bewußt, wie verschieden du im Grunde von der Rolle bist, die du momentan lebst. Deine wirkliche Natur, die durch das Wachstum an die Oberfläche kommt, paßt wahrscheinlich nicht mehr zu alten Verhaltensmustern deines bisherigen Lebensstils. Du wirst unruhig und ruhelos, manchmal auf eine Art auch furchtsam, da oft ein sehr starker Drang nach radikalen Veränderungen entsteht. Mit Uranus-Transiten kann natürlich auf den verschiedensten Ebenen umgegangen werden. Auf einer feineren Ebene kannst du die Sichtweisen und dein Verständnis von der Dimension deines Lebens revolutionieren, die durch den Planeten symbolisiert werden, zu dem Uranus einen Aspekt bildet. Auf einer gröberen Ebene kommt es zu einem Drang, etwas völlig anderes zu machen, etwas völlig Zügelloses, nur um der Erregung willen. Ich habe dafür zwei kleine Beispiele.

Der transitierende Uranus steht im Quadrat zum Radix-Merkur bei einer Frau mit einem Zwillings-Aszendenten. Merkur ist somit Herrscher ihres Geburtsbildes und deshalb sehr mächtig. Merkur als Geburtsherrscher hat Auswirkungen auf dein gesamtes Sein und ist nicht nur eine Unterabteilung deines Lebens. In vielen Fällen hat er Auswirkungen auf deine äußere Erscheinung, deine Gesundheit, deine physische Energie und deinen gesamten Zugang zum Leben. Mit einem Zwillings-Aszendenten hat sie natürlich einen sehr mentalen und intellektuellen Zugang zum Leben. Sie liest eine ganze Menge, ist wirklich neugierig und hat Interesse an vielen Menschen, auch wenn sie mit einer Krebs-Sonne gleichzeitig etwas zurückgezogen lebt. Sie versteckt sich vor Menschen, während sie gleichzeitig das Verlangen hat, mit ihnen zu sprechen. Das wirkt sich nun so aus, daß sie zu Hause bleibt und den ganzen Tag am Telefonieren ist! Sie hat dadurch die Sicherheit, die Krebs benötigt, und kann dennoch reden (Zwillinge und Merkur). Jedenfalls steht ihr Merkur im Löwen, und Uranus, der zur Zeit im Skorpion ist, stand im Quadrat zu ihrem Merkur. Ich erzähle euch jetzt ein paar Dinge, die während dieser Zeit geschehen sind. Als erstes realisierte sie, daß sie ihrer früheren Art zu denken *und handeln* entwachsen war, denn wie ihr wißt, hat der

Aszendent mit Handeln zu tun, damit, wie ihr in der Welt agiert. Der Aszendent ist die Spitze des ersten Hauses, die Spitze des Widder-Hauses. Zwillinge handeln durch ihre Zunge und durch ihre Hände! Zudem realisierte sie, daß sie ihrer äußeren Erscheinung entwachsen war und schnitt deshalb ihre Haare wirklich kurz. Nebenbei gesagt, wenn du Menschen siehst, die ihre äußere Erscheinung radikal verändern, ist oftmals ein Transit von Uranus mit im Spiel. Bereits mindestens ein oder zwei Jahre vorher hatte sie realisiert, daß sie ihren alten Strukturen zu denken und aufzunehmen entwachsen war. Dies manifestierte sich als eine beobachtbare Unzufriedenheit und als ein starker Wunsch nach Veränderung. Doch lange konnte sie nicht ihren Wünschen gemäß handeln, und all dem Drängen nach Veränderung konnte sie weder Form noch Richtung verleihen, bis der Transit direkt bevorstand. Dann ließ sie sich von ihrer Arbeit beurlauben und reiste ganz allein nach Nepal. Obwohl sie zusammen mit einer Gruppe verreiste, kannte sie niemanden von den Mitreisenden. Nach ihrer Rückkehr hat sie sich für verschiedene Jobs beworben, weil sie sich bei ihrer alten Arbeit sehr eingeengt fühlte. Das ist eine Erfahrung, die beim Beginn von Uranus-Transiten sehr häufig vorkommt. Du fühlst dich eingeengt und willst diese Einschränkungen sprengen.

In einem anderen Fall, als Uranus im Quadrat zum Radix-Saturn stand, wurde das Bedürfnis klar, die äußere Form der Arbeit frei zu gestalten. Man sucht oft nach einer aufregenden Arbeit. Die alten Arbeitsstrukturen, symbolisiert von Saturn, wurden durch Uranus kräftig durchgeschüttelt und radikal verändert.

Das Quadrat von Uranus und Saturn brachte unter anderem eine Freiheit von dem mit sich, was vorher gewöhnlich als ernst zu nehmende und erdrückende Verpflichtung und als angstbesetzt empfunden worden war. Eine ganze Menge solcher Dinge waren wie weggewischt. Es ist, als ob Uranus demjenigen helfen würde, sich von dem zu befreien, was ihn üblicherweise vorher unten gehalten hat – die Angelegenheiten Saturns.

Die Zeiten eines Transits von Uranus sind sehr befreiend und sehr aufregend, zumindest, wenn man sie positiv erfährt.

Etwas Negatives, das ich bei Uranus-Transiten auf der psychologischen Ebene festgestellt habe, ist die Tendenz zu verzweifelten Extremen und absoluter Eigenwilligkeit, die sehr egoistisch und egozentrisch sein kann. Auf der körperlichen Ebene bringen die Transite von Uranus eine Energie mit sich, mit der der Körper nur sehr schwer umgehen kann. Sie ist ein wirklicher Test für dein Nervensystem, und es kommt während dieser Zeiten häufig zu Nervenleiden, Zukkungen, Hautausschlägen, Schlaflosigkeit und all diesen seltsamen Phänomenen, die kaum wirkungsvoll behandelt werden können. Doch wenn der Transit vorüber ist, lassen auch die Symptome nach, zumindest in ihrer Ernsthaftigkeit.

Abschließende Bemerkungen

Bei Transiten von Jupiter und Uranus sollte nicht nur auf die engen Aspekte, sondern auch auf die jeweiligen Zeichen geachtet werden. Wenn der Transit kurz bevorsteht, kommt es wahrscheinlich dazu, daß sich alles zusammenballt, was mit den betreffenden Planeten zu tun hat. Wenn deine Sonne jedoch im fünften Haus im Löwen steht, beginnt für dich bereits die wichtige Zeit, zu der Saturn in die Energie von Löwe eintritt. Dies wird so lange anhalten, bis Saturn dieses Haus wieder verläßt. Für dich ist es eine saturnale Zeit. Wahrscheinlich transitiert Saturn deine Sonne dreimal. Dabei werden die verschiedensten Themen deiner Entwicklung und Assimilationen saturnaler Komplexe angesprochen und für die Zeit des genauen Transits sehr verdichtet. Wahrscheinlich wird der erste der drei Transite am stärksten spürbar sein und die größten Auswirkungen haben. Im allgemeinen würde ich jedoch sagen, daß der Orbis bei Saturn klein gehalten werden sollte. Ich persönlich habe die Quadratstellung von Saturn nicht einmal wahrgenommen bis zu dem Zeitpunkt, wo Saturn minutengenau im Quadrat stand. Von dieser Minute an spielte alles verrückt und wild. Erst von da an habe ich den Transit wahrgenommen und konnte während der folgenden neun Monate, bis der Saturn-Transit zum dritten Mal vorüber war, nichts anderes tun als beobachten. Dann klang die Wirkung langsam ab. Bei den Transiten von Jupiter ist es ähnlich wie bei Saturn. Es gibt so etwas wie einen allgemeinen Orbis, der durch den Eintritt in das jeweilige Zeichen bestimmt wird. Wenn also Jupiter in dein Sonnen-, Mond- oder Aszendenten-Zeichen eintritt, kann es zu positiven Empfindungen und zu einem Vertrauensschub kommen, welchen du bemerkst. Die jeweiligen Orben des exakten Aspekts eines Transites sollten jedoch innerhalb weniger Grade gehalten werden. Während dieser Zeiten geschehen dann oftmals die für den betreffenden Transit spezifischen Dinge.

Da es bei mir persönlich zu sehr exakten Transitauslösungen kommt, denke ich, daß man die Wirkungsorben für Transite auf 1° festlegen sollte. Bei vielen Menschen scheint es jedoch sinnvoll zu sein, auch etwas größere Orben von 2° – 3° anzunehmen.

Zum Thema der Transite gehören auch die Mondumläufe. Manche Leute beobachten die transitierende Sonne und den transitierenden Mond unabhängig voneinander, was ich nicht für sinnvoll halte. Diese Transite sind nicht von allzu großer Bedeutung, besonders nicht die von Mond, da er innerhalb von 28 Tagen einmal den ganzen Tierkreis umrundet. Die transitierende Sonne ist schon bedeutungsvoller und kann gelegentlich auf etwas hinweisen. Die Hauptsache bei Sonne und Mond ist ihre Konjunktion, der Neumond. Ihr könnt das nach der jeweiligen Hausposition beurteilen, die in eurem Geburtsbild angesprochen wird. Die von Jim Maynard herausgebrachten Skalen der *Celestial Influences* sind dazu sehr brauchbar, denn sie stellen die Mondumläufe innerhalb des Tierkreises mit genauer Zeitangabe dar.

Ihr könnt auch den Vollmond benutzen, wozu dieser Kalender ebenfalls geeignet ist. Die Neumond-Stellungen, bei denen es zu engen Konjunktionen, Quadraten oder Oppositionen mit Planeten in deinem Geburtsbild kommt, sind wichtig.

Neumond könnte diesen Planeten aktivieren oder energetisieren. In den meisten Fällen aktiviert die Neumondstellung lediglich das, was in deinem Geburtsbild bereits als Potenz vorhanden ist. Es ist weder positiv noch negativ, weder leicht noch schwer, es ist einfach eine Aktivierung. Die größten Auswirkungen einer Neumondstellung sind bei genauen Konjunktionen, Quadraten und Oppositionen zu beobachten. Achtet einmal darauf. Es kommt nicht zwangsläufig zu Auswirkungen, doch nach meiner Erfahrung kann man sich am meisten auf die Konjunktion der Neumondstellung mit einem Planeten im Geburtsbild verlassen. Wenn also die Neumondstellung in Konjunktion zu irgendeinem deiner Planeten im Geburtsbild bei einem exakten Orbis (unter einer halben Minute, auf jeden Fall aber innerhalb von 15′) tritt, dann wird der betroffene Planet mit Sicherheit aktiviert. Die Aktivierung könnte bereits drei oder vier Grad vor der exakten Neumondstellung beginnen. Wenn also Sonne und Mond immer näher zusammenrükken, um sich dann an einem Punkt, wo einer deiner Planeten steht, zu treffen, kann es sein, daß du den Einfluß bereits spürst, wenn die exakte Neumondstellung noch nicht erreicht ist. Dieser Einfluß hält dann oft sogar bis zum nächsten Neumond an. Die kräftigsten Auswirkungen und Manifestationen sind normalerweise in den ersten 14 Tagen, in den ersten beiden Wochen dieses Neumond-Zyklus, festzustellen. Normalerweise bringt dies eine große Freisetzung von Energie. Danach verliert es sich dann. Einige Leute behaupten, daß die Wirkung noch wesentlich zunehmen kann, wenn es zu einer Sonnenfinsternis kommt, und daß dieser

Einfluß dann sogar über mehrere Monate anhalten könne. Ich persönlich bin nicht davon überzeugt, daß die Sonnenfinsternis eine so viel größere Wirkung haben soll als die Neumondstellung. Es könnte zutreffen, doch habe ich bis jetzt nichts feststellen können, was diese Annahme für mich rechtfertigen würde, obwohl ich diesen Vorgang über Jahre hinweg beobachtet habe.

Wenn du alle Aspekte benutzt, die ein Vielfaches eines 30°-Winkels darstellen, findest du oftmals eine ganze Serie von Neumondstellungen, die einen Einfluß auf bestimmte Planeten deines Geburtsbildes haben – Monat für Monat, vielleicht fünf Monate lang.

Seit dieser Workshop stattgefunden hat, habe ich zunehmend die Wichtigkeit der Aspekte, die als Vielfaches von 30° entstehen, festgestellt, und zwar sowohl beim Geburtsbild als auch bei Transiten. Obwohl ich immer noch das Gefühl habe, daß bei Transiten die Aspekte der Konjunktion, der Opposition und der Quadrate bei weitem die stärksten sind, bin ich zu der Auffassung gelangt, daß Aspekte eines Vielfachen von 30°, die durch einen der äußeren fünf Planeten gebildet werden, ebenfalls häufig wichtig sind. Insbesondere scheint das auf das Semi-Sextil und das Quincunx zuzutreffen, deren Bedeutung bei einem Transit der äußeren fünf Planeten in den meisten Fällen vernachlässigt oder unterbewertet wird. Häufig wird ein Transit der äußeren Planeten in einem dieser beiden Winkel zu einem Radix-Planeten als bezeichnender und bemerkenswerter empfunden als bei einem Transit derselben Kombination in einem Sextil- oder Trigonalaspekt. Die bei Transiten der äußeren Planeten gebildeten Semi-Sextile und Quincunxe scheinen Einstellungen zu verfeinern, wichtige Entscheidungen oder Pläne zu verändern oder zu verstärken, oder sie bezeichnen sogar besonders wichtige Perioden der Veränderung, die an Intensität und Wichtigkeit weit über das hinausgehen, was während einer von Sextil oder Trigon bestimmten Periode erfahren wird. Es sollte jedoch betont werden, daß solche Phasen gewöhnlich etwas weniger wichtig, dramatisch und entscheidend sind, als dies bei den Konjunktionen, Quadraten und Oppositionen der Fall ist, und daß sie weniger drängend sind und offensichtlich weniger mit wichtigen Krisen zu tun haben.

Ich habe besonders feststellen können, daß Semi-Sextile, die von Saturn oder Uranus mit einem beliebigen Planeten des Geburtsbildes gebildet werden, mit Perioden von Streß, Veränderung, Verwirklichung oder mit Ereignissen zusammenfallen, die an das erinnern, was man gewöhnlich bei Konjunktionen, Quadraten und Oppositionen findet. Wenn der transitierende Uranus im Semi-Sextil zur Radix-Sonne steht, hat dies einen direkten Zusammenhang zu einer Periode schneller Veränderungen im Bereich der Identität und der gesamten Eigenwahrnehmung der betroffenen Persönlichkeit.

Es könnte sich eine neue Art von Kreativität entwickeln. Radikale Ideen und ein Interesse an sozialen Fragestellungen könnten besonders drängend werden. Und natürlich wird das Haus, in dem die Sonne steht (und das Haus, das von Sonne beherrscht wird) kräftig ins Spiel gebracht, und viel Energie wird sich auf dieses Haus der Aktivität konzentrieren.

Ich lege es dem Leser nahe, daß er sich auf seine eigenen Erfahrungen mit Uranus im Semi-Sextil zur Radix-Sonne auseinandersetzt, um so diese Vorstellung für sich bestätigen zu können.

Auch ein Semi-Sextil vom transitierenden Saturn zur Radix-Sonne wird gewöhnlich als eine bezeichnende Veränderung von Sichtweisen und praktischer Realisation erfahren, auch wenn dies meistens ohne die Gefühle von Entleerung und Erschöpfung abläuft, die normalerweise bei einer Konjunktion, Opposition oder einem Quadrat erfahren werden.

Doch nun wieder zurück zu unserem Workshop.

FRAGE: Welche Wirkungen hat die transitierende Sonne? Energetische Aufladung? Und was ist mit den Mondknoten bei Transiten?

ANTWORT: Ich bezweifle, daß die Transite der Sonne von großer Wichtigkeit sind. Ich habe keine relevanten Wirkungen gespürt. Auch die Mondknoten waren für mich nicht von Bedeutung. Einige Leute arbeiten mit Transiten über die Mondknoten oder mit den transitierenden Mondknoten über die Radix-Planeten. Dies mögen für einige Leute gute Techniken sein, für mich haben sie nie eine Aussage gebracht. Bei Beratungen benütze ich niemals Transite von Sonne oder Mond allein. Ich beachte nur die Neumondstellungen, und auch die Vollmondstellungen können sehr aufschlußreich sein. Wenn du beispielsweise deine Sonne auf 13° Widder stehen hast, und es kommt zu einer Vollmondstellung zwischen 13° Widder und 13° Waage, wenn also der transitierende Mond auf 13° Widder steht und die transitierende Sonne auf 13° Waage, wird diese Vollmondstellung deine Sonne im Geburtsbild aktivieren. Manchmal wirst du das stark spüren, und in anderen Fällen hast du ein kleines Erlebnis der einen oder anderen Art, oder du merkst vielleicht auch gar nichts. Die Neu- und Vollmondstellungen sind nicht einfach zu interpretieren. Die einzige Möglichkeit, die du dazu hast, ist, den jeweils aktivierten Faktor im Geburtsbild wirklich zu begreifen; andernfalls verlierst du dich dabei vollkommen.

FRAGE: Du hast beim Durchgang von Saturn durch das elfte Haus etwas von Teilnahme an Gruppenaktivitäten gesagt. Ich hatte während des ganzen letzten Jahres Saturn in meinem elften Haus und wurde in die Organisation bestimmter Aktivitäten hineingezogen, die sich mit Menschen beschäftigen, und ich mußte mit vielen Menschen gleichzeitig dahingehend arbeiten, daß sie in ihrem Leben wieder aktiver wurden und irgend etwas unternahmen, um ihre Passivität zu überwinden.

ANTWORT: Die Tatsache, daß du ›hineingezogen‹ gesagt hast, hört sich stark nach Saturn an. Es hört sich nach Verantwortlichkeit an – diese kosmischen Hände haben in dein Leben gegriffen.

Ich danke euch für euer Kommen.

Einige Gedanken über die astrologische Beratungspraxis

Seitdem sich Astrologie höchst unmittelbar und bedeutungsvoll mit der ›Inneren Welt‹ (d. h. mit der Welt der Psyche und der Welt der persönlichen Erfahrung) beschäftigt, muß man annehmen, daß der Astrologie bestimmte Gesetze und Prinzipien zugrunde liegen, die die offensichtlicheren und nachprüfbareren Gesetze der materiellen Welt transzendieren.

Deshalb ist jeder Astrologe, da er die Realität der Situation des jeweiligen Klienten in symbolischer Form (man könnte auch sagen, in essentieller Energieform) erfährt, in der Beratungssituation aufgefordert, diese abstrakten Erkenntnisse sprachlich so zu formulieren, daß der Klient dazu einen Bezug für sich herstellen kann, daß er in der Lage ist zu verstehen. Die Bewußtseinsebene und der Grad an Offenheit des Klienten bestimmen in großem Maße zum einen die Art, wie der Astrologe versuchen muß, seine ›Interpretationen‹ und Erkenntnisse zu formulieren, und zum anderen, wie einfach es sein wird, über etwas für den Klienten Bedeutungsvolles zu sprechen und dennoch an der essentiellen Wahrheit festzuhalten, die abstrakt durch die astrologischen Konfigurationen repräsentiert wird.

Wenn ich sage: »Wie einfach es sein wird«, beziehe ich mich in erster Linie auf die Tatsache, daß es für den Astrologen notwendig ist, herunterzusteigen auf genau die Bewußtseinsebene, die der Klient in dem Moment hat, bevor überhaupt ein wirklicher Kontakt zu dem Klienten möglich werden kann. Es ist, als ob der Astrologe ein Transformator (im Sinne eines elektrischen Transformators) wäre, der den Energiestrom auf eine Ebene heruntertransformiert, die direkter und nützlicher ist. Zweifellos atmen die meisten Astrologen befreit auf, wenn sie beim ersten Treffen mit einem Klienten feststellen, daß der Klient in der Lage ist, sich direkt auf die höchsten Betrachtungsweisen des Astrologen einzustimmen. In solchen Fällen ist eine Beratung für den Astrologen nicht nur weniger anstrengend, sondern oftmals anregend und inspirierend. Meiner Erfahrung nach kommt in der allergrößten Mehrzahl der Fälle eine solche Verbindung zwischen dem Astrologen und dem Klienten nicht zustande. Beide sind, was sie sind, und ihr Bewußtsein ist auf bestimmte Bereiche des Verstehens begrenzt, genau wie ihre Gedanken sich auch in begrenzten Bahnen bewegen. In all diesen Fällen muß der Astrologe von der Ebene der Reinheit abstrakter Erkenntnisse und Symbole, die in sich selbst so interessant und belebend sind, ›heruntersteigen‹ auf die komplexe und schwerfällige Ebene des alltäglichen Lebens mit all seinen Begrenzungen, Enttäuschungen, Rücksichten und Vorbehalten. Deshalb muß hier die Frage gestellt werden: Wie macht man diesen Übergang von den Höhen erhabener Erkenntnisse zu den Tiefen der Verstrikkungen in die Welt der Materie? Wie kann man die unsichtbaren und unfaßlichen Realitäten des Lebens so ausdrükken, daß der Klient diese Erklärungen versteht, ohne jedoch die inspirierenden, erfrischenden und stärkenden Qualitäten zu verlieren, die der essentiellen Schönheit und Einfachheit der Astrologie zu eigen sind?

Eine Möglichkeit, sich diesem Problem zu nähern, ist, Astrologie als eine Sprache zu betrachten, wie dies schon so oft beschrieben worden ist. Astrologie ist eine Sprache des Lebens, eine kosmische Sprache, eine Sprache der Energie und auch – das wiederhole ich bei jeder Gelegenheit, die sich mir bietet – eine experimentelle Sprache. Der Astrologe dient oftmals weniger als ›Interpret‹ (im gewohnten astrologischen Sinne dieses Wortes), sondern vielmehr als Übersetzer.

Häufig kommt es vor, daß wir nicht wissen, was eine bestimmte Konstellation in einem individuellen Geburtsbild *wirklich* bedeutet. Sicherlich können wir alle möglichen Theorien darüber entwickeln, was sie abstrakt bedeuten *könnte.* Wir könnten das Potential beschreiben, das sie repräsentieren könnte usw. Doch in vielen Fällen *wissen* wir nicht, was sie bedeutet!

Deshalb sind ziellose Versuche, solche Faktoren durch sehr beeindruckende, vielfältige Theorien zu ›interpretieren‹, oftmals eine armselige Methode der astrologischen Beratung. Sie schränkt überflüssigerweise mögliche Aussagen ein, die der Klient verstehen könnte.

In diesen Fällen spiele ich häufig die Rolle des Übersetzers, indem ich versuche, dem Klienten so klar und einfach wie möglich zu erklären, was die astrologische Sprache zu ihm sagt. Wenn ich ganz systematisch diese Abstraktionen in konkrete Aussagen fasse, gewinne ich oftmals eine klare Sichtweise über die reale Bedeutung für diese bestimmte Person. In anderen Fällen wird der Klient zu irgendeiner Einsicht gelangen und ist völlig hingerissen von dieser einfachen und systematischen Übersetzung. Deshalb sollten ›freie Assoziationen‹ für den Klienten ermöglicht und gefördert werden. Die Wahrscheinlichkeit, daß der Klient dadurch zu wirklich brauchbarem und für ihn wertvollem Wissen kommt, wird dadurch erhöht. Ich habe sogar das Gefühl, daß eine Umgehung dieser Phase der Übersetzung bei der astrologischen Arbeit den Astrologen zu häufig dazu verleitet, den ›Allwissenden‹ zu spielen. Der Klient wird ihm dann entweder mißtrauen oder bestimmten Aussagen zu viel Wert beimessen, die dann als Tatsachen genommen werden und nicht als Interpretationen, was sie ja immer sind. Der Kosmos spricht durch das Geburtsbild zu dieser Person. Können wir diese energetische Sprache durch unsere begrenzten Theorien verbessern?

Ich glaube, daß mich mein Wassermann-Mond und meine starke Einstimmung auf Uranus dazu bewegen, die Objektivität und den ›wissenschaftlichen‹ Zugang so stark zu betonen, wobei ich das Gefühl habe, daß ein astrologischer Berater beides haben sollte. Mit ›wissenschaftlich‹ meine ich nicht die sachlichen Wissenschaften oder das Wissen um Empirie und Statistik, sondern ich denke dabei an den wahren Sinn des Wortes von *›scire – wissen‹*. Ich fühle, daß es für einen astrologischen Berater von entscheidender Bedeutung ist, in der Lage zu sein, zu differenzieren zwischen: 1. was ›ich weiß‹ und 2. was ›ich glaube‹ oder was ein Teil von mir ›weiß‹.

In vielen Fällen werden wir ein Gefühl dafür haben, was bei einer bestimmten Person los ist. Das kann die Form von Ahnungen, eine Intuition über vergangene Leben oder das Erspüren von zukünftigen Ereignissen usw. annehmen. Diese Gefühle und Intuitionen sind zweifellos interessant, doch wenn ich nicht völlig sicher weiß, daß diese bestimmte Intuition der Wahrheit entspricht, sollte man sie bei der praktischen Beratung besser unausgesprochen lassen. In den Fällen, wo diese bestimmte Intuition einen starken Bezug zu einem speziellen Problem hat, dem die Person begegnet, *könnte* es unter Umständen sinnvoll sein, diese Idee auszudrücken. Sie sollte jedoch als eine Möglichkeit oder ein Gefühl beschrieben werden und nicht als Feststellung.

Viele von uns haben bemerkt, daß zunehmend Begriffe wie ›karmische Astrologie‹ oder ›Astrologie vergangener Leben‹ benutzt werden. Gerade bei astrologischer Arbeit mit diesen Dimensionen gerät das wassermännische ›Ich weiß‹ zu oft zu vagen und hypothetischen Mutmaßungen und verliert sich dann darin.

In meinem Buch *Astrologie, Karma und Transformation* habe ich in aller Breite erklärt, daß, falls das Gesetz von Karma ein wahres universelles Gesetz ist, jede Art von Astrologie ›karmische Astrologie‹ ist und jeder einzelne Faktor in einem Geburtsbild mit Karma zu tun hat.

Falls Karma kein wahres und universelles Gesetz ist, dann sollte ›Karma‹ in keiner Beziehung mit irgend etwas erwähnt werden, dann reicht ›Astrologie‹ völlig aus! Es kann nicht beides gleichzeitig wahr sein..., auch wenn dies von vielen offensichtlich versucht wird. Beides gleichzeitig ist, wie wenn man sagt: Du solltest die Initiative ergreifen und diesen neuen Job annehmen, da Jupiter in Konjunktion mit deinem Radix-Saturn steht, was Gelegenheiten zu raschem Vorankommen zeigt, die du vielleicht versäumst, wenn du jetzt nicht handelst«, um dann im nächsten Satz fortzufahren: »Doch auch Saturn hat einen Aspekt zu deiner Venus, was bedeutet, daß es zu einigen karmischen Anpassungen bei deinen Vorstellungen über Liebe und Finanzen kommt, die einfach akzeptiert und abgewartet werden müssen.« (Du merkst, daß nach der Aussage einiger ›Karma-Astrologen‹ die angenommenen ›karmischen‹ Situationen in der Hauptsache ertragen werden müssen, ohne eine Spur von Initiative oder einer Veränderung von Gewohnheiten.)

Viele Astrologen – mich eingeschlossen –, die den Wert von astrologischen Beratungen besonders betonen, sind bestürzt und sogar verärgert (da ihr Beruf abgewertet wird), wenn völlig überflüssigerweise Anspielungen auf Karma in die astrologische Arbeit eingebracht werden. Es gibt astrologische Praktiker und Autoren, die die spirituellen und esoterischen Traditionen mißbrauchen, die sich auf karmische Gesetze und die Wiedergeburtstheorie aufbauen.

Ich beziehe mich hier nicht auf ehrliche Seelenforscher, die in der Lage sind – vielleicht vermischt mit Astrologie – Genaues über vergangene Leben auszusagen. Doch gibt es solche Menschen bei weitem seltener als viele denken.

Oftmals machen diese Menschen keine Beratungen, geben nicht vor, Beratungen zu machen und sind häufig an Beratungen nicht besonders interessiert. Das Lesen aus der Seele (psychic readings) ist ihre Arbeit, und Klienten, die zu ihnen gehen, erwarten diese Art von Leistung.

Wenn jemand kein praktizierender Seelenforscher ist und sich öffentlich nur als Astrologe bezeichnet, dann sollte er sich irgendwelcher Aussagen über Karma entweder völlig enthalten (wenn der Astrologe oder der Klient nicht daran glaubt) oder die karmische Theorie als Rahmen betrachten, durch welchen die gesamte Substanz des Geburtsbildes verstanden werden kann (wenn beide, sowohl der Astrologe wie auch der Klient, wirklich verstehen und akzeptieren, was Karma ist!).

Wenn also Karma in einer astrologischen Beratungssituation überhaupt zur Sprache kommt, sollte es einen Hintergrund bilden, der Licht auf eine spezifische Lebenssituation wirft und nicht alles auf die Ebene karmischer Gefangenheit reduziert, sondern Ermutigung zu Wachstum und Akzeptieren des eigenen Anteils am Leben ermöglicht.

Doch auch bei diesem neuen Übereinkommen, das auf einem gegenseitigen Verständnis zwischen Astrologe und Klient über ihren gemeinsamen Glauben an die Wahrheit karmischer Gesetzmäßigkeit basiert, ist es für den Astrologen notwendig, mit der Gegenwart fest verbunden zu bleiben, da er mit den unmittelbaren Umständen, Gefühlen und realistischen Alternativen umgehen muß. Obwohl auf der nächsten Ebene und von einem sehr hohen Bewußtseinsstand aus vielleicht *alles* Gegenstand karmischer Gesetzmäßigkeiten ist, sollte uns die Tatsache, daß die meisten von uns diesen spirituellen Bewußtseinszustand noch nicht entwickelt haben, dazu bewegen, die Grenzen unserer Wahrnehmung zu akzeptieren. Wir sollten uns deshalb auf das Leben beziehen, das auf unserer unmittelbaren Erfahrung gegründet ist. Auch wenn es belebend und stärkend sein kann, an absolute Abstraktionen zu glauben, müssen wir doch unser Leben leben und Entscheidungen treffen, indem wir unsere relative, konkrete Wahrnehmung benutzen, so beschränkt sie auch sein mag.

Hiermit will ich auch sagen, daß nur sehr wenige Astrologen so weit sind, um als ein echter Guru, d. h. als ein spiritueller Lehrer und Führer handeln zu können. Leider ist es eine Tatsache, daß einige Astrologen mit Vorliebe diese Rolle spielen wollen, doch frage ich mich, ob irgendein Astrologe wirklich in der Lage ist, jemanden mit dem zu beschenken, was ein Guru anzubieten hat, nämlich mit der Befreiung der Seele von allen Banden und Begrenzungen. Wir müssen an das *langfristige* und spirituelle Wohlbefinden des Klienten denken und nicht an die Glorifizierung unserer Egos. Wenn ein Astrologe enthusiastischerweise mehr spirituelle Verantwortung auf sich nimmt, als er möglicherweise handhaben kann, lädt er eine enorme karmische Bürde auf sich. Zudem werden durch ihn einige sich abmühende Seelen, die nach irgendeiner Spur von Licht und Hoffnung suchen, fehlgeleitet. Meinem Gefühl nach kann ein Astrologe, falls er kein wirklicher Guru ist, Menschen helfen, eine verfeinerte und spirituellere Richtung in ihrem Leben zu finden, indem er sie bekannt macht mit der Schönheit, Kraft und Wahrheit der Einzigartigkeit des gesamten Universums und mit der höheren Ordnung aller Manifestationen des Lebens. In diesem Sinne dient die Astrologie einem ›spirituellen‹ Zweck, indem sie den Geist derer, die Astrologie studieren oder nutzen, verfeinert und erhöht.

Vertrauen in die Beratungssituation

Ich habe bereits die Möglichkeit erwähnt, daß sich Mißtrauen im Geist des Klienten aufbaut, da der Astrologe die Rolle des Allwissenden spielt. Dies ist besonders dann möglich, wenn die Betonung bei einer Konsultation mehr auf Prophezeiung (reading) liegt als auf Beratung.

Was ebenfalls mit Vertrauen zu tun hat, ist die Notwendigkeit einer Situation, in der sich der Astrologe wohl fühlt. Er muß nicht nur seine eigenen Gefühle, nicht nur die allgemeine Intuition, die er möglicherweise während einer bestimmten Beratung hat, akzeptieren, sondern auch die Ausstrahlung, die der Klient für ihn hat. Das heißt nicht unbedingt, daß er alle diese Gefühle gegenüber seinem Klienten auch zum Ausdruck bringen soll, doch: ›Vertraue deinen Empfindungen‹ wäre ein gutes Motto für jeden Beratenden, insbesondere für diejenigen, die gerade mit ihrer beruflichen Praxis beginnen. Da in einer Beratungssituation dermaßen viel von gegenseitigem Austausch (oder der gleichgestimmten Resonanz) zwischen Berater und Klient abhängt, ist es von größter Bedeutung, fähig zu sein, die eigenen Gefühle gegenüber dem Klienten mit einiger Objektivität auszuloten. Natürlich könnte hier ein Vergleich zwischen den beiden Geburtsbildern für diese Art von Verständnis sehr nützlich sein. Wenn man in einigen Fällen erkennt, daß sich der gegenseitige Austausch nach ein oder auch zwei Treffen mit dem Klienten nicht verbessert und die Kommunikation ziemlich begrenzt und peinlich bleibt, wäre es das Beste, den Klienten an einen anderen Astrologen oder Berater zu verweisen.

Man kann noch soviel über Astrologie wissen und zu noch so geschickten Interpretationen und Vorhersagen in der Lage sein, all diese Fähigkeiten können von einer bestimmten Person sehr effektiv blockiert werden, mit der entweder keine Verständigung möglich ist oder mit der es sogar zu einer Atmosphäre von Feindseligkeit kommt. Ich bin sicher, daß viele Astrologen bemerkt haben, wie leicht sie sich zusammen mit einer bestimmten Art von Klienten öffnen können und dadurch fähig sind, beste Arbeit zu leisten. Ich weiß aber andererseits auch, wie schwer die Arbeit mit anderen Klienten fallen kann, bei denen für jede auch noch so oberflächliche Einsicht und für jede einigermaßen authentische Antwort erst ein sehr großer Aufwand getrieben werden muß, wenn man ihnen sozusagen alle Würmer einzeln aus der Nase ziehen muß.

Meinem Gefühl nach ist es ein wesentlich ethischerer Standpunkt, einen solchen Klienten an jemand anderen zu verweisen, als auf einer Zusammenarbeit zu bestehen, wie dies viele Psychiater und Psychologen tun. Damit negieren sie die Realität eines Mangels an Harmonie und bestehen auf einer ausgedehnten Analyse genau dieser Beziehung zwischen ihnen und einem bestimmten Klienten. Zudem noch auf Kosten des Klienten! Mein Gefühl ist folgendes: Wenn es nicht zu einem ungezwungenen Fluß kommt, sollte man zumindest die Möglichkeit bedenken, daß der Klient mit einem anderen Berater, der mehr auf dessen Natur eingestimmt ist, besser zurechtkommen könnte.

Heutige Probleme von Psychotherapie und Beratung

Je mehr Astrologen sich mit Beratungen über die persönliche Innen- und Tiefenwelt abgeben und je mehr Astrologen sich einer psychotherapeutischen Ausbildung unterziehen, desto größer wird die Möglichkeit, daß Probleme heutiger Beratungs- und Therapiemethoden auch die Arbeit von Astrologen infiltrieren. Daher denke ich, daß es wertvoll sein könnte, wenn ich versuche darzustellen, was ich für die Schwächen oder Fehler gerade der modernen Therapie-Methoden und deren Einstellungen und Philosophien halte. Erstens können die wenigsten Therapeuten Dinge so belassen wie sie sind! Sie sind darauf trainiert, auch jedes kleinste Stückchen an Information zu analysieren, jede Geste und jeden Wunsch bis zu dem Punkt auseinanderzunehmen, wo ihr Intellekt völlig gesättigt ist mit intellektuellen Theorien, so daß sie nicht mehr offen dafür sind, *was eigentlich ist!* Einfaches und Offensichtliches wird ignoriert und oft gar nicht mehr wahrgenommen. Natürlich ist es finanziell einträglich, jedem nur möglichen Anhaltspunkt, der zu einem Problem führen könnte, zu folgen und dadurch diese Art der Analyse bis ins Unendliche hinauszuziehen. Es ist eine Tatsache, daß der Kopf immer noch mehr Details finden kann, um sie zu analysieren. Er kann immer mehr Theorien aufbauen, in die dann jede nur denkbare Angewohnheit und Verhaltensweise paßt.

Die Frage, die sich jeder Berater stellen sollte, ist: Hat dieser Klient einen Punkt erreicht, an dem er relativ autonom ein einigermaßen glückliches Leben führen kann, wo weder seine Lebensfähigkeit noch sein Selbstausdruck auf eine falsche Art beschwert werden? Wenn dies so ist, dürfte es für den Berater wohl an der Zeit sein, aus dem Leben dieser Person zu verschwinden und den Klienten wieder auf eigenen Füßen stehen zu lassen. Keiner von uns ist perfekt, und die Chancen, daß irgend jemand von uns noch in diesem Leben dieses Stadium erreicht, sind ziemlich gering. Deshalb sollten wir nicht auf einer Forderung bestehen (wie dies scheinbar viele Therapeuten heutzutage tun), daß der Klient einen idealisierten Stand an Perfektion erreichen muß, den auch wir tatsächlich noch nicht erreicht haben. Und überhaupt, wie kommen wir auf die Idee, daß wir diejenigen seien, die diese Person zu einem Zustand erhabener ›Ganzheit‹ führen könnten, wenn wir dieses Ideal bis jetzt selbst nicht erreicht haben. ›Der Blinde als Führer des Blinden‹ ist ein Klischee, das sehr genau auf diese Fälle therapeutischer Heuchelei paßt.

Zum zweiten werden analytische Reduzierungen persönlicher Probleme auf sexuelle Ursachen und/oder Methoden der Behandlung sexueller Disfunktionen überbewertet und sind deshalb oft fehlgeleitet. Seitdem die Freudschen Theorien breiter bekanntgeworden sind, gibt es theoretische Schulen, die bei Beratungen und in Therapiegruppen die Rolle der Sexualität zu stark betonen. Die ›Sex-Besessenheit‹ im modernen amerikanischen Leben hat diesen Trend wieder erneuert, den viele schon im Absterben sahen, als die psychotherapeutische Theorie heranreifte. Heute erscheint er jedoch wieder in neuem Gewande (›wissenschaftliche‹ Studien sexueller Funktionen unter Laborbedingungen) mit einem neuen Jargon. Es ist unmöglich, sich bei einem Symposium von Eheberatern, Psychologen oder sogar Pfarrern,

Beschreibungen über deren Workshops durchzulesen, ohne von der auftauchenden Überbetonung der Rolle der Sexualität in unserem psychischen Leben erschlagen zu werden.

Sogar die konservativen Verlage der Kirchen bringen jedes Jahr Dutzende von Büchern auf den Markt, die sich mit sexuellen Problemen, Enttäuschungen und Unverträglichkeiten beschäftigen.

C. G. Jung versuchte die Überbetonung der Bedeutung von Sexualität in unserem Leben wieder richtigzustellen, indem er aufzeigt, daß tiefere und umfassendere Kräfte menschliches Verhalten motivieren; diese kompensierende Arbeit ist auch von vielen anderen Psychologen entwickelt worden. Doch wieder einmal scheint das Pendel in die andere Richtung zurückzuschwingen, vielleicht als ein unvermeidlicher Trend in einer Kultur, die zunehmend von Maschinen, ökonomischem Druck, sinnlicher Fixierung, städtischem Asphaltdschungel und Einsamkeit dominiert wird, was mit innerer Leere einhergeht. Ich sehe viele positive Aspekte in dieser zunehmenden Beachtung der Bedeutung von Sexualität im menschlichen Leben. Auf die eine oder andere Art dringen nun die frühen Ideen von Freud in die Massenkultur ein und beeinflussen alltägliche Entscheidungen von -zig Millionen von Menschen. In der Tat scheint es ganz natürlich, daß ein Leben, das sich mehr auf Beton als auf der Erde selbst abspielt, einen Mangel von Verbindung zur Erde (grounding) zur Folge hat. Dies macht eventuell ein Tasten nach den Wurzeln notwendig. Die Tatsache, daß die meisten Berater und Sexual-Therapeuten nur eine zufällige Ansammlung clever ersonnener Theorien zur Verfügung haben, um ihre Arbeit zu stützen, bestürzt mich zutiefst. Die meisten ignorieren völlig Einsichten über sexuelle Energie und deren Wechselwirkung zu anderen Personen, die durch Yoga und Astrologie gefunden werden können.

Mir wurde durch den Kontakt mit Hunderten von Klienten, die zuvor bei Beratern und Therapeuten gewesen waren, die mit Astrologie nicht vertraut waren, schmerzhaft bewußt, daß die Ursache so vieler sexueller Probleme lediglich Fälle einfacher traditioneller Unverträglichkeiten waren. Dies schließt auch viele Fälle sexueller ›Disfunktionen‹ wie Impotenz, Frigidität, vorzeitige Ejakulation usw. mit ein. Man kann sich darüber sicher sein, daß mit vielen Fällen sexueller Disfunktionen gearbeitet werden kann und neue Einstimmungen gefunden werden können. Das bedeutet aber nicht, daß grundlegend fehlende Harmonie auf der Ebene sexueller Energie dadurch geändert oder ›geheilt‹ werden kann. Es ist einfach das Wissen um die Tatsache, daß nur wenige Paare auf sexueller Ebene völlig zueinander passen, und tatsächlich weiß ich aus meiner Erfahrung, daß schätzungsweise die allergrößte Mehrzahl von Paaren bis zu einem gewissen Grade von Unverträglichkeit auf emotionaler oder sexueller Ebene dennoch zusammenlebt.

Der Punkt ist, daß sexuelle Verträglichkeit oder Unverträglichkeit ganz wesentlich von der Einstimmung auf energetischer Ebene der beiden betroffenen Individuen aufeinander abhängt. Eine derartige Sichtweise ist für Therapeuten und Wissenschaftler natürlich nur schwer nachzuvollziehen, die darauf bestehen, daß Sexualität in erster Linie eine mechanische Funktion ist, auch wenn sie zugeben, daß einige emotionale Obertöne bestehen. Diese Entpersönlichung von Sexualität und die damit verbundene Abtrennung der Sexualität vom kosmischen Tanz des Lebens, der als eine religiöse Erfahrung gesehen werden sollte, führt natürlich zu menschlichen Wesen, die sexuelle Probleme haben. Diese werden mechanisch behandelt, was sich oftmals noch mit einer äußeren intellektuellen Analyse überschneidet. Der traurigste Teil dieser Praxis jedoch ist, daß solche Behandlungen auf Dauer die ursprünglichen Probleme verschärfen, da der Betroffene dazu angehalten wird, sein Selbst dem Körper noch weiter zu entfremden.

Zum dritten haben heute viele psychologische und emotionale Probleme zumindest teilweise ihren Ursprung in umweltbedingten Faktoren. Deshalb braucht ein Berater heutzutage ein breiteres Wissen über das Leben als jemals zuvor; er braucht eine breitere Vorbildung und eine Vielzahl therapeutischer Techniken und Heilmethoden.

Unter den verschiedenen Trends in einer modernen technologischen Zivilisation gibt es folgende, die zu den ›psychologischen Problemen‹ beitragen:

a) Die Tatsache, daß so viele Menschen ihr Leben als entkörperlichtes Selbst leben und mit ihrem Körper, der natürlichen Welt und ihren archetypischen Wurzeln nicht mehr in Kontakt sind. Es gibt bereits ein enormes Übermaß an mentaler Gymnastik und endloser Intellektualisierung, das durch Schulen, Regierungsbürokraten und staatlich unterstützte Forschung gefördert wird. Wenn Gelder im Schulbereich gestrichen werden, werden zuallererst die Unterrichtsstunden in Sport und körperlicher Erziehung eingeschränkt, an zweiter Stelle kommen dann sofort die musischen und künstlerischen Fächer. Dieser Trend zu selbstzerstörerischem übermäßigem Vertrauen allein auf den Intellekt ist Ursache vieler unserer modernen psychischen Leiden. Berater vieler Richtungen (Astrologen eingeschlossen) verstärken diesen Trend durch ihre übermäßig *intellektuelle* Beschäftigung mit menschlichen Schwierigkeiten. Ich habe das Gefühl, daß ein Hinweis an den Klienten, er solle ein bestimmtes Übungsprogramm beginnen, ihm sehr viel mehr helfen könnte, als die übertriebenen intellektuellen Kapriolen, in denen sich Berater so oft ergehen.

b) Wir leben in einem elektronischen Zeitalter, das uns mit roher Musik, schizophrener ›Kunst‹ und der endlosen Idiotie von Fernsehen und Werbung verdrahtet. Das Tempo des Lebens ist zu einem irren Wettlauf geworden, in dem es keine Spur von Ruhe und ruhiger Empfindung mehr gibt. Dies ist in den städtischen Gebieten natürlich bei weitem schlimmer als irgendwo sonst. Die Technologie ist wild und unruhig geworden und fragmentiert uns jeden Tag aufs neue. Da wir offensichtlich nicht unsere gesamte Kultur über Nacht verändern können, können wir doch zumindest Schritte unternehmen, um unsere eigenen Methoden herauszufinden, damit wir auch mitten im Strudel kultureller Verrücktheit in unserem eigenen Mittelpunkt verbleiben können. Daher ist für viele Menschen, wenn sie mit ihrer ganzen Umwelt fertig werden müssen, die Praxis von Yoga, Meditation, Polarity-Therapie und anderen Arten von Körperarbeit wesentlich sinnvoller als eine übermäßige analytische Art der Beratung, sei sie nun astrologisch oder nicht.

c) Der Stand der Umweltvergiftung ist so weit fortgeschritten, daß wir nicht nur jeden Tag eine gehörige Menge giftiger Stoffe durch unsere Nahrung aufnehmen, sondern auch die Rate genetischer Defekte steigt bei den Neugeborenen in einer Weise, die als höchst alarmierend betrachtet werden muß. In manchen Gegenden haben bereits 10% der Neugeborenen einen genetischen Defekt der einen oder anderen Art. Da Erde, Wasser und Luft bereits ernsthaft verschmutzt sind, bringt der zunehmende Gebrauch nuklearer Kräfte mit Sicherheit auch eine bezeichnende Veränderung des vierten Elementes, Feuer (die strahlende Lebenskraft selbst) mit sich.

Wenn nun alle diese Dinge bedacht werden, müssen wir wohl zugeben, daß ein Berater heutzutage ein breites Wissen und Erfahrung benötigt, um seinen Klienten richtig dienen zu können. Ein rein intellektuelles Wissen (dies schließt auch abstraktes astrologisches Wissen ein, das keine Spur menschlicher Weisheit oder gesunden Menschenverstandes beinhaltet) ist nicht ausreichend. Natürlich kann ein astrologischer Berater nicht für alle Menschen alles bringen.

Wir müssen uns selbst kennen und uns vertrauen. Diese Selbstkenntnis und dieses Vertrauen in uns selbst ist immer wichtiger geworden, seitdem es immer schwieriger geworden ist, in irgendeinem Bereich wirklich maßgebliches Wissen zu erlangen. Man kann für alles ›einen Experten‹ bekommen, sei es noch so offensichtlich oder absurd. Wenn wir den ›Experten‹ nicht mehr trauen können, wem können wir dann noch trauen? Wir können auf das Beste in uns vertrauen, und wir können dem Bewußtsein vertrauen, das sich aus einer aufrichtigen und mutigen Ebene des Dialogs in einer Beratungssituation entwickelt. Dieser Austausch von Person zu Person (wenn er nach wahrer Authentizität und Aufrichtigkeit strebt und Offenheit sowohl beim Berater als auch beim Klienten erlaubt) bringt brauchbare Ergebnisse mit sich, oder, wie ein großer spiritueller Lehrer einmal sagte: »Es ist die Aufrichtigkeit des Herzens, die zählt.«

Ein abschließender Gedanke: Mir wurde erst neulich deutlich, daß Astrologie nur eine Ausweitung und Vergrößerung unserer alltäglichen Realität ist. Sie beschäftigt sich eben nur mit Zeit und planetaren Zyklen (einschließlich des Erdzyklus). Jeder erfährt die Realität eines Tages (eine Umdrehung der Erde um ihre Achse), eines Monats (ungefähr der gesamte Zyklus des Mondes) und eines Jahres (Länge des Erdumlaufs um die Sonne). Jeder sieht (und kann sie tatsächlich nicht übersehen) diese offensichtlichen Zusammenhänge zwischen unserer alltäglichen Erfahrung und diesen Zyklen des Sonnensystems. Um sich auf diese fundamentale Basis der Astrologie beziehen zu können, muß man einfach die Grenzen seines Bewußtseins über die Umlaufbahn der Erde mit ihrem Mond in andere Dimensionen des Lebens hinausschieben. Man muß sich nur auf die anderen Zyklen unseres Sonnensystems einstimmen und deren Bedeutung für die funktionale Ökologie dieses Systems realisieren.

Zugegebenermaßen haben die Zyklen und Rhythmen von Erde, Sonne und Mond die offensichtlichsten Verbindungen zu den Erfahrungen, die für alle menschlichen Wesen begreifbar sind.

Erscheint es aber nicht auch sinnvoll, anzunehmen, daß die anderen Planeten ebenfalls ähnliche Verbindungen zu unseren Leben haben, auch wenn sie feiner und deshalb schwieriger mit den physischen Sinnen zu erfassen sind?

Jeder hat heute eine Uhr zu Hause, und wir müssen nichts anderes tun, als den Leuten den Zusammenhang zwischen den himmlischen Bewegungen und unserer Uhrzeit zu zeigen, damit sie beginnen können, eine Beziehung zu dem herzustellen, was Astrologie ist und ihnen zeigen, daß Astrologie nicht irgend etwas ›da draußen‹ ist, sondern hier im Moment stattfindet. Dies könnte ein erster Schritt sein, um die Abstraktionen der Astrologie in konkrete Begriffe zu fassen, insbesondere für ein allgemeines Publikum oder für Klienten, die mit Astrologie nicht vertraut sind. Die Einfachheit dieser Annäherung hat so viel für sich, daß sie sehr zu empfehlen ist.

Wenn wir wollen, daß mehr Menschen verstehen, was Astrologie bedeutet, anstatt sie sofort abzulehnen, liegt es an uns, Möglichkeiten zu entwickeln, eine Astrologie zu definieren, die in höchstem Maße einfach ist. Und dadurch, daß wir Astrologie essentiell so einfach wie möglich halten, machen wir sie nicht nur intellektuell für viele andere zugänglich, sondern bringen sie auch auf die Erde herunter, auf der wir leben, zum wohltätigen Nutzen aller Menschen.